# TIBURONES
## Y OTROS MONSTRUOS MARINOS

# ÍNDICE

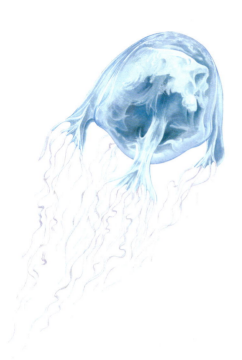

© 2023, Editorial LIBSA
C/ Puerto de Navacerrada, 88
28935 Móstoles (Madrid)
Tel. (34) 91 657 25 80
e-mail: libsa@libsa.es
www.libsa.es

ISBN: 978-84-662-4222-6

Derechos exclusivos de edición para
todos los países de habla española

Traducción: José Miguel Parra

Copyright © MMVII IMP AB

Título original: *Sharks & Underwater Monsters. The world's most terrifying creatures*

Esta traducción ha sido publicada
por acuerdo con Amber Books Ltd.

Editora general: Susan Barraclough
Editor del proyecto: Sarah Uttridge
Diseñador: Brian Rust

Queda prohibida, salvo excepción prevista en la ley, cualquier forma de reproducción, distribución, comunicación pública y transformación de esta obra sin contar con autorización de los titulares de la propiedad intelectual. La infracción de los derechos mencionados puede ser constitutiva de delito contra la propiedad intelectual (arts. 270 y ss. del Código Penal). El Centro Español de Derechos Reprográficos vela por el respeto de los citados derechos.
DL: M 15166-2022

| | |
|---|---|
| Introducción | 3 |
| **TIBURONES** | **5** |
| Tiburón gris | 6 |
| Gayarre | 8 |
| Tiburón gris del Caribe | 10 |
| Tiburón toro | 12 |
| Tiburón blanco | 14 |
| Wobbegong | 16 |
| Tiburón tigre | 18 |
| Suño cornudo | 20 |
| Tiburón cigarra | 22 |
| Tiburón mako | 24 |
| Tiburón boquiancho | 26 |
| Tiburón ballena | 28 |
| Pez martillo | 30 |
| Angelote | 32 |
| **OTROS PECES DE AGUA SALADA** | **35** |
| Raya águila | 36 |
| Pez lobo | 38 |
| Pejesapo | 40 |
| Hatchetfish | 42 |
| Pez víbora | 44 |
| Congrio | 46 |
| Pez erizo | 48 |
| Pez pelícano | 50 |
| Quimera | 52 |
| Mixino | 54 |
| Mero | 56 |
| Raya eléctrica | 58 |
| Pez escorpión | 60 |
| Rape | 62 |
| Manta raya | 64 |
| Morena | 66 |
| Lamprea marina | 68 |
| Cabracho | 70 |
| Barracuda | 72 |
| Pez sapo | 74 |
| Pez piedra | 76 |
| Raya venenosa | 78 |
| Pez espada | 80 |
| **PECES DE AGUA DULCE** | **83** |
| Pejelagarto | 84 |
| Anguila eléctrica | 86 |
| Lucio | 88 |
| Esturión | 90 |
| Pez rata | 92 |
| Pez elefante | 94 |
| Pez tigre | 96 |

| | |
|---|---|
| Barbo rayado | 98 |
| Pez sierra | 100 |
| Piraña | 102 |
| Siluro | 104 |
| **MEDUSAS, PULPOS Y CALAMARES** | **107** |
| Anémona de mar | 108 |
| Calamar gigante | 110 |
| Avispa de mar | 112 |
| Ortiga de mar | 114 |
| Medusa melena de león ártica | 116 |
| Pulpo gigante | 118 |
| Pulpo de anillos azules | 120 |
| Calamar opalescente | 122 |
| Nautilo | 124 |
| Fragata portuguesa | 126 |
| **CRUSTÁCEOS Y MOLUSCOS** | **129** |
| Camarón pistola | 130 |
| Cónido | 132 |
| Cangrejo herradura | 134 |
| Cangrejo ermitaño | 136 |
| Cigarrón | 138 |
| Sepia | 140 |
| Camarón arlequín | 142 |
| Cangrejo araña | 144 |
| Escorpión de agua | 146 |
| Cangrejo fantasma | 148 |
| Langosta europea | 150 |
| Cangrejo flecha amarilla | 152 |
| **MAMÍFEROS, REPTILES Y OTROS MONSTRUOS** | **155** |
| Corona de espinas | 156 |
| Aligátor americano | 158 |
| Matamata | 160 |
| Tortuga mordedora | 162 |
| Erizo de mar | 164 |
| Pepino de mar | 166 |
| Cocodrilo marino | 168 |
| Gavial | 170 |
| Sanguijuela | 172 |
| Serpiente de mar | 174 |
| Leopardo marino | 176 |
| Cobra marina | 178 |
| Tortuga caimán | 180 |
| Elefante marino | 182 |
| Narval | 184 |
| Términos usuales | 186 |
| Índice | 187 |

# INTRODUCCIÓN

**Piraña**

**Angelote**

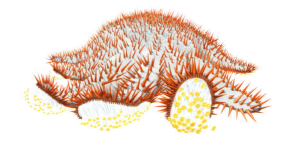
**Corona de espinas**

**Cobra marina**

**Cangrejo fantasma**

En los mares, océanos, lagos y demás entornos acuáticos del mundo vive una amplísima variedad de criaturas, de todas las formas y colores. Algunos son tiburones de piel suave y formas hidrodinámicas, nacidos para conseguir velocidad y movimientos suaves, otros son crustáceos con gruesos caparazones que los protegen de los ataques de sus depredadores, mientras que otras criaturas se protegen con peligrosos pinchos.

La muy bien bautizada estrella de mar «corona de espinas» está recubierta de pinchos destinados a mantener a raya a sus depredadores. Algunas criaturas marinas son alargadas y delgadas y otras gordas y redondeadas; algunas tienen púas, mientras otras poseen sistemas de succión; y otras más pueden abrir sus bocas de forma tan desmesurada que pueden tragarse enteras a sus presas.

Algunas criaturas marinas poseen rasgos y costumbres muy peculiares. Por ejemplo, el cocodrilo marino no deja de crecer durante toda su vida; la serpiente de mar cambia de piel haciéndose nudos y estirándose por entre ellos, de tal modo que consigue dejar la piel atrás. También hay pequeños cangrejos que en ocasiones se ocultan dentro de las ortigas de mar para conseguir desplazarse por el océano.

Algunos habitantes de los mares son bonitos y otros tremendamente feos. Pocas criaturas hay más bonitas que el erizo de mar, con su ornamental filigrana de púas saliendo de un núcleo central, que le dan el aspecto de un acerico de brillantes colores. Del mismo modo, pocas criaturas hay menos agraciadas que la tortuga matamata. Esta criatura de extraño aspecto tiene un morro como de cerdo, unas excrecencias cónicas que hacen que su dorso parezca una cadena montañosa en miniatura, y unas patas que parecen pies aplastados.

Pero, sin importar su forma, tamaño o aspecto, todos los habitantes del mar tienen un importante rasgo en común: cada uno posee su propio y característico método para matar a sus presas y con ello mantenerse con vida. Su hábitat es un lugar salvaje, donde el objetivo principal de la vida es sobrevivir y la única regla no es «matar o ser muerto», sino «comer o ser comido».

**Tiburón gris del Caribe**

**Pez pelícano**

**Cónido**

**Sanguijuela**

**Esturión**

# 4 TIBURONES

# TIBURONES

*Gracias al folclore del mar, y más recientemente a películas como Tiburón, los tiburones se han ganado una muy mala reputación de cazadores salvajes que aterrorizan a los veraneantes.*

No son lo que se dice algo bonito de ver, con sus inmensas bocas repletas de dientes brutalmente afilados y a menudo en pico, que les permiten arrancar pedazos de carne de sus víctimas.

Dale a un tiburón la menor gota de sangre y ahí llegará con una velocidad aterradora, listo para lanzarse a un frenesí asesino. Estas criaturas pueden captar la menor vibración del agua, que les dice si hay cerca una víctima jugosa, y también localizar a sus víctimas mediante los sensores eléctricos situados en torno a su hocico. Algunos tiburones adoptan elaborados disfraces para camuflarse ante sus presas hasta que llega el momento del ataque; por ejemplo, el wobbegong posee una piel manchada que hace que se parezca a una roca incrustada de algas. Otros, como el tiburón tigre, poseen ojos con visión total para localizar a sus presas.

Sea cual sea el método que utilizan para atrapar su almuerzo, los tiburones se encuentran entre los más mortíferos cazadores de la Tierra.

# TIBURÓN GRIS
**Nombre científico:** *Carcharhinus amblyrhynchos*

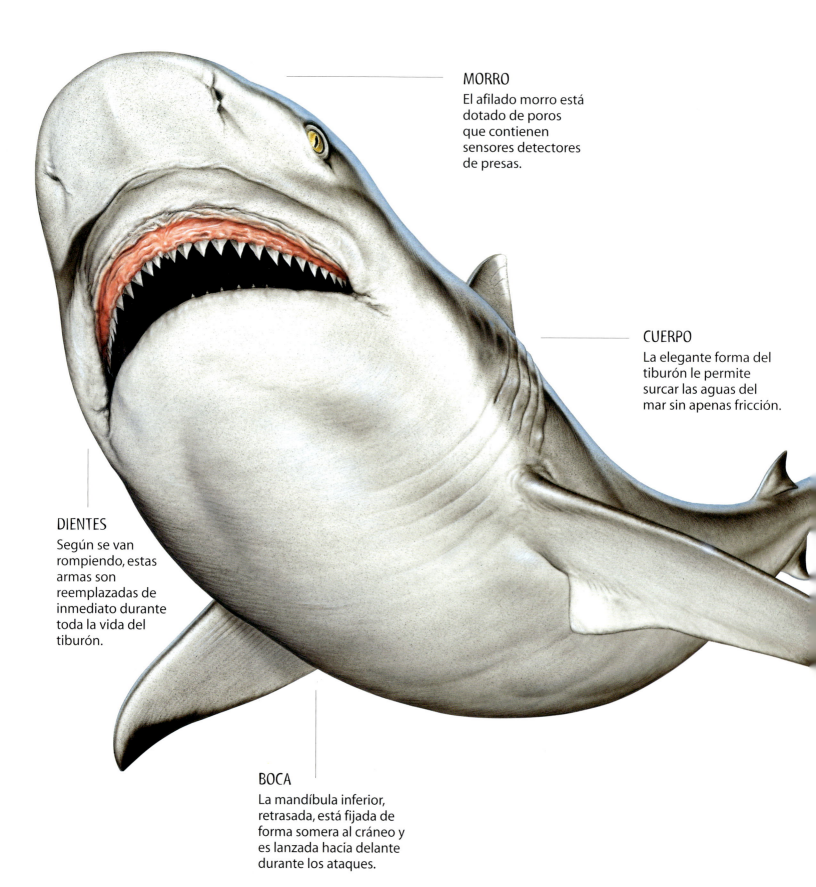

**MORRO**
El afilado morro está dotado de poros que contienen sensores detectores de presas.

**CUERPO**
La elegante forma del tiburón le permite surcar las aguas del mar sin apenas fricción.

**DIENTES**
Según se van rompiendo, estas armas son reemplazadas de inmediato durante toda la vida del tiburón.

**BOCA**
La mandíbula inferior, retrasada, está fijada de forma somera al cráneo y es lanzada hacia delante durante los ataques.

# TIBURÓN GRIS 7

Mientras recorre las aguas de los arrecifes de coral tropicales, la siniestra forma del tiburón gris ronda por los oscuros cañones y acantilados submarinos en busca de una presa a la que atacar y devorar. Un ligero olor a sangre en el agua basta para que el tiburón se aproxime con un frenesí asesino. En la mandíbula inferior tiene dientes largos en forma de daga, mientras que en la superior tienen forma de hojas cortantes. Cuando ataca, lanza la mandíbula inferior hacia fuera para ensartar a su víctima, y luego adelanta la mandíbula superior para arrancar un gran pedazo de carne.

### ¿CUÁNTO MIDE?

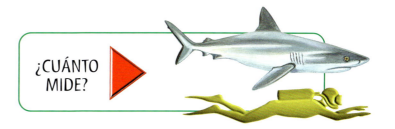

### DATOS BÁSICOS

| | |
|---|---|
| Longitud | Hasta 2,5 m |
| Presas | Principalmente peces y calamares; algunos cangrejos, aves marinas y carroña |
| Armas | Dientes que cortan y perforan |
| Ataque típico | Un mordisco masivo y atroz |
| Tiempo de vida | 25 años y más |

El tiburón gris es uno de los más comunes del Índico y del Pacífico. Lo encontramos desde el mar Rojo, en el oeste, hasta Hawái y Tahití, en el este. Es más abundante en torno a los arrecifes de coral.

### ¿SABÍAS QUE...?

- La amenaza defensiva del tiburón gris es tan efectiva que puede hacer retroceder a un tiburón tigre, que con sus más de 6 m de longitud podría matarlo de un solo mordisco.

- Una vez al año, las hembras del tiburón gris se reúnen en grupos de diez o más individuos. Entonces un macho se abalanza contra el grupo, escoge a una de ella y se lanza en su persecución mordisqueándole los costados repetidas veces. Ella termina por ralentizar su marcha y deja que él se aparee con ella, que queda con cicatrices de por vida. Un año después da a luz a seis crías (50-60 cm). Pueden aparearse cuando alcanzan los siete años de edad y tienen unos 1,3 m de longitud.

- Cuando los científicos colocaron dispositivos ultrasónicos de seguimiento en tiburones grises descubrieron que patrullan a diario una zona de unos 30 km$^2$, pasando por lugares concretos de forma regular.

Un tiburón gris merodea mientras observa con cautela cómo un buceador curioso se aproxima a la invisible frontera de su territorio. Desconociendo la mala reputación del tiburón, el buceador se acerca sin temor para verlo mejor.

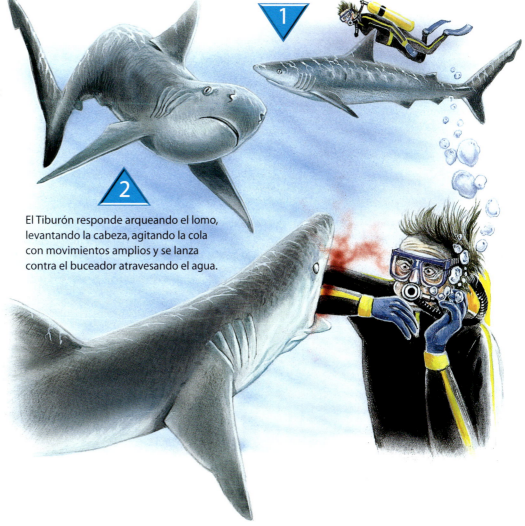

**1**

**2** El Tiburón responde arqueando el lomo, levantando la cabeza, agitando la cola con movimientos amplios y se lanza contra el buceador atravesando el agua.

De repente, el tiburón alcanza al curioso y le desgarra el brazo con los dientes superiores, penetrando profundamente en la carne y el hueso.

**8** TIBURONES

# GAYARRE
**Nombre científico:** *Carcharhinus leucas*

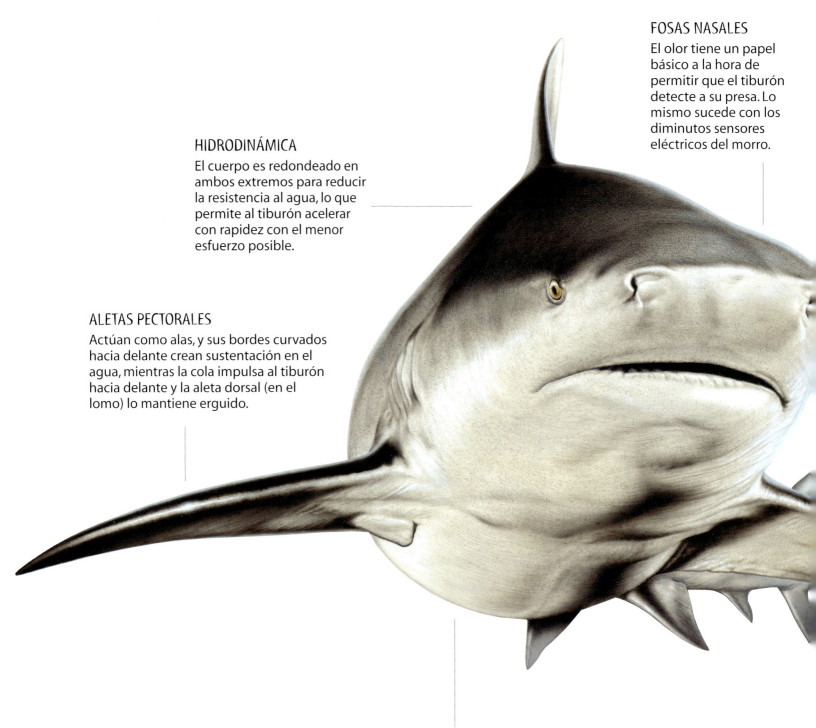

### HIDRODINÁMICA
El cuerpo es redondeado en ambos extremos para reducir la resistencia al agua, lo que permite al tiburón acelerar con rapidez con el menor esfuerzo posible.

### ALETAS PECTORALES
Actúan como alas, y sus bordes curvados hacia delante crean sustentación en el agua, mientras la cola impulsa al tiburón hacia delante y la aleta dorsal (en el lomo) lo mantiene erguido.

### FOSAS NASALES
El olor tiene un papel básico a la hora de permitir que el tiburón detecte a su presa. Lo mismo sucede con los diminutos sensores eléctricos del morro.

### CAMUFLAJE
Visto desde abajo, el blanquecino vientre se funde con las aguas de la superficie, iluminadas por la luz del sol; visto desde arriba, el oscuro lomo se confunde con el fondo. Este sombreado hace que sea difícil detectarlo hasta que ya es demasiado tarde.

# GAYARRE 9

El gayarre es un depredador de una eficacia terrible, dispuesto a atacar a cualquier animal más pequeño que él. Merodea por las cálidas aguas costeras del mundo y, que se sepa, es el único tiburón que también remonta ríos. El gayarre localiza a sus víctimas detectando y siguiendo el menor olor o vibración. Entonces se abalanza contra ella con un ataque aterradoramente rápido, de una ferocidad difícil de creer.

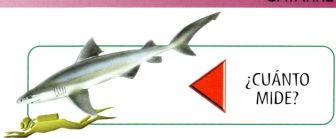

¿CUÁNTO MIDE?

### ¿SABÍAS QUE…?

- Por lo general el gayarre da a luz en estuarios, donde sus crías están a salvo de los tiburones de agua salada. Para cuando las crías entran en el mar, son más grandes y menos vulnerables.

- En 1975 un ferry repleto de gente se hundió en el delta del Ganges, en la India, lanzando a 190 personas al agua. En el subsiguiente caos, los gayarre mataron a unas 50 de ellas.

- El gayarre recibe otro nombre, «tiburón toro», por su morro extremadamente corto y chato, que es más ancho que largo.

- En ocasiones, los gayarre del río Ganges devoran a los cadáveres que fueron lanzados al agua durante las ceremonias funerarias hindúes.

### DATOS BÁSICOS

| | |
|---|---|
| Longitud | Hasta 3,5 m |
| Peso | Hasta 230 kg; las hembras son mayores que los machos |
| Presas | Casi cualquier cosa que nade, pero sobre todo presas grandes, como otros tiburones, rayas, delfines, marsopas, focas y tortugas |
| Armas | Mandíbulas repletas de filas de dientes afilados como cuchillos |
| Ataque típico | Carga contra su víctima y le da un único y devastador mordisco |
| Tiempo de vida | Probablemente, unos 14 años |

El gayarre es común en las cálidas aguas costeras tropicales y subtropicales de América, África, Asia y Australia. Raras veces visita las aguas abiertas, pero remonta ríos con regularidad, penetrando incluso en grandes lagos.

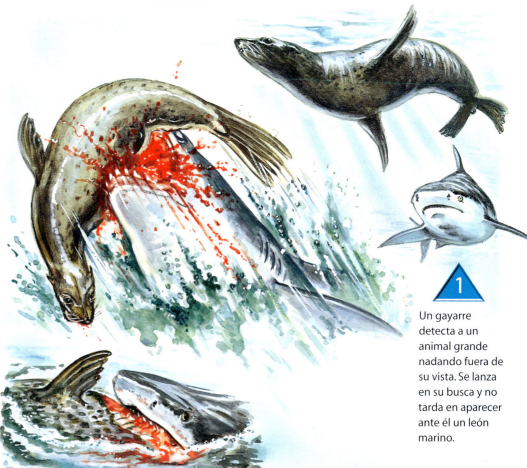

La boca abierta del tiburón choca contra el león marino como si fuera un ariete, lanzándolo fuera del agua en medio de una lluvia de gotas de agua y sangre, matándolo instantáneamente. **2**

La sangre que se derrama del león marino muerto genera un frenesí en el tiburón. El asesino lo destroza hundiendo los dientes superiores en el cuerpo y utilizando luego los poderosos músculos de su cuello para arrancar pedazos de carne, que a continuación se traga enteros. **3**

**1** Un gayarre detecta a un animal grande nadando fuera de su vista. Se lanza en su busca y no tarda en aparecer ante él un león marino.

# TIBURÓN GRIS DEL CARIBE

**Nombre científico:** *Carcharhinus perezi*

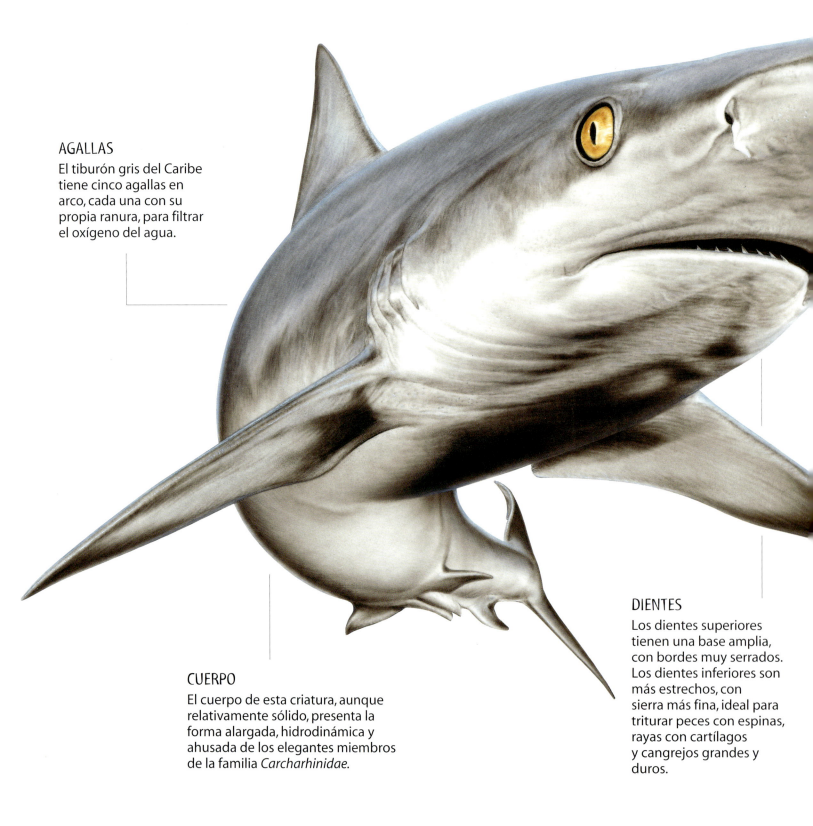

### AGALLAS
El tiburón gris del Caribe tiene cinco agallas en arco, cada una con su propia ranura, para filtrar el oxígeno del agua.

### CUERPO
El cuerpo de esta criatura, aunque relativamente sólido, presenta la forma alargada, hidrodinámica y ahusada de los elegantes miembros de la familia *Carcharhinidae*.

### DIENTES
Los dientes superiores tienen una base amplia, con bordes muy serrados. Los dientes inferiores son más estrechos, con sierra más fina, ideal para triturar peces con espinas, rayas con cartílagos y cangrejos grandes y duros.

# TIBURÓN GRIS DEL CARIBE

El majestuoso tiburón gris del Caribe puede parecer pacífico mientras se desliza por las coloridas aguas de los templados y soleados arrecifes coralinos; pero cuando está atacando a una presa, lo mejor es retirarse con mucho respeto. Como le sucede a la mayoría de los tiburones, de vez en cuando sucumbe a una aterradora locura cuando va a alimentarse. La actividad turística de alimentar a los tiburones en los cálidos arrecifes de coral del Caribe recompensa a los buceadores con una innegable emoción. No obstante, en ocasiones los tiburones ofrecen una «emoción» que es más peligrosa de lo que esperaban los veraneantes.

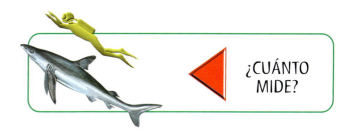

¿CUÁNTO MIDE?

## DATOS BÁSICOS

| | | |
|---|---|---|
| Longitud | Hasta 3 m | |
| Presas | Tiburones y rayas más pequeños, peces con espinas, calamares y cangrejos grandes | El tiburón gris del Caribe vive en las aguas costeras tropicales y subtropicales de América y las Bahamas, Florida, el golfo de México, el Caribe y hasta tan lejos como la costa sur de Brasil. Es común en los arrecifes de coral. |
| Armas | Dientes triangulares serrados | |
| Ataque típico | Un ataque rapidísimo contra cualquier criatura que penetre en su espacio personal | |

### ¿SABÍAS QUE…?

● El tiburón gris del Caribe ha representado «papelitos» en varias películas de James Bond. Algunas de sus salidas del Caribe incluyen los decorados incrustados de corales de *Operación trueno* (1965) y *Nunca digas nunca jamás* (1983); si bien en esta última película, James Bond realmente se peleaba con un tiburón tigre (*Galeocerdo cuvier*).

● Los turoperadores de las Bahamas que incluyen en su oferta turística el buceo entre tiburones calculan que cada tiburón gris del Caribe genera hasta 100.000 dólares de ingresos turísticos.

● A pesar de los estrictos controles establecidos por el Servicio de Peces y Vida Salvaje de Estados Unidos, el tiburón gris del Caribe no ha dejado de ser cazado por su carne, el aceite de su hígado y su piel. También es criado como alimento para peces.

● Al contrario que otros muchos tiburones, que se ayudan para respirar nadando y abriendo la boca para que el agua penetre en ellos y pase por las agallas, el tiburón gris del Caribe puede respirar sin problemas estando quieto, por lo que a menudo se le puede encontrar dormido dentro de cuevas.

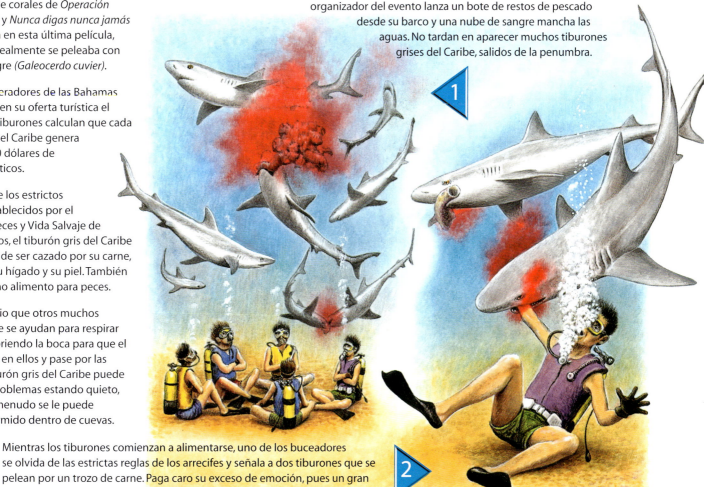

En una excursión para alimentar tiburones, un grupo de turistas permanece sentado tranquilamente en el fondo del mar, con los brazos cruzados para que sus miembros no tienten a los hambrientos tiburones. El organizador del evento lanza un bote de restos de pescado desde su barco y una nube de sangre mancha las aguas. No tardan en aparecer muchos tiburones grises del Caribe, salidos de la penumbra.

Mientras los tiburones comienzan a alimentarse, uno de los buceadores se olvida de las estrictas reglas de los arrecifes y señala a dos tiburones que se pelean por un trozo de carne. Paga caro su exceso de emoción, pues un gran tiburón gris del Caribe le muerde el brazo desgarrándoselo a la altura del codo.

# TIBURÓN TORO

**Nombre científico:** *Carcharias taurus*

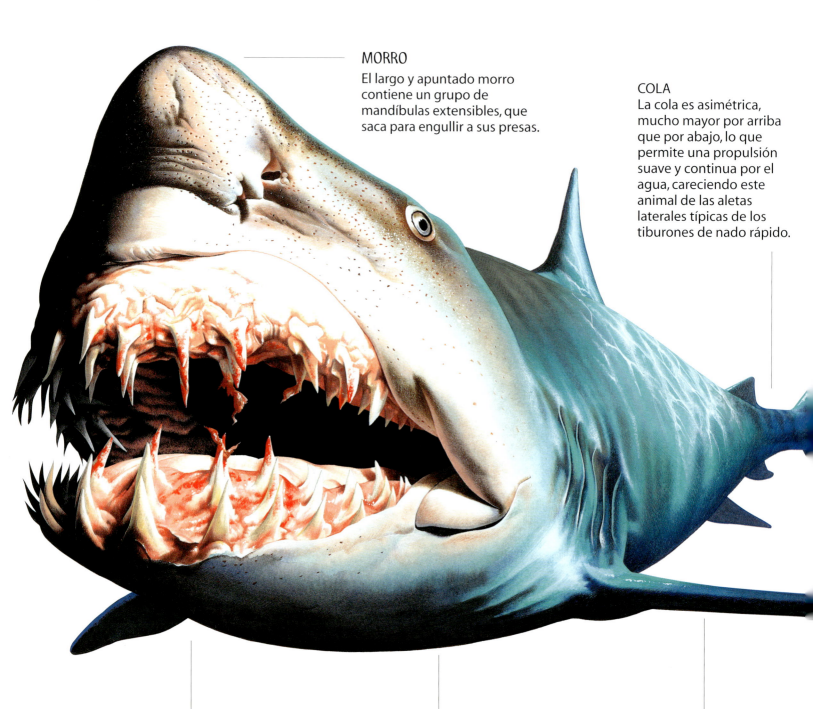

**MORRO**
El largo y apuntado morro contiene un grupo de mandíbulas extensibles, que saca para engullir a sus presas.

**COLA**
La cola es asimétrica, mucho mayor por arriba que por abajo, lo que permite una propulsión suave y continua por el agua, careciendo este animal de las aletas laterales típicas de los tiburones de nado rápido.

**DIENTES**
Cada diente posee un pico central liso con dos vértices afilados en la base: una forma adecuada para agarrar, no desgarrar.

**FORMA**
La forma del tiburón toro es alargada y de cuerpo pesado, con una pronunciada e hidrodinámica joroba en medio del lomo.

**COLOR**
La piel de la parte superior del cuerpo posee un tono dorado, que se convierte en un color pálido en el vientre. Las crías jóvenes están moteadas con lunares amarillentos.

# TIBURÓN TORO

Mientras el tiburón toro se desliza por sus acuáticos terrenos de caza con la boca abierta, infinitos dientes parecen derramarse de su morro cónico, lo que le ha valido una infame reputación. La vista de esa amenazadora boca repleta de colmillos ha aterrorizado a muchos buceadores. No obstante, este aspecto desconcertante lleva a error, porque este depredador de líneas elegantes no tiene el más mínimo interés en la carne humana y puede ser bastante dócil. Protegidos dentro del vientre de su madre, los tiburones toro jóvenes llevan una existencia siniestra y caníbal, preparándose para su estilo de vida depredador atracándose de cualquier potencial hermano que pueda aparecer.

## ¿CUÁNTO MIDE?

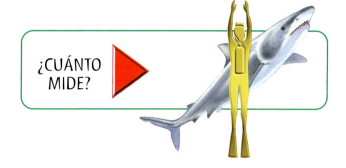

## DATOS BÁSICOS

| | |
|---|---|
| Longitud | 2-3,5 m |
| Presas | Peces (incluidos tiburones jóvenes y rayas), calamares y crustáceos |
| Armas | Múltiples filas de dientes afilados para agarrar |
| Modo de vida | Por el día flota en cuevas, barrancos de coral y pecios, y por la noche busca presas |
| Tiempo de vida | Más de diez años en cautividad |

Los tiburones toro se encuentran en todos los mares tropicales, subtropicales y de aguas cálidas, excepto en el Pacífico oriental, pero abundan más en las aguas costeras poco profundas.

## ¿SABÍAS QUE...?

● Un investigador que diseccionaba un tiburón toro hembra recién capturado comprobó la ferocidad de sus crías nonatas, pues cuando cortó el oviducto del tiburón, quedó sorprendido al recibir un mordisco de la cría, que todavía estaba viva dentro del cuerpo de su madre.

● Los pescadores a menudo llaman al tiburón toro «tiburón eructador», pues cuando es capturado en una red eructa burbujas de aire del estómago.

● Algunas personas afirman que han visto grandes grupos de tiburones toro acorralando grandes cardúmenes de peces para llevarlos a aguas poco profundas, donde son más fáciles de atrapar. Si es cierto, se trata de un raro ejemplo de cooperación en la caza.

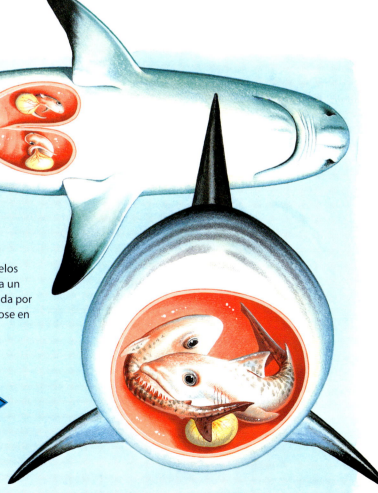

**1** Un tiburón toro hembra puede dar a luz a un par de gemelos porque posee dos úteros, cada uno de los cuales alberga a un jovencito caníbal. El recién nacido desgarra su huevo y nada por el útero cuando tiene unos 6 cm de longitud, alimentándose en los primeros momentos del contenido de su huevo.

**2** Al principio cada útero contiene varias crías, pero la más grande no tarda en acabar con el alimento que le proporcionan los huevos. El hambre desata entonces sus instintos depredadores y se lanza contra otra cría, terminando por despachar a todos sus hermanos. El superviviente permanece en el vientre de su madre durante un año, alimentándose de una sucesión de huevos y embriones.

# TIBURÓN BLANCO

**Nombre científico:** *Carcharodon carcharias*

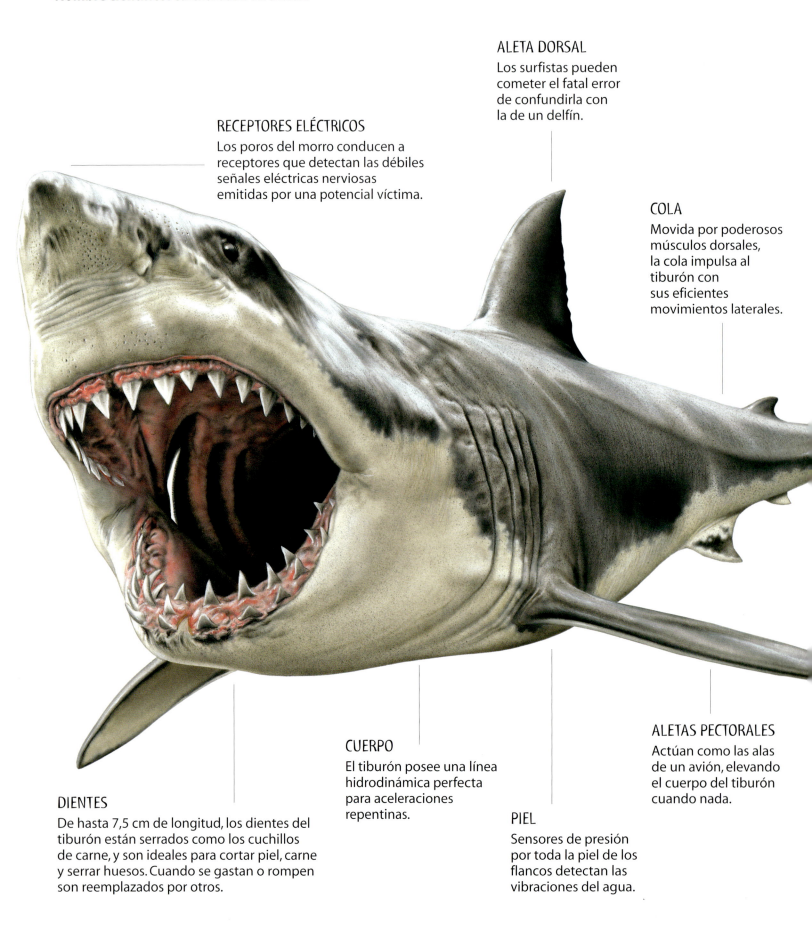

**RECEPTORES ELÉCTRICOS**
Los poros del morro conducen a receptores que detectan las débiles señales eléctricas nerviosas emitidas por una potencial víctima.

**ALETA DORSAL**
Los surfistas pueden cometer el fatal error de confundirla con la de un delfín.

**COLA**
Movida por poderosos músculos dorsales, la cola impulsa al tiburón con sus eficientes movimientos laterales.

**DIENTES**
De hasta 7,5 cm de longitud, los dientes del tiburón están serrados como los cuchillos de carne, y son ideales para cortar piel, carne y serrar huesos. Cuando se gastan o rompen son reemplazados por otros.

**CUERPO**
El tiburón posee una línea hidrodinámica perfecta para aceleraciones repentinas.

**PIEL**
Sensores de presión por toda la piel de los flancos detectan las vibraciones del agua.

**ALETAS PECTORALES**
Actúan como las alas de un avión, elevando el cuerpo del tiburón cuando nada.

# TIBURÓN BLANCO 15

Su tremenda velocidad y fuerza, la inmensa envergadura de sus mandíbulas abiertas, así como las varias filas de dientes afilados como cuchillas de las que está dotado hacen del tiburón blanco una de las criaturas más temidas de la Tierra. Cuando está en modo de ataque, el tiburón blanco lo hace con tal velocidad que a menudo lanza a su víctima fuera del agua. El tiburón blanco se traga enteras a sus presas pequeñas, pero a las más grandes a modo de prueba primero les arranca un gran pedazo de carne, que luego mastica; si el sabor le gusta regresa a por más.

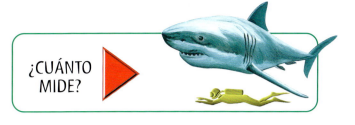
¿CUÁNTO MIDE?

### DATOS BÁSICOS

| | |
|---|---|
| Longitud | Hasta 7 m |
| Peso | Hasta 3 t |
| Presas | Peces grandes, calamares, focas, delfines, tortugas y pájaros marinos, además de las basuras de los barcos y ballenas muertas |
| Tiempo de vida | Probablemente más de 30 años |

El tiburón blanco vive en todos los mares y océanos templados y tropicales del mundo, incluido el Mediterráneo. Prefiere las aguas costeras profundas, donde hay muchas presas de gran tamaño.

## ¿SABÍAS QUE...?

● El tiburón blanco come personas en pocas ocasiones; por lo general les da un mordisco y luego abandona a su víctima. Es posible que ello se deba a que los seres humanos carecemos de la deliciosa capa de grasa que recubre los cuerpos de focas y delfines.

● A menudo, un tiburón blanco hambriento saca el morro fuera del agua para rastrear la superficie en busca de presas.

● Ninguna de las mandíbulas del tiburón blanco está fijada a su cráneo. Esta disposición sin fijaciones le confiere una asombrosa habilidad para morder.

Encaminado hacia su víctima, el tiburón blanco abre por completo sus mandíbulas elevando el hocico hasta un ángulo de 40° con respecto a su cuerpo.

 1

Entonces el tiburón retrae la mandíbula superior y deja caer el morro, uniendo los dos juegos de dientes sobre un gran mordisco de carne. Por último, sacude la cabeza para desgarrar el bocado, utilizando el peso del cuerpo para conseguir más inercia.

 2

3

Abriendo la boca todavía más, justo antes del impacto, el tiburón proyecta hacia fuera la mandíbula superior, dejando a la vista las encías. Cuando golpea pone los ojos en blanco para protegerlos de posibles daños y levanta la mandíbula inferior, atrapando a su presa para que no pueda escapar.

**16** TIBURONES

# WOBBEGONG
**Nombre científico:** Familia *Orectolobidae*

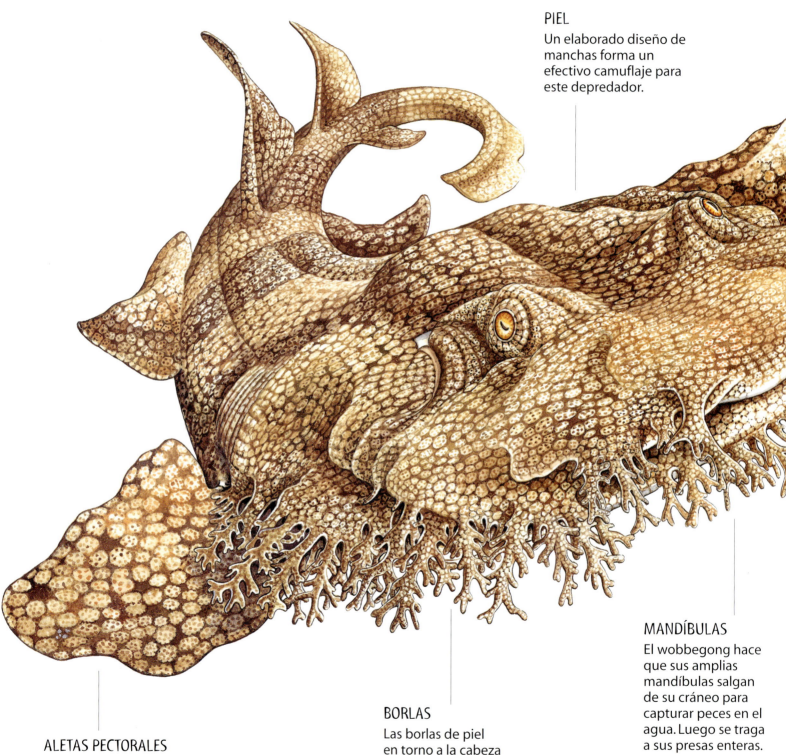

**PIEL**
Un elaborado diseño de manchas forma un efectivo camuflaje para este depredador.

**MANDÍBULAS**
El wobbegong hace que sus amplias mandíbulas salgan de su cráneo para capturar peces en el agua. Luego se traga a sus presas enteras.

**BORLAS**
Las borlas de piel en torno a la cabeza del wobbegong enmascaran la forma de ésta, permitiéndole confundirse con el entorno coralino en el que vive.

**ALETAS PECTORALES**
El wobbegong utiliza sus grandes aletas pectorales (las de los costados) para «arrastrarse» por el fondo del océano.

# WOBBEGONG

Astutamente camuflado de forma que parece una roca incrustada de corales, el wobbegong acecha en busca de una presa apetitosa a la que sorprender. No es un cazador rápido, pero para sus presas es mortal. Sus dientes son como agujas que penetran con facilidad en la carne, pues están perfectamente adaptados para clavarse y atravesar pieles resbaladizas; de modo que una vez que ha atrapado a su presa, este despiadado cazador raras veces la deja escapar. En ocasiones la aparente pereza del wobbegong anima a los buceadores a meterse con él, como si fuera inofensivo. Hacer algo semejante con un tiburón provisto de dientes afilados como cuchillas y con forma de pincho es una completa tontería.

## ¿CUÁNTO MIDE?

## DATOS BÁSICOS

| | | |
|---|---|---|
| LONGITUD | Hasta 3,5 m | |
| PRESAS | Peces, calamares, moluscos y crustáceos | |
| ARMAS | Dientes afilados | |
| MODO DE VIDA | Depredador que vive emboscado en el fondo del mar | Las seis especies de wobbegong viven sobre todo en las aguas cálidas tropicales y subtropicales del Pacífico occidental en torno a Australia, Nueva Guinea, China, Japón y las islas de Polinesia. |
| ATAQUE TÍPICO | Arremetida desde el fondo del mar | |
| HÁBITAT HABITUAL | Arrecifes de coral, bajo los muelles y en bahías arenosas | |
| TIEMPO DE VIDA | Hasta 25 años en cautividad | |

## ¿SABÍAS QUE...?

● Como en ocasiones el wobbegong merodea por los fondos arenosos de las aguas poco profundas, se dan casos en que los bañistas pisan directamente sus bocas. ¡No cuesta mucho imaginar qué sucede entonces!

● Wobbegong es el nombre que le dan a estos tiburones los aborígenes de las costas de Australia. Debido a su cuerpo plano, también son conocidos como «tiburones alfombra».

● En rocas fechadas a comienzos del Jurásico (es decir, hace 190 millones de años) se han encontrado fósiles (principalmente dientes) de tiburones casi idénticos a los wobbegong modernos.

● El wobbegong es muy flexible y puede morderse la cola sin ningún problema.

Al encontrarse con un wobbegong que descansa tranquilo sobre el fondo, un buceador decide divertirse un poco con su cola.

Como un relámpago, el tiburón se da la vuelta y agarra al buceador por la pierna, clavándole los dientes en la carne. El tiburón se agarra con fuerza mientras el aterrado buceador intenta librarse del poderoso mordisco de la enfurecida bestia.

# TIBURÓN TIGRE

**Nombre científico:** *Galeocerdo cuvier*

### CABEZA
La cabeza es ancha y roma. Otros tiburones muy relacionados con éste la tienen apuntada.

### ALETA DORSAL
Alta y amenazadora, la aleta dorsal actúa como estabilizadora y elemento de giro, permitiendo al tiburón realizar giros cerrados.

### OJOS
Ven en casi todas direcciones y por la noche detectan el perfil de cualquier presa, por tenue que sea.

### DIENTES
Cada diente está serrado, para cortar músculo y hueso. Cuando los dientes pierden filo o se rompen, unos nuevos los reemplazan desde abajo.

### FALDONES NASALES
Una lamella bajo cada faldón nasal recoge del agua el menor rastro de sangre y otros tentadores olores.

# TIBURÓN TIGRE

El tiburón llega nadando desde las aguas profundas del océano hasta las aguas poco profundas de las costas y arrecifes. Mientras el tiburón atraviesa el mar, carroñeando y matando indiscriminadamente, nada que se cruce en su camino está a salvo. El tiburón tigre nada en torno a su presa, esperando y calculando desde debajo el momento perfecto para atacar, lo que hace con una devastadora y rapidísima ferocidad. Con la longitud de dos coches familiares juntos, este gigantesco pez asesino no tiene piedad cuando acecha a las víctimas de los naufragios que flotan en el agua; haciéndolas esperar mientras aterroriza su mente hasta que finalmente ataca.

¿CUÁNTO MIDE?

### DATOS BÁSICOS

| Longitud | Hasta 5,5 m |
|---|---|
| Peso | Hasta 1 t |
| Presas | Peces, aves acuáticas, tortugas, focas, carroña y desperdicios |
| Armas | Dientes capaces de triturar huesos |
| Tiempo de vida | 12 años |

El tiburón tigre vive en aguas cálidas tropicales y subtropicales de todo el mundo. Caza principalmente en torno a arrecifes de coral y la costa.

## ¿SABÍAS QUE...?

● El tiburón tigre recibe su nombre de las rayas que lleva en el lomo.

● Si se encuentra con un ejemplar joven, el tiburón tigre no tiene problemas en convertirse en caníbal, siempre y cuando pueda meterse en la boca al tiburón más pequeño.

● Los tiburones tigre se reúnen frente las costas donde las tortugas van a desovar. Cuando las tortugas arrastran sus pesados y exhaustos cuerpos por la orilla, el tiburón se lanza y rompe el grueso y pesado caparazón del reptil como si fuera un cascarón de nuez.

● Frente a las costas de Hawái los tiburones tigre preparan emboscadas para los albatros que hacen sus primeros vuelos. Cuando los pájaros se posan en el agua para descansar sus alas, desaparecen en medio de una nube de plumas y sangre.

● En el estómago de los tiburones tigre se han encontrado objetos de lo más extraño, como latas, asientos de coche, neumáticos, matrículas, madera, cabezas de cocodrilo e incluso puñados de carbón.

 **1** Paleando para coger una ola, un surfista desconoce que se encuentra en un peligro mortal, pues debajo de él merodea un feroz tiburón tigre. El tiburón ve la forma de la tabla y los brazos y piernas del deportista y los confunde con los de una tortuga.

 **2** De repente, el hombre es lanzado al aire cuando el tiburón choca contra él durante su ataque, mordiendo la tabla y haciéndola pedazos. Al no saborear sangre de tortuga, el tiburón se aleja. Esta vez el surfista se ha librado por poco.

# SUÑO CORNUDO
**Nombre científico:** *Heterodontus francisci*

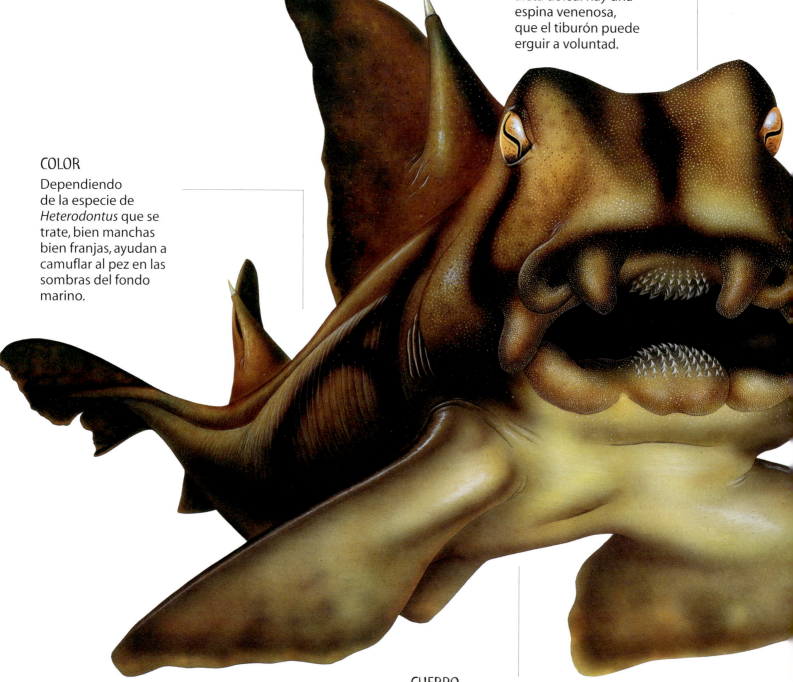

**CABEZA**
Los pronunciados bordes que tiene sobre los ojos le han valido también el nombre de «tiburón cabeza de toro».

**ESPINAS**
Delante de cada aleta dorsal hay una espina venenosa, que el tiburón puede erguir a voluntad.

**COLOR**
Dependiendo de la especie de *Heterodontus* que se trate, bien manchas bien franjas, ayudan a camuflar al pez en las sombras del fondo marino.

**CUERPO**
Se aleja bastante de la imagen típica de un tiburón, pues es corto y fornido en vez de alargado e hidrodinámico.

# SUÑO CORNUDO 21

Muchos tiburones son alargados e hidrodinámicos, unos asesinos repletos de dientes irregulares, pero no es el caso del suño cornudo. Esta bestia de cabeza achatada y aspecto macizo nada con calma, atrapa moluscos y su principal prioridad es la defensa, no el ataque. Sin embargo, conviene no confundirse con la aparente docilidad de este tiburón cornudo cuando está a lo suyo, porque cuando se siente amenazado lucha con ferocidad por su libertad. Un tajo de una de sus espinas basta para dejar una terrible herida sangrante.

### ¿CUÁNTO MIDE?

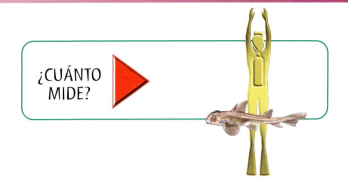

### DATOS BÁSICOS

| | |
|---|---|
| Longitud | 55 cm-1,7 m |
| Presas | Principalmente moluscos; también cangrejos, erizos de mar, estrellas de mar y otros invertebrados, así como peces pequeños |
| Armas | Dos espinas cortas y afiladas en la espalda llenas de veneno |
| Tiempo de vida | Desconocido |

Se conocen al menos ocho especies de tiburones cornudos *(Heterodontus)* que viven en las aguas templadas y costeras del Índico y el Pacífico, a profundidades de hasta 200 m.

### ¿SABÍAS QUE...?

● El suño cornudo puede respirar sin tener que abrir la boca, aspirando agua por la primera agalla y expulsándola por las otras cuatro de detrás. Esto le permite masticar la comida sin desperdiciar nada, pues no pueden salir por las agallas.

● Este tiburón no suele tener problemas con el hombre, pero su ávido apetito por los moluscos hace que los bancos de ostras sean para él un objetivo irresistible, por lo que puede ser temible para los criaderos.

● Todas las especies de tiburón cornudo soportan bien la cautividad y como incluso procrean en los acuarios, son una de las pocas especies de tiburones a los que se ha podido observar con atención mientras se aparean. El macho agarra firmemente con los dientes una de las aletas pectorales de la hembra y curva su cola sobre la espalda de ésta.

● Algunos tiburones cornudos comen tantos erizos de mar que el color púrpura de éstos termina por teñir sus dientes.

**1** Un buceador con un fusil submarino se acerca a un suño cornudo y le dispara a quemarropa, atravesando al animal como si fuera un pincho. La sangre mana del animal herido de muerte.

**2** El tiburón se gira y ataca al hombre, rajándole la pierna con una de sus espinas. Mientras se retira dolorido, su sangre se mezcla con la de su víctima, lo cual puede atraer tiburones asesinos al lugar...

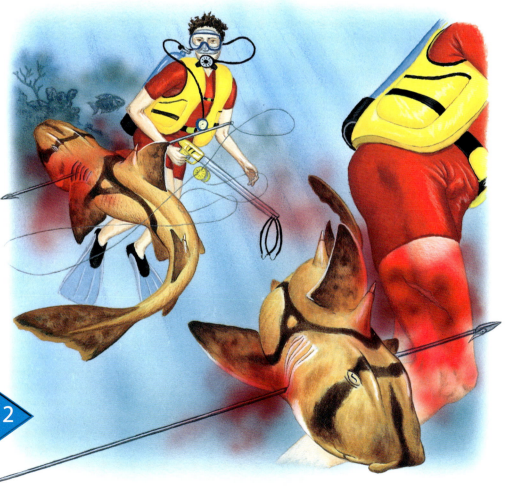

# TIBURÓN CIGARRA

**Nombre científico:** *Isistius brasiliensis*

### OJOS
Son grandes y con pupilas verdes, y permiten al tiburón ver el resplandor de otras criaturas y detectar a sus víctimas.

### ALETAS PECTORALES
Ayudan al tiburón a maniobrar y ajustar su posición. Al contrario que la mayoría de los tiburones, el tiburón cigarra no tiene aleta anal.

### LABIOS
El tiburón utiliza sus fuertes mandíbulas para agarrar con fuerza a sus presas y darles un mordisco.

### DIENTES
Los dientes superiores son diminutos y difíciles de ver, pero los inferiores dan miedo sólo con verlos: un semicírculo de hojas triangulares afiladas como cuchillas.

### CUERPO
El color de este delgado y alargado cuerpo varía desde el marrón chocolate hasta el gris amarronado, con una banda oscura en torno a las agallas. En sus condiciones naturales de luz, el vientre brilla con un tono verde.

# TIBURÓN CIGARRA 23

El tiburón cigarra es más un parásito que un verdadero depredador. Sus víctimas más grandes suelen seguir con vida tras encontrarse con él, pero no antes de que éste haya dejado su sangrienta y amorfa firma sobre sus cuerpos. Este diminuto tiburón se acerca a animales mucho más grandes que él, de tal modo que pueda arrancar grandes pedazos de su carne. Para un delfín en busca de presas, el diminuto cuerpo fosforescente del tiburón cigarra resulta irresistible, pero el juego de luces no es más que un truco para hacer que el delfín se acerque y penetre dentro del radio de acción del salvaje mordisco del tiburón.

¿CUÁNTO MIDE?

### DATOS BÁSICOS

| | |
|---|---|
| Longitud | Hasta 51 cm, pero por lo general entre 31 y 40 cm |
| Presas | Carne de ballenas, delfines, marsopas, focas; peces grandes: peces espada, atunes; otros tiburones; también peces más pequeños y calamares |
| Tiempo de vida | Desconocido |

Como pez de aguas profundas que es, el tiburón cigarra no suele ser capturado, pero ha sido encontrado en sitios dispersos por los diferentes océanos, principalmente en los trópicos y por lo general cerca de islas.

## ¿SABÍAS QUE...?

● El tiburón cigarra está emparentado con varias especies de peces de colores. Entre ellos criaturas pequeñas e inofensivas de la costa, como aquéllos que los ingleses se comen con patatas *(fish and chips)* con el nombre de salmón de roca.

● El tiburón cigarra también es llamado «tiburón luminoso».

● Si bien el tiburón cigarra no puede matar humanos, cuando es capturado da unos terribles mordiscos; pero como viven en las profundidades del océano y evitan las aguas costeras poco profundas, no se conocen demasiados casos de ataques a nadadores.

● Otra especie de tiburón cigarra, el *Isistius plutodus* (tiburón cigarra dentado), posee unos hábitos muy parecidos a los de su pariente cercano. En relación a su tamaño, posee los dientes más grandes que ningún otro tiburón. Por ejemplo, la relación entre la longitud de su cuerpo y la de sus dientes es el doble que la del tiburón blanco.

El tiburón cigarra merodea entre las aguas con su vientre brillando ligeramente. La banda oscura de su cuello queda en silueta, de tal modo que lo hace parecer más pequeño de lo que es. El delfín lo identifica como una presa fácil, que se acerca a investigar.

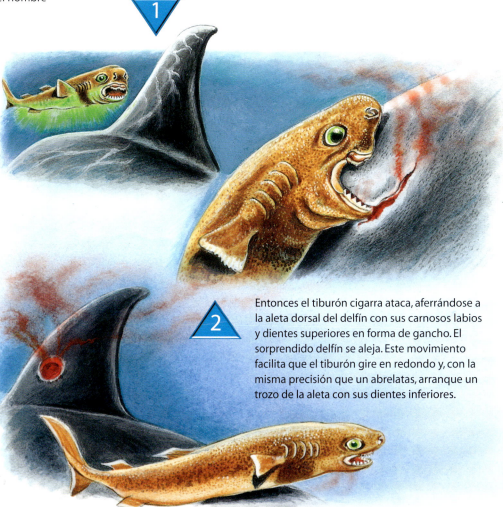

**1**

**2** Entonces el tiburón cigarra ataca, aferrándose a la aleta dorsal del delfín con sus carnosos labios y dientes superiores en forma de gancho. El sorprendido delfín se aleja. Este movimiento facilita que el tiburón gire en redondo y, con la misma precisión que un abrelatas, arranque un trozo de la aleta con sus dientes inferiores.

**3** Con la boca llena, el tiburón cigarra se aleja para disfrutar tranquilo de su comida. Deja a su víctima sangrando, viva y con su marca de fábrica, una herida circular.

# TIBURÓN MAKO

**Nombre científico:** *Isurus oxyrinhus & Isurus paucus*

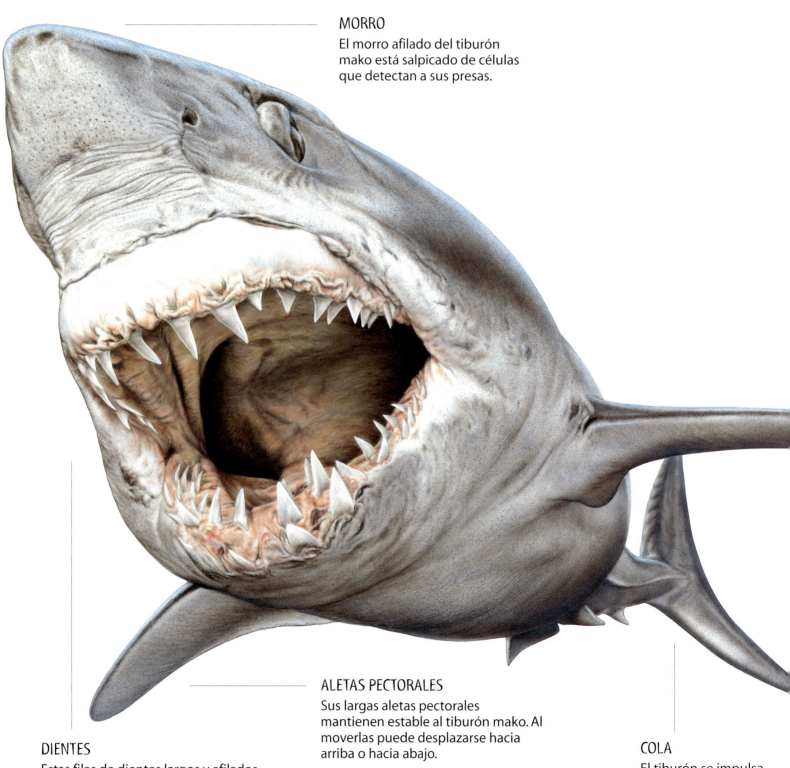

**MORRO**
El morro afilado del tiburón mako está salpicado de células que detectan a sus presas.

**DIENTES**
Estas filas de dientes largos y afilados son ideales para agarrar a los resbaladizos peces y no perderlos mientras se debaten para liberarse.

**ALETAS PECTORALES**
Sus largas aletas pectorales mantienen estable al tiburón mako. Al moverlas puede desplazarse hacia arriba o hacia abajo.

**COLA**
El tiburón se impulsa hacia delante con cortos movimientos de la cola.

# TIBURÓN MAKO

El formidable tiburón mako es uno de los asesinos más mortales del mundo. Ataca a sus presas con una infalible precisión, golpeándolas con su destructiva velocidad y agarrándola con tal tenacidad que escapar es prácticamente imposible. Conocido por sus escalofriantes filas de afilados dientes, el tiburón mako es uno de los depredadores más letales del océano, incluso ataca y se come a otros tiburones. A los pescadores deportivos les encanta el mako por lo mucho que lucha cuando pica el anzuelo, porque este batallador tiburón luchará hasta su último aliento.

¿CUÁNTO MIDE?

### DATOS BÁSICOS

| | |
|---|---|
| Longitud | Hasta 4 m |
| Peso | Hasta 450 kg |
| Presas | Peces como lenguados y atunes, calamares y marsopas |
| Armas | Dientes largos y horadadores |
| Tiempo de vida | Desconocido |

El tiburón mako nada por todos los mares y océanos templados tropicales y subtropicales del mundo. Raras veces se adentra en aguas con temperaturas inferiores a 16 °C.

## ¿SABÍAS QUE...?

● El tiburón mako y los de su especie son más inteligentes que la mayoría de los peces, pues cuando es necesario pueden aprender nuevos modos de encontrar y capturar a sus presas.

● Los makos grandes atacan y matan a peces espada, pero algunos de éstos se vengan. Se han encontrado makos con las espadas de sus presas atravesándoles el cuerpo.

● El tiburón mako pertenece a la familia de los tiburones *Lamnidae,* que incluye al tristemente célebre tiburón blanco, al cual se le suelen achacar, más que a ningún otro tiburón, los ataques contra humanos. Sin embargo, los expertos coinciden en considerar que lo más habitual es que los culpables sean los tiburones tigre y gayarre.

● Según los datos recogidos por el International Shark Attack File (ISAF), en el período de siete años comprendido entre 1990 y 1996, en todo el mundo hubo una media de 50 ataques anuales comprobados de tiburón contra bañistas y buceadores. Como media, estos ataques producen seis muertes al año.

Un pescador se pelea desde su barco con un tiburón mako, intentando controlarlo. El animal salta por el aire en un frenético intento de liberarse del anzuelo.

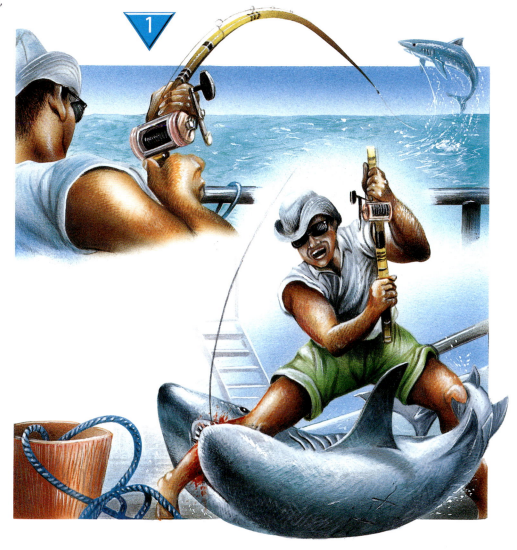

**1**

Con una furia desesperada, el tiburón se lanza sobre la cubierta del barco y agarra la pierna del pescador con sus terribles mandíbulas.

**2**

# TIBURÓN BOQUIANCHO

**Nombre científico:** *Megachasma pelagios*

### CUERPO
Este tiburón tiene un cuerpo inusualmente romo y fofo; es probable que nade sin mucha energía.

### COLA
El lóbulo superior de la cola es mucho más largo que el inferior.

### BOCA
Se piensa que el borde de la boca es fosforescente para atraer a las presas. Hay unas siete filas de diminutos dientes ganchudos, que utiliza para evitar que las presas grandes se le escapen.

### MANDÍBULAS
Las mandíbulas pueden ser proyectadas hacia delante para incrementar aún más su envergadura. Para atrapar una gran cantidad de agua y presas, el tiburón expande la parte trasera de la garganta, lo cual crea un poderoso efecto de vacío.

### AGALLAS
Las agallas extraen oxígeno del agua. Luego el agua es expulsada por las ranuras de las agallas.

# TIBURÓN BOQUIANCHO 27

De vez en cuando, el océano nos descubre un secreto viviente, y el tiburón boquiancho es con seguridad uno de los hallazgos más extraños de la época reciente. No fue hasta 1976 cuando se sacó de las profundidades del océano al primer tiburón boquiancho. Este pez de gran tamaño se alimenta aspirando a sus presas, sobre todo las diminutas formas de vida que pululan en la oscuridad. Es posible que algunas presas se metan a propósito dentro de su boca, atraídas por el fantasmagórico brillo de su interior.

### ¿CUÁNTO MIDE?

### DATOS BÁSICOS

| | |
|---|---|
| Longitud | 4,3-5,2 m |
| Peso | Hasta 1000 kg |
| Anchura de la boca | 80 cm |
| Presas | Plancton, medusas, calamares |
| Tiempo de vida | Desconocido |

Por lo que se sabe hasta ahora, el boquiancho es escaso, pero está muy difundido por las aguas templadas del mundo. Ha sido encontrado en el Pacífico, el Índico y el Atlántico.

## ¿SABÍAS QUE...?

● Los antiguos orígenes del boquiancho son tan oscuros como su modo de vida. Los únicos fósiles que tenemos son dientes similares de hace 20 millones de años, encontrados en rocas del oeste de Estados Unidos, y otros con el doble de antigüedad encontrados en Inglaterra y Argentina.

● La primera captura de un tiburón boquiancho casi se perdió antes de poder ser estudiada. Un intento de agarrar a la bestia por la cola hizo que ésta se partiera y que el resto del tiburón cayera al mar. Afortunadamente, un grupo de buceadores pudo rescatarlo.

● A principios del siglo XX otro gran misterio fue sacado de las aguas. El descubrimiento del celacanto en 1939 demostró que criaturas que sólo se conocían por antiguos fósiles podían seguir viviendo en algún lugar de los océanos.

● Los primeros seis especímenes de boquiancho eran todos machos. No se encontró una hembra hasta 1994, cuando embarrancó en una playa japonesa.

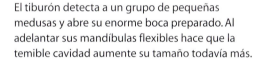

El boquiancho nada por aguas profundas poco iluminadas, probablemente siguiendo a un cardumen de sus presas.

El tiburón detecta a un grupo de pequeñas medusas y abre su enorme boca preparado. Al adelantar sus mandíbulas flexibles hace que la temible cavidad aumente su tamaño todavía más.

Atraído por la boca luminosa del tiburón, las medusas se dirigen hacia ella. La bestia cierra la boca y atrapa montones de agua y a sus presas. Después expulsa el agua a través de sus agallas y se traga a las aturdidas medusas.

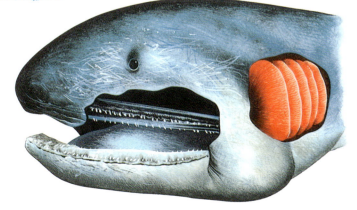

# TIBURÓN BALLENA
**Nombre científico:** *Rhincodon typus*

**COLA**
Grande y poderosa, la cola se mueve de lado a lado para impulsar al enorme pez por el agua.

**OJOS**
Son relativamente pequeños, pues el pez no necesita una buena visión: no tiene que detectar presas escurridizas y no tiene enemigos de los que preocuparse.

**MANCHAS**
La cabeza, aletas, lomo y costados del tiburón están decorados con un característico dibujo de manchas blancas o amarillas.

**BOCA**
Es tan inmensa que el tiburón puede tragarse cardúmenes enteros de plancton.

# TIBURÓN BALLENA 29

A pesar de su formidable tamaño, el tiburón ballena es inofensivo para cualquier cosa que sea mayor que un camarón y se pasea por entre otras criaturas compartiendo sus aguas, incluso con el ocasional buceador curioso. El tiburón ballena es el pez más grande de los mares, que si no fuera tan pacífico como es, con su poderosa boca podría tragarse entera a una persona. Los buceadores pueden agarrarse y disfrutar de un plácido paseo con el tranquilo tiburón ballena, pues raras veces se molesta. El único peligro es quedar atrapado en la rugosa piel del tiburón, quedar aturdido por su inmensa cola u olvidarse de soltarse cuando se sumerge.

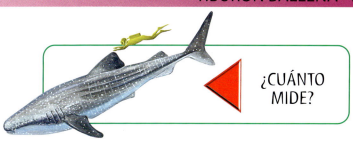

¿CUÁNTO MIDE?

## DATOS BÁSICOS

| Longitud | Hasta 14 m |
| Peso | Hasta 40 t |
| Presas | Principalmente plancton animal, como krill y larvas de peces y cangrejos |
| Tiempo de vida | Desconocido, quizá más de 30 años |

Este tiburón gigante se encuentra en todos los mares tropicales del mundo a ambos lados del Ecuador. Sobre todo se avista cerca de las Maldivas, las Seychelles y el golfo de México.

### ¿SABÍAS QUE...?

● Con hasta 10 cm de grosor, la piel del tiburón ballena es más gruesa y dura que la de ninguna otra criatura.

● En ocasiones los barcos chocan con el amplio lomo de los tiburones que están nadando justo bajo la superficie. En todo el mundo se han registrado 20 colisiones de este tipo. Tanto el barco como el tiburón quedan dañados, pero por lo general el segundo sale peor parado.

● En el otro extremo del abanico de tamaño se encuentra el tiburón más pequeño de todos, el tiburón pigmeo *(Squaliolus laticaudus),* que alcanza una longitud máxima de 25 cm.

● Los tiburones ballena cubren distancias inmensas en sus migraciones; en no más de tres años, un ejemplar marcado nadó unos sorprendentes 22.530 km, casi dos vueltas al mundo.

● Los huevos conservados en el interior de la hembra del tiburón ballena son los más grandes del mundo, con unos impresionantes 30 cm o más de largo.

1　Un buceador se agarra de la aleta dorsal de un tiburón ballena y da un paseo disfrutando del espectáculo.

El tiburón inicia la inmersión y su pasajero está tan embelesado con la experiencia, que no se da cuenta. Su compañero sólo puede mirar con impotencia cómo el tiburón se lo lleva peligrosamente a las profundidades. Si el tiburón ascendiera de pronto, el cambio repentino de la presión del agua podría matar al hombre.

2

# PEZ MARTILLO

**Nombre científico:** especie *Sphyrna*

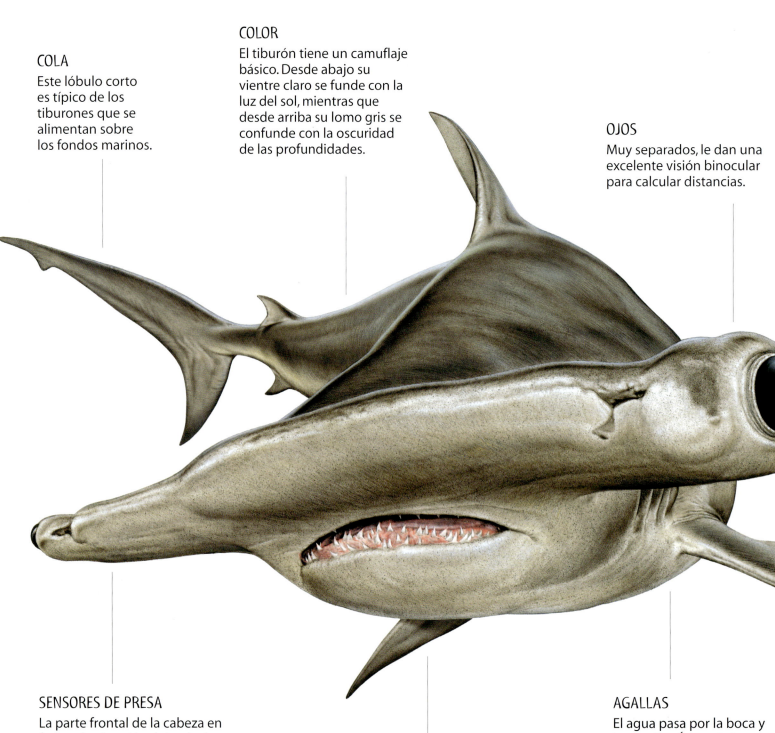

**COLA**
Este lóbulo corto es típico de los tiburones que se alimentan sobre los fondos marinos.

**COLOR**
El tiburón tiene un camuflaje básico. Desde abajo su vientre claro se funde con la luz del sol, mientras que desde arriba su lomo gris se confunde con la oscuridad de las profundidades.

**OJOS**
Muy separados, le dan una excelente visión binocular para calcular distancias.

**SENSORES DE PRESA**
La parte frontal de la cabeza en forma de ala está salpicada de órganos sensibles a la presión y de electrorreceptores, que sirven para buscar presas.

**ALETAS PECTORALES**
Mientras el tiburón nada, el flujo de agua que pasa por la aleta pectoral en forma de vela lo levanta. También puede utilizar las aletas de forma activa para cambiar de dirección y moverse hacia arriba y hacia abajo.

**AGALLAS**
El agua pasa por la boca y las agallas. Éstas obtienen oxígeno del agua, que luego sale del cuerpo por las ranuras laterales.

# PEZ MARTILLO

Un pez martillo puede ser tremendamente feo, pero sus aterradoras formas poseen un propósito. La espeluznante ala que forma su cabeza está repleta de unos sensores tan poderosos que hacen que a su lado el hombre parezca primitivo. La silueta del pez martillo es como la de un extraño extraterrestre submarino. Para los buceadores puede ser una de las visiones más aterradoras del océano. El pez martillo se come a cualquier pez que pueda matar, pero sobre todo a las rayas venenosas. Incluso las que se encuentran enterradas son detectadas con facilidad por los poderosos escáneres de este tiburón.

### ¿CUÁNTO MIDE?

### DATOS BÁSICOS

| | |
|---|---|
| Longitud | 1-5 m, dependiendo de la especie |
| Peso | Hasta 400-460 kg en peces martillo grandes |
| Presas | Peces, calamares y medusas |
| Armas | Hasta 68 dientes serrados |
| Tiempo de vida | 20-30 años |

Se pueden ver peces martillo en cualquier mar y océano tropical y subtropical del mundo. En el verano septentrional, algunos ejemplares llegan hasta tan al norte como el mar Mediterráneo.

### ¿SABÍAS QUE...?

● Si bien el gran pez martillo se alimenta sobre todo de rayas y pequeños peces se sabe que también ataca y puede comerse a otros tiburones.

● La piel del tiburón está dotada de diminutos pinchos llamados dentículos. En el pasado la gente la utilizaba como papel de lija. Este material, también llamado chagrín, era utilizado para envolver los mangos de las espadas para conseguir un buen agarre en medio del sudor y la sangre de las batallas.

● Los pescadores odian a los peces martillo por su costumbre de comerse el cebo que utilizan para capturar peces espada. Una vez que un tiburón ha encontrado una fuente de comida es muy difícil que la suelte. Los peces martillo también son un problema para los pescadores de los arrecifes, pues cuando éstos suben, sus redes les van robando los peces.

**1** Mientras se desplaza sobre el fondo del mar, el pez martillo mueve la cabeza de lado a lado para escanear un amplia sección de terreno arenoso. Puede que esté demasiado oscuro como para ver con claridad, pero los receptores del morro del tiburón no tienen problemas para detectar a una raya enterrada. Cuando la tiene localizada con precisión, el tiburón ataca.

**2** La raya intenta huir, pero su enemigo es demasiado rápido. El tiburón sujeta a la raya contra la arena con un lado de la cabeza y luego se dobla hasta que puede morderle un ala. El tiburón va girando sobre la raya mientras la deja tullida hasta que su víctima es devorada del todo, incluida la cola venenosa.

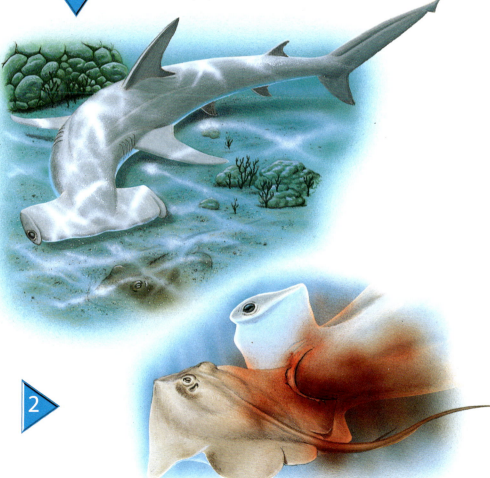

# ANGELOTE
**Nombre científico:** especie *Squatina*

### DENTÍCULOS
Su piel está recubierta de pequeños dentículos en forma de gancho. En el lomo son puntiagudos para detener a sus atacantes, mientras que en el vientre tienen forma de escama para impedir que se raspe contra las rocas.

### ALETAS PECTORALES
Son muy extensas y representan la mayor parte del cuerpo del tiburón. También son las responsables de su nombre, pues a la gente le recuerdan a las alas de los ángeles.

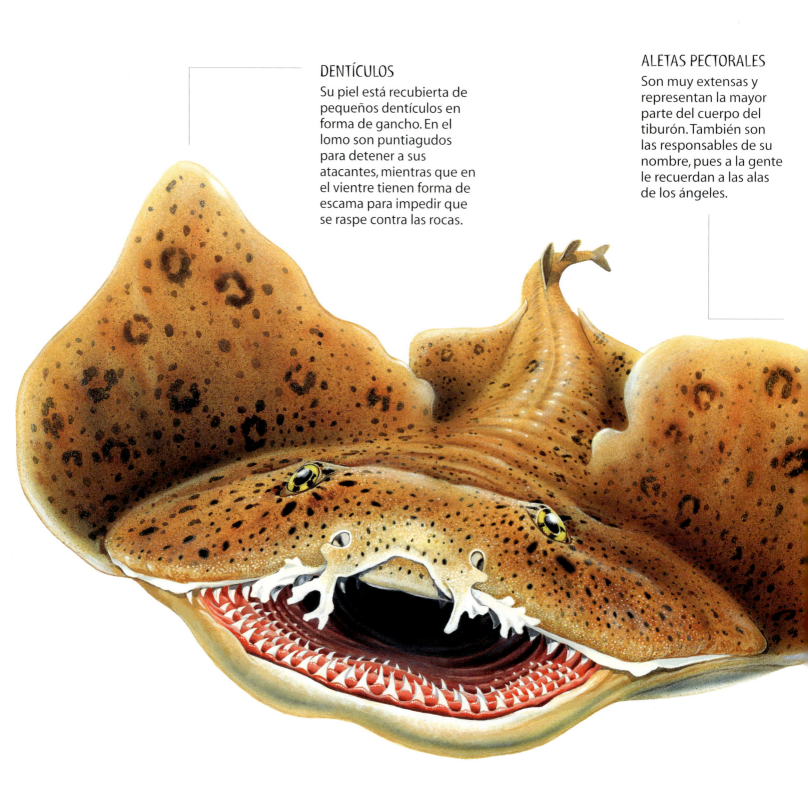

# ANGELOTE

Los tiburones están emparentados de cerca con las rayas y, como sus primos de cuerpo plano, los angelotes están adaptados a la vida en el fondo del mar. No te dejes engañar por su nombre, es un tiburón, no un ángel. Cazador incansable durante la noche, por el día se queda recogido en un puesto de emboscada sobre el fondo del mar, siempre listo para saltar y capturar a un pez que pasa... o atacar a un buceador que se entromete en su camino. Una cosa es que un experto con guantes especiales maneje a un angelote, pero conviene que un buceador normal esté prevenido y se mantenga alejado. No obstante, algunas personas sólo aprenden a base de golpes...

¿CUÁNTO MIDE?

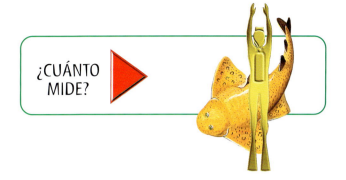

## DATOS BÁSICOS

| | |
|---|---|
| Longitud | Hasta 2,5 m |
| Peso | Hasta 80 kg |
| Presas | Peces, cangrejos, langostas, calamares y moluscos con concha |
| Armas | Mandíbulas fuertes y dientes afilados |
| Tiempo de vida | Desconocido |

Se han documentado una docena de especies de angelote en las aguas de la plataforma continental de la mayor parte de los mares y océanos del mundo, incluido el Atlántico y el Pacífico, desde los 3 hasta los 1300 m de profundidad.

### ¿SABÍAS QUE...?

● En muchas partes del mundo la gente pesca y se come a los angelotes. El tiburón raras veces muerde un anzuelo con cebo, de modo que por lo general son capturados echando una red sobre el fondo del océano.

● La piel del tiburón es muy rugosa y, una vez secada, antiguamente se solía utilizar como papel de lija para pulir madera y marfil; se decía que comer carne de angelote era una buena cura para los picores.

● El angelote también es conocido como «pez monje», por la forma de su cabeza y también es llamado «pez violín», porque visto desde arriba se parece.

● El angelote es reservado y se conoce poco sobre él. En una ocasión, para averiguar más sobre ellos, los científicos les colocaron un radiotransmisor a varios angelotes, gracias a los cuales pudieron seguir sus movimientos. Descubrieron así que estos tiburones son territoriales y pasan la mayor parte del tiempo dentro de un área de sólo 1,5 km² aproximadamente.

El buceador alarga la mano para tocar al angelote, intentando que el tiburón se sacuda y así poder verlo entero. Pero el hombre consigue mucho más de lo que esperaba, pues el angelote sale de la arena y muerde la mano del sorprendido buceador, hundiendo profundamente en él sus diabólicamente afilados dientes antes de que éste pueda reaccionar. Aprendida la lección, en el futuro sabrá cómo comportarse...

1. Un angelote reposa enterrado bajo la arena, sólo sus ojos sobresalen del fondo del mar. Mientras vigila el mar en busca de potenciales presas, un buceador nada hacia su cabeza, deseando verla más de cerca.

2.

**34** OTROS PECES DE AGUA SALADA

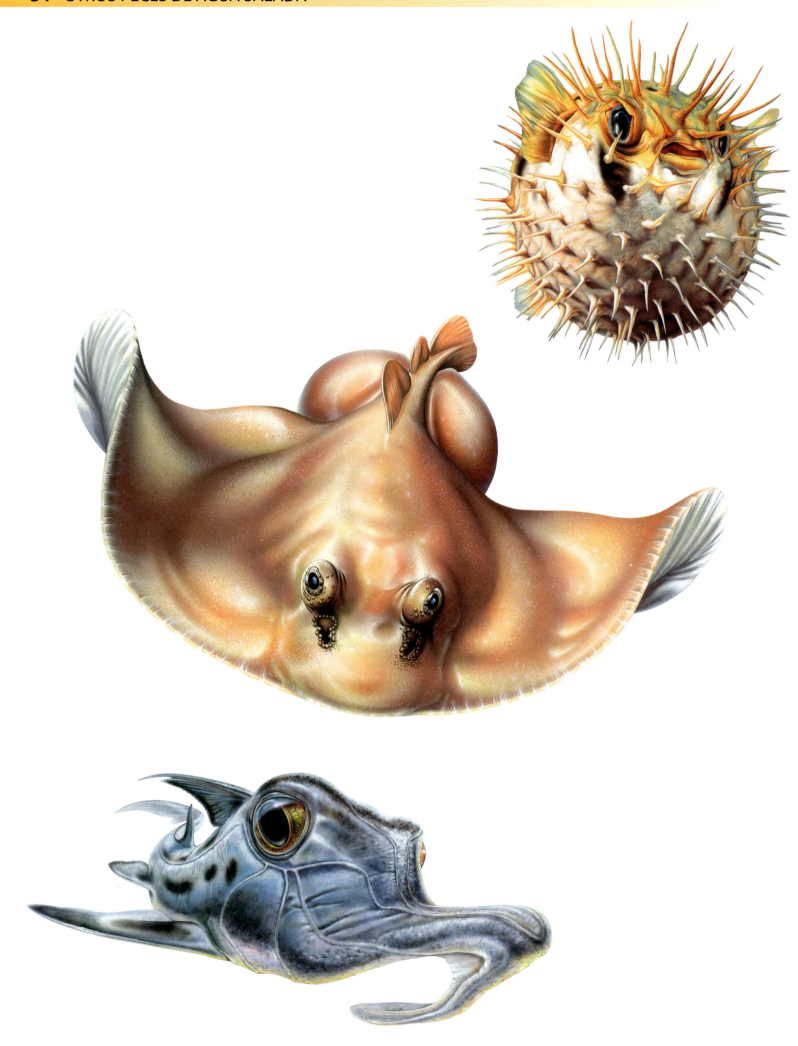

# OTROS PECES DE AGUA SALADA

*Los peces de agua salada poseen una variedad de características que les ayudan a sobrevivir en las duras condiciones de los mares y océanos en los que viven.*

Están en constante peligro de ser atacados, de modo que tienen sus defensas, como los afilados pinchos del pez erizo o el camuflaje del pejesapo, que hace que se confunda con una planta o coral. Por otra parte, los peces de agua salada también tienen armas para vencer las defensas de sus presas. Por ejemplo, el pez lobo y la raya no tienen problemas con las cáscaras de los crustáceos que consumen; pueden romper a mordiscos las duras cáscaras y comerse luego el blando cuerpo que éstas protegían. La manta raya tiene lo mejor de ambos mundos: las células eléctricas que tiene a ambos lados de su cabeza pueden servir bien para atacar o bien para aturdir a sus presas. Otros peces de agua salada viven en unas condiciones tan especiales que requieren soluciones especiales. El pez pelícano vive en aguas heladas y oscuras, donde la presión de ésta es terrible. Para arreglárselas en la oscuridad lleva en la cola su propia luz parpadeante. En este entorno poco amistoso es complicado encontrar alimento, pero su luz atrae peces pequeños hasta la boca del pez pelícano, que se puede abrir hasta alcanzar un gran tamaño, de modo que haya más posibilidades de atraparlos y comérselos.

# RAYA ÁGUILA

**Nombre científico:** *Aetobatus narinari*

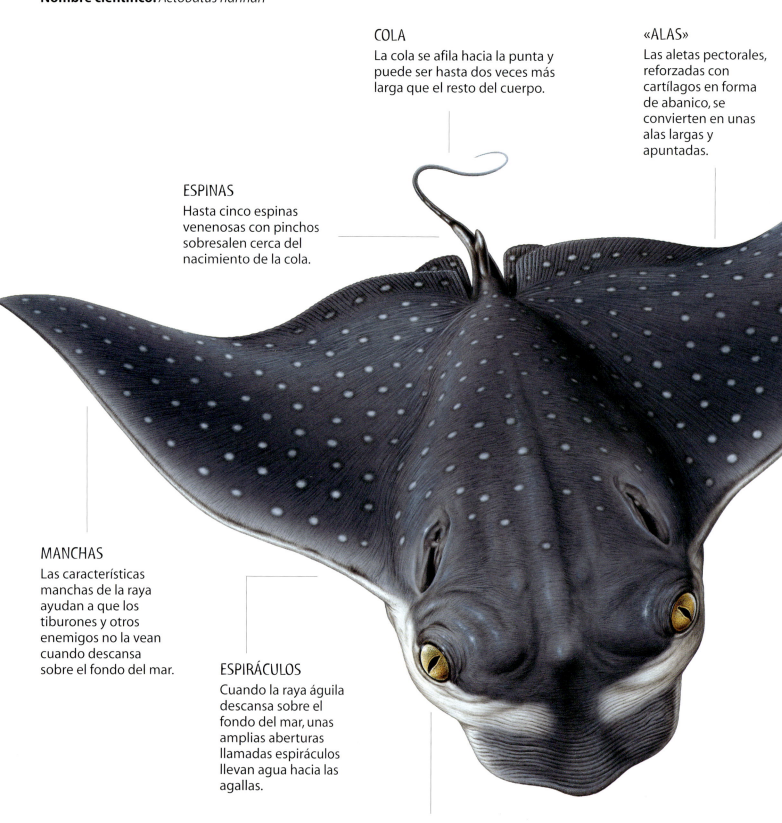

**COLA**
La cola se afila hacia la punta y puede ser hasta dos veces más larga que el resto del cuerpo.

**«ALAS»**
Las aletas pectorales, reforzadas con cartílagos en forma de abanico, se convierten en unas alas largas y apuntadas.

**ESPINAS**
Hasta cinco espinas venenosas con pinchos sobresalen cerca del nacimiento de la cola.

**MANCHAS**
Las características manchas de la raya ayudan a que los tiburones y otros enemigos no la vean cuando descansa sobre el fondo del mar.

**ESPIRÁCULOS**
Cuando la raya águila descansa sobre el fondo del mar, unas amplias aberturas llamadas espiráculos llevan agua hacia las agallas.

**OJOS**
Son bastante grandes, para permitir que la raya vea bien en el agua poco iluminada.

# RAYA ÁGUILA

La raya águila pasa la mayor parte del tiempo escarbando en el fondo del mar en busca de crustáceos que aplastar con sus dientes. Descansando sobre el fondo del mar, a menudo cerca de la costa, con su cuerpo ancho y moteado y su larga cola con espinas medio enterrada en la arena del fondo, puede saltar con sorprendente rapidez sobre cualquiera que la moleste. Las espinas venenosas de la cola de la raya águila pueden causar heridas dolorosísimas que a menudo se infectan y no se curan en semanas, como han podido comprobar muchos pescadores.

## ¿SABÍAS QUE...?

● La raya águila también es conocida en ocasiones como la «raya pato», por la forma de su hocico.

● En ocasiones, cuando está cortejando a una compañera, la raya retoza en la superficie cerca de la orilla. Al hacerlo, sus apuntadas aletas pectorales asustan a los bañistas, que las confunden con las de tiburones.

● La raya águila hembra se aparea hasta con cuatro machos en el espacio de una hora. Un año después, da a luz a cuatro crías, muchas de las cuales son comidas de inmediato por los tiburones que durante varios días la han seguido diligentemente para eso.

¿CUÁNTO MIDE?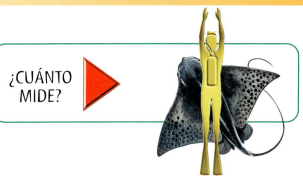

## DATOS BÁSICOS

| Longitud | Hasta 2 m, la cola 6 m |
|---|---|
| Envergadura alar | Por lo general entre 2 y 3,5 m |
| Peso | Hasta 225 kg |
| Presas | Principalmente moluscos como almejas, cangrejos, gambas, gusanos y peces pequeños |
| Armas | Hasta cinco espinas con pinchos que inyectan un veneno que contiene toxinas |
| Ataque típico | Un golpe único y veloz |
| Tiempo de vida | Desconocido |

La raya águila es una de las especies de rayas más difundidas y vive en aguas cálidas y poco profundas de todo el mundo, alejándose más de los trópicos durante el verano.

 Una raya águila queda atrapada en una red junto a miles de peces pequeños antes de ser sacada del mar. Un pescador tira de la chorreante red hacia la cubierta.

Concentrado en su trabajo, el pescador no se da cuenta de la cola de la raya que cuelga por fuera de la red, hasta que la serrada espina raja su muñeca, penetrando con profundidad en la carne.

# PEZ LOBO

**Nombre científico:** *Anarrhichas lupus*

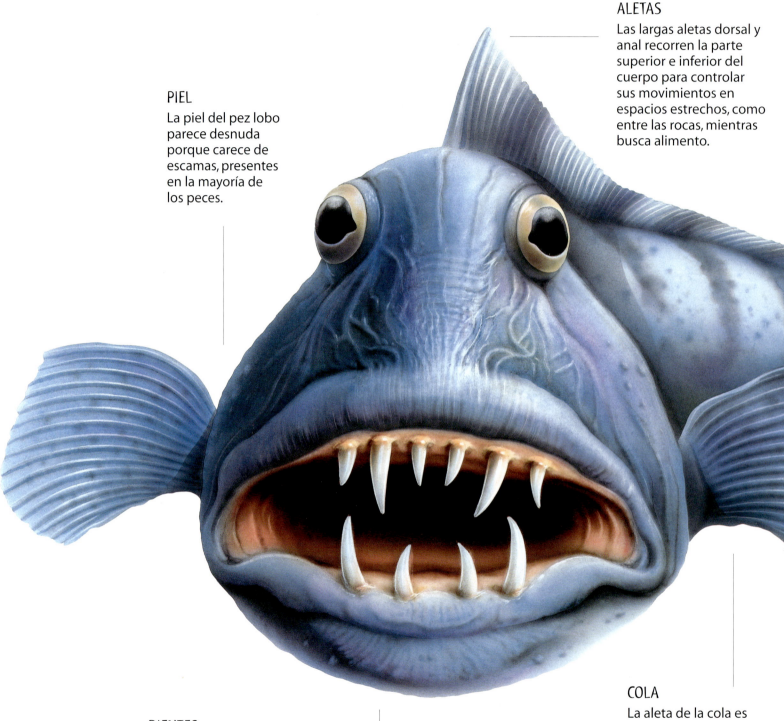

**ALETAS**
Las largas aletas dorsal y anal recorren la parte superior e inferior del cuerpo para controlar sus movimientos en espacios estrechos, como entre las rocas, mientras busca alimento.

**PIEL**
La piel del pez lobo parece desnuda porque carece de escamas, presentes en la mayoría de los peces.

**DIENTES**
Unos dientes cónicos en la parte delantera de la mandíbula dan grandes mordiscos. Detrás hay filas de dientes más gruesos, para masticar.

**COLA**
La aleta de la cola es bastante pequeña para una criatura tan robusta y demasiado débil como para propulsar al animal con velocidad, aunque lo suficiente como para atrapar a sus víctimas.

# PEZ LOBO

El pez lobo pasa poco tiempo deambulando por el mar abierto. Prefiere merodear por el fondo, donde puede hincarle el diente a sus crujientes presas. Pocos habitantes de las profundidades tienen un aspecto más grotesco que el pez lobo, y su cara repleta de dientes es un anuncio de muerte para muchos animales. Para un pez lobo, los pinchos, pinzas y el caparazón de un cangrejo araña no son un impedimento. Los mortales dientes del depredador rompen la coraza de la presa con facilidad. Luego el asesino come goloso la carne del interior.

### ¿CUÁNTO MIDE?

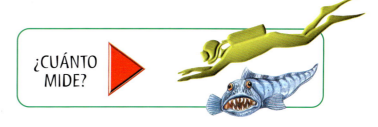

## DATOS BÁSICOS

| | |
|---|---|
| Longitud | Hasta 1,3 m |
| Peso | Hasta 25 kg |
| Presas | Moluscos, cangrejos, erizos de mar y otros habitantes del fondo |
| Armas | Dientes capaces de romper caparazones |
| Tiempo de vida | Desconocido |

El pez lobo habita las frías aguas costeras del norte de Europa, el noreste de Norteamérica y Groenlandia. Se alimenta en fondos rocosos, arenosos o lodosos a profundidades que van desde unos pocos metros hasta los 500 en el borde de la plataforma continental.

### ¿SABÍAS QUE...?

● El pez lobo tiene cinco parientes cercanos en el género *Anarrhichas*, todos ellos peces con dientes afilados que viven en las aguas frías de Atlántico Norte. Las aguas profundas del Pacífico Norte dan cobijo a tres especies similares del género *Anarrhichthys*, aunque éstas tienen espinas alargadas y casi el doble de huesos.

● En las lonjas del mundo, en ocasiones al pez lobo se le llama «lobo», así, en español. Aunque es un pez sabroso con carne dulce, firme, como hojaldrada, parecida a la del bacalao, el aspecto del animal asusta a muchos compradores, que no se deciden a probarlo. El resultado es que antes de ser colocado para la venta han de cortarle la cabeza. En la mayoría de las pescaderías y supermercados el pez lobo se vende ahora en filetes y sin piel.

● Debido a sus dientes, afilados como los de un gato, en ocasiones el pez lobo es llamado «siluro marino», aunque no está emparentado con el verdadero siluro.

A continuación, el pez abre una grieta en el caparazón para llegar a la sabrosa carne interior. El depredador arranca los pedazos de concha del cuerpo del cangrejo, tirando de la carne hasta lograr tragársela toda.

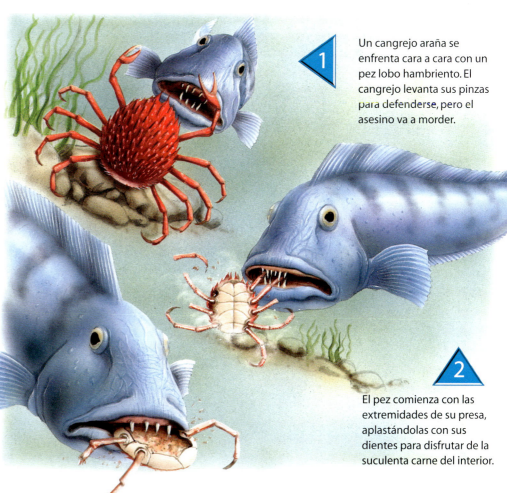

**1** Un cangrejo araña se enfrenta cara a cara con un pez lobo hambriento. El cangrejo levanta sus pinzas para defenderse, pero el asesino va a morder.

**2** El pez comienza con las extremidades de su presa, aplastándolas con sus dientes para disfrutar de la suculenta carne del interior.

**40** OTROS PECES DE AGUA SALADA

# PEJESAPO
**Nombre científico:** especie *Antennarius*

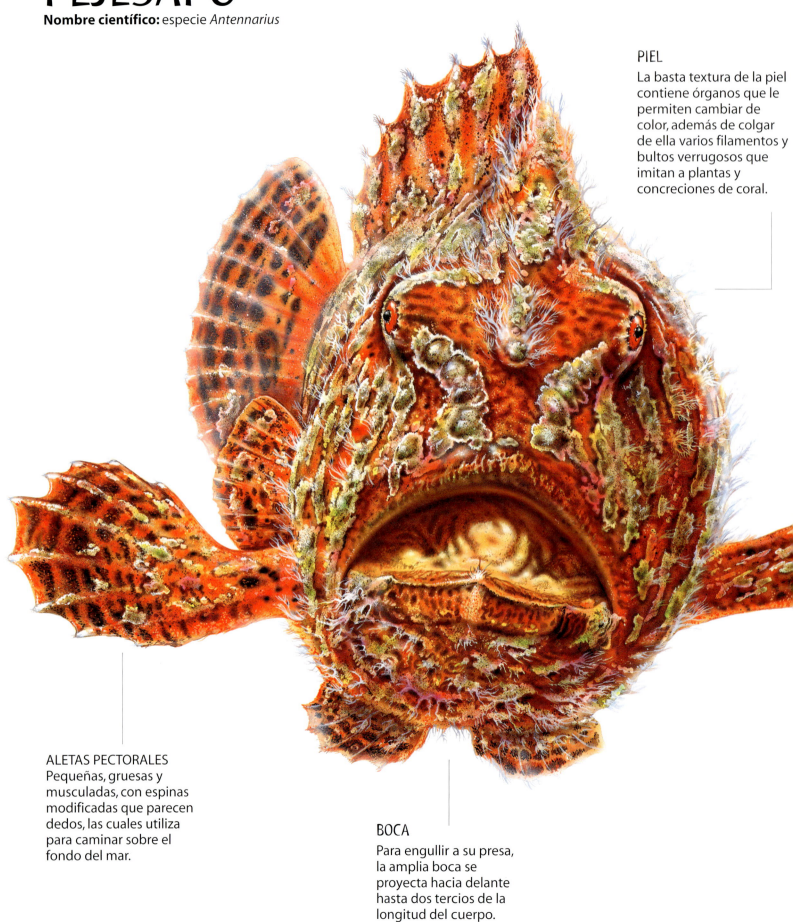

**PIEL**
La basta textura de la piel contiene órganos que le permiten cambiar de color, además de colgar de ella varios filamentos y bultos verrugosos que imitan a plantas y concreciones de coral.

**ALETAS PECTORALES**
Pequeñas, gruesas y musculadas, con espinas modificadas que parecen dedos, las cuales utiliza para caminar sobre el fondo del mar.

**BOCA**
Para engullir a su presa, la amplia boca se proyecta hacia delante hasta dos tercios de la longitud del cuerpo.

# PEJESAPO

El pejasapo es uno de los grandes glotones del fondo del mar; está dotado con un estómago que se dilata y una boca móvil. Esta máquina de comer subacuática espera oculta sobre el fondo marino y se traga con facilidad a presas que son más grandes que ella. Muy camuflado, el pejesapo pesca con caña y señuelo, y puede tragarse a su presa en seis milisegundos, atrapando a un pez de un cardumen sin que los otros se den cuenta de nada.

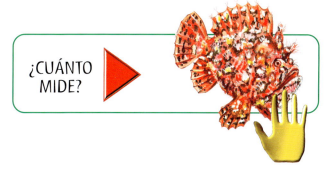

¿CUÁNTO MIDE?

## DATOS BÁSICOS

| | |
|---|---|
| Longitud | 3,5-40 cm |
| Señuelo | Una espina dorsal modificada terminada en un cebo carnoso |
| Presas | Peces (incluyendo otros pejesapos) y crustáceos |
| Modo de vida | Sobre todo fondos marinos rocosos o arenosos y arrecifes de coral |
| Profundidad | Por lo general, entre 30 y 100 m, con un máximo de 300 m |
| Crías | La hembra deposita millares de huevos en grupos que flotan en la superficie; cuando eclosionan, los huevos se hunden |

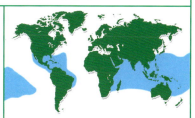

Los pejesapos están muy extendidos por las aguas tropicales y subtropicales de todo el mundo, aunque prefieren las aguas con temperaturas en torno a los 20 °C.

### ¿SABÍAS QUE...?

● Los pejesapos son tan ansiosos que a menudo se intentan tragar las presas más imposibles, como los peces luna repletos de pinchos, que luego tienen que escupir.

● Antes de darse cuenta de que el pejesapo puede cambiar de color, los científicos creían que había muchas más especies.

● Cuando la caza es buena, a menudo los pejesapos permanecen durante semanas en la misma posición sobre el fondo del mar.

● Si el pejesapo pierde su caña y su cebo debido al entusiasmo de una presa, al cabo de seis meses éstos estarán totalmente regenerados, pero mientras tanto puede pasar hambre.

● Cuando un pejesapo hembra está lleno de huevos, flota hacia la superficie, con la cola por encima.

Un pejesapo rayado descansa sobre un roca observando el mundo como si fuera un afloramiento de coral. Aparte de un suave movimiento de su señuelo, permanece inmóvil y no tarda en avistar a un pez de arrecife.

**1**

**3** Rápido como un rayo, el pejesapo lanza su boca hacia delante y se traga un buche de agua absorbiendo con él al desafortunado pez.

**2** Atraído por el señuelo en forma de alga, el pez se acerca, entrando en la zona peligrosa. El pejesapo lo observa con ojos grandes y brillantes y se prepara para atacar.

## 42 OTROS PECES DE AGUA SALADA

# HATCHETFISH
**Nombre científico:** especie *Argyropelecus*

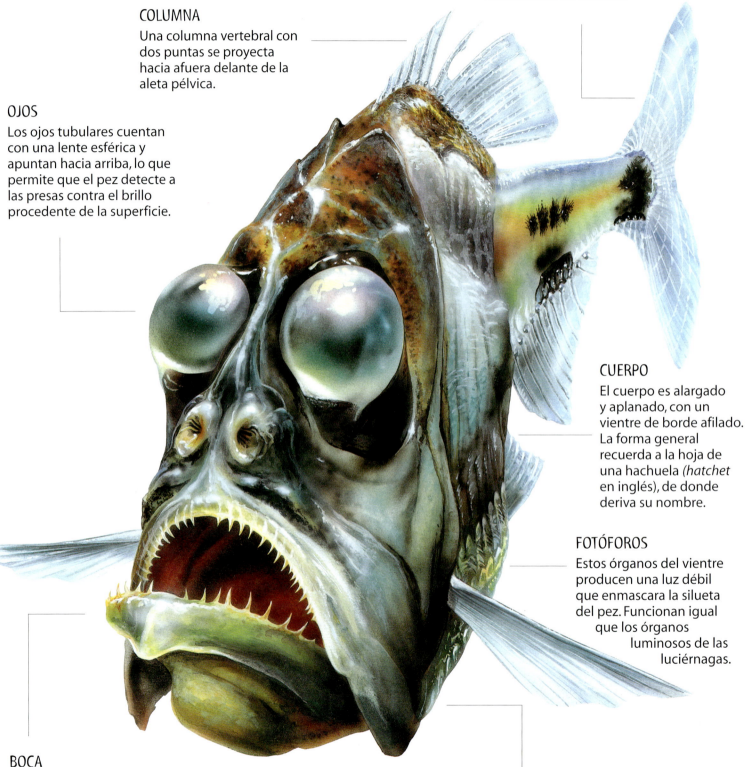

**COLA**
Como otros muchos peces que viven a gran profundidad en el océano, el hatchetfish tiene una cola corta y delgada, lo que reduce el peso del cuerpo y las necesidades de comida.

**COLUMNA**
Una columna vertebral con dos puntas se proyecta hacia afuera delante de la aleta pélvica.

**OJOS**
Los ojos tubulares cuentan con una lente esférica y apuntan hacia arriba, lo que permite que el pez detecte a las presas contra el brillo procedente de la superficie.

**CUERPO**
El cuerpo es alargado y aplanado, con un vientre de borde afilado. La forma general recuerda a la hoja de una hachuela (*hatchet* en inglés), de donde deriva su nombre.

**FOTÓFOROS**
Estos órganos del vientre producen una luz débil que enmascara la silueta del pez. Funcionan igual que los órganos luminosos de las luciérnagas.

**BOCA**
Al igual que sus ojos, la gran boca del hatchetfish apunta hacia arriba, de modo que pueda coger desde debajo a las presas desprevenidas.

**PIEL**
La piel de los flancos tiene un brillante acabado de espejo que refleja la luz.

# HATCHETFISH

Las profundidades del océano son un mundo cruel, donde hay que comer o ser comido, de modo que el hatchetfish pasa su tiempo persiguiendo presas microscópicas y confiando en su pálida luz para protegerse de los depredadores más grandes. Brillando con una luz apagada y azul en las aguas en penumbra, parece un diminuto invasor de otro planeta. En los estériles páramos de las aguas profundas del océano, la comida es escasa, por lo que el hatchetfish debe alimentarse siempre que tenga oportunidad.

### ¿CUÁNTO MIDE?

### DATOS BÁSICOS

| | |
|---|---|
| Longitud | Hasta 10 cm |
| Presas | Plancton animal, incluidos crustáceos y peces pequeños |
| Modo de vida | Durante la noche migra hacia la superficie y al amanecer se sumerge de nuevo |
| Armas | Órganos luminosos que camuflan su silueta |

El hatchetfish vive en todos los océanos del mundo más allá de los bordes de la plataforma continental, en las aguas medias del mar abierto. Son más habituales en las aguas más frías y ricas en alimentos del norte y el sur, lejos de los trópicos.

### ¿SABÍAS QUE...?

● Los fotóforos (órganos luminosos) de un hatchetfish convierten en luz más del 98 % de la energía que consumen. En una bombilla sólo el 3 % se convierte en luz.

● Mientras busca comida, el hatchetfish recorre distancias considerables entre la mañana y la noche, llegando a viajar hasta 400 m arriba y abajo mientras siguen al plancton que es su presa.

● La luz producida por los fotóforos está controlada por señales nerviosas, y el hatchetfish ajusta su nivel constantemente, de tal modo que siempre esté acorde con la luz que lo rodea.

● Es posible que no se vean apenas hatchetfish, pero son una parte vital de la cadena alimenticia del océano. Primero, porque comen organismos diminutos, como el movedizo plancton; segundo, porque digieren la comida; tercero, porque son la presa de peces más grandes, a quienes pasan así los nutrientes.

Mientras el hatchetfish anda despacio por las aguas en penumbra, un estallido de energía nerviosa hace que sus órganos luminiscentes se pongan a brillar.

**1**

Un camarón de aguas profundas es más grande que las presas habituales del pez, pero es demasiado tentadora como para ser ignorada. Oculto por su juego de luces, el hatchetfish se acerca listo para matar.

**2**

Con un rápido mordisco, el hatchetfish captura a la gamba con sus mandíbulas y comienza a introducirla por su garganta hacia su estómago expansible.

**3**

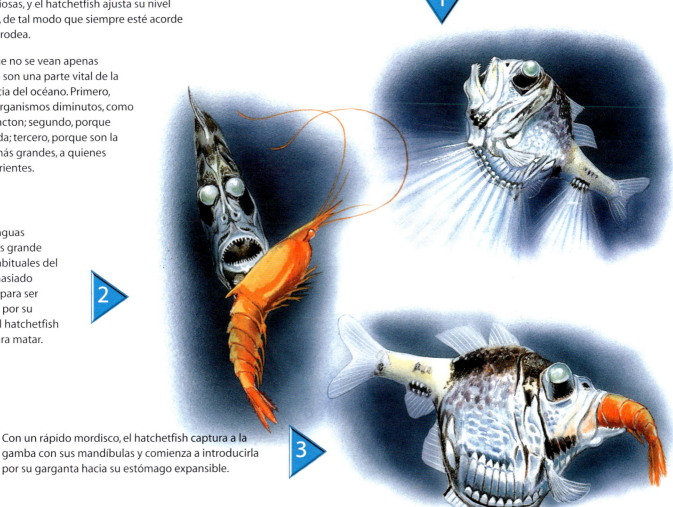

## 44 OTROS PECES DE AGUA SALADA

# PEZ VÍBORA
**Nombre científico:** especie *Chauliodus*

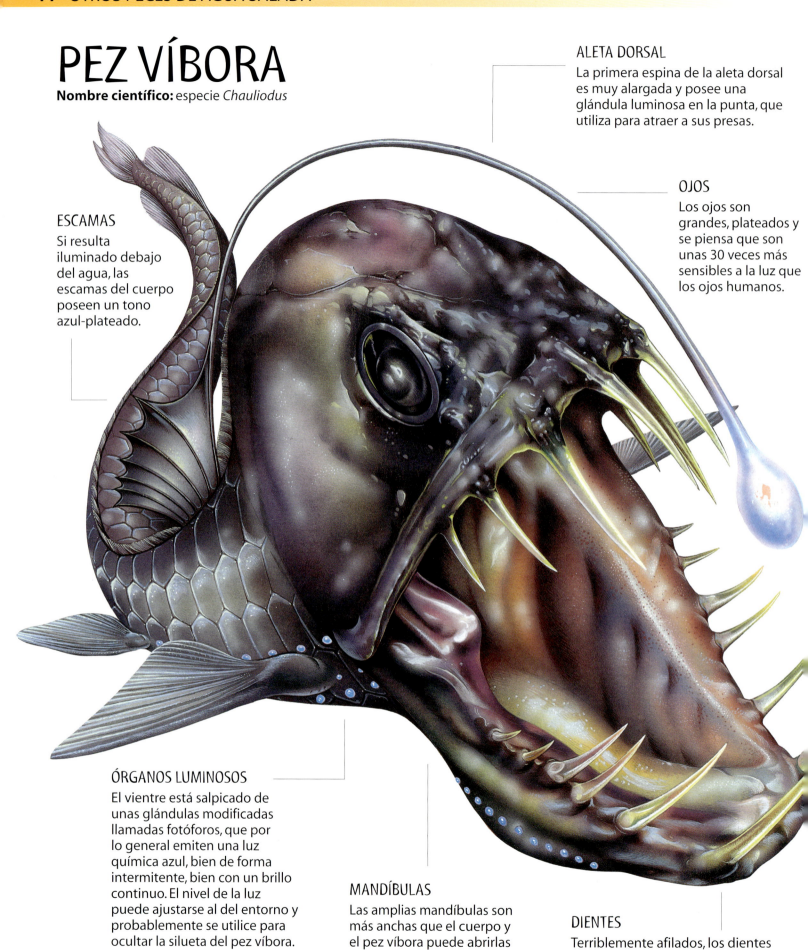

**ESCAMAS**
Si resulta iluminado debajo del agua, las escamas del cuerpo poseen un tono azul-plateado.

**ALETA DORSAL**
La primera espina de la aleta dorsal es muy alargada y posee una glándula luminosa en la punta, que utiliza para atraer a sus presas.

**OJOS**
Los ojos son grandes, plateados y se piensa que son unas 30 veces más sensibles a la luz que los ojos humanos.

**ÓRGANOS LUMINOSOS**
El vientre está salpicado de unas glándulas modificadas llamadas fotóforos, que por lo general emiten una luz química azul, bien de forma intermitente, bien con un brillo continuo. El nivel de la luz puede ajustarse al del entorno y probablemente se utilice para ocultar la silueta del pez víbora.

**MANDÍBULAS**
Las amplias mandíbulas son más anchas que el cuerpo y el pez víbora puede abrirlas en un ángulo de más de 90° para deglutir a sus víctimas de mayor tamaño.

**DIENTES**
Terriblemente afilados, los dientes atraviesan a las víctimas y luego las empujan hacia arriba, hasta que quedan atrapadas por los dientes superiores del paladar, más cortos.

# PEZ VÍBORA 45

Puede que el pez víbora no sea el más grande de los depredadores, pero oculto en las aguas de luz trémula de las profundidades con su traicionero cebo luminoso, este voraz depredador es el azote de muchas criaturas de las aguas medias. Pez viscoso semejante a una anguila con una boca enorme repleta de dientes terribles, el pez víbora atrapa a las escasas presas que se le acercan con una treta taimada. Permaneciendo prácticamente inmóvil extiende la caña de pescar incorporada con la que cuenta y deja ver un cebo luminoso delante de sus mandíbulas.

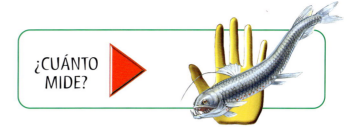

¿CUÁNTO MIDE?

## DATOS BÁSICOS

| | |
|---|---|
| Longitud | 25-35 cm |
| Presas | Peces y crustáceos |
| Armas | Colmillos aterradores |
| Modo de vida | Las aguas de profundidad media de los abismos oceánicos, hasta más de 1.000 m |
| Tiempo de vida | Desconocido |

Las seis especies conocidas de pez víbora viven en las aguas de profundidad media de los océanos tropicales y templados de todo el mundo, entre los 60° norte y los 40° sur.

### ¿SABÍAS QUE...?

● Un rasgo notable de este extraño pez es el tamaño de la primera espina de su aleta dorsal, que es varias veces más larga que las vértebras adyacentes. Cuando un pez víbora está comiendo, este hueso alargado recibe la presión producida al lanzar hacia atrás la mandíbula superior. También proporciona engarces de músculo que le permiten dislocar para tragar partes de su cabeza y agallas.

● El pez víbora posee muchas iluminaciones extrañas, pero la más curiosa son los órganos luminosos que brillan dentro de sus ojos. Algunos científicos han sugerido que el débil brillo de los mismos asegura que los ojos estén preparados para reaccionar ante las señales luminosas de otros peces, impidiendo que el pez víbora quede aturdido por un repentino estallido de luz en la oscuridad.

● A menudo, los peces como el pez víbora comen presas que también cuentan con sistemas propios de iluminación, de modo que su estómago está revestido de una membrana negra especial que impide que tras una comida la luz se filtre por su delgada piel.

Esperando con paciencia en la casi oscuridad de las aguas más profundas, un pez víbora mueve su cuerpo de tal modo que la espina luminosa de su aleta dorsal le quede frente a la boca pasando por encima de su cabeza.

**1**

**2**

Los órganos luminosos que salpican su vientre emiten una luz débil, que oculta cualquier sombra que pueda proyectar el pez víbora por debajo, haciéndolo casi invisible. Todo lo que ve el pez que se acerca es la tentadora bola de luz del cebo.

Atraído como una polilla por la luz, el pez se aproxima más. Como un rayo, el pez víbora muerde y atraviesa velozmente a su presa con uno de sus dientes como puñales, atrapándola con rapidez entre sus horribles pinchos.

**3**

**46** OTROS PECES DE AGUA SALADA

# CONGRIO
**Nombre científico:** *Conger conger*

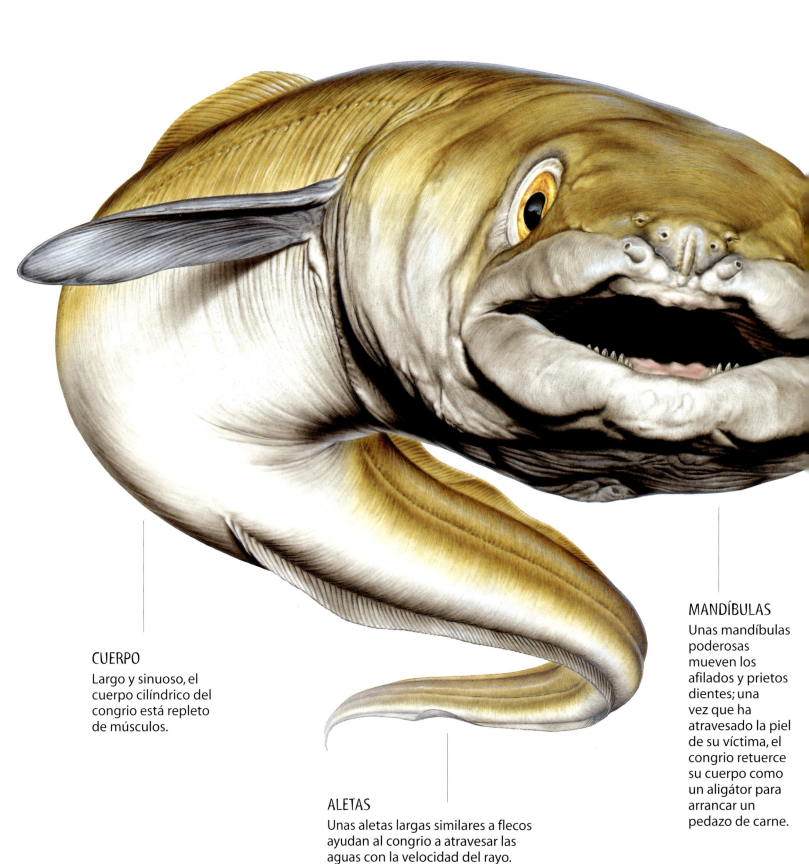

**CUERPO**
Largo y sinuoso, el cuerpo cilíndrico del congrio está repleto de músculos.

**ALETAS**
Unas aletas largas similares a flecos ayudan al congrio a atravesar las aguas con la velocidad del rayo.

**MANDÍBULAS**
Unas mandíbulas poderosas mueven los afilados y prietos dientes; una vez que ha atravesado la piel de su víctima, el congrio retuerce su cuerpo como un aligátor para arrancar un pedazo de carne.

# CONGRIO 47

Durante siglos, los pescadores han contado historias sobre los terribles dientes y la fuerza del poderoso congrio. Incluso hoy día, los buceadores armados se muestran cautelosos ante esta legendaria criatura. Ágil y musculoso, el congrio, alargado como una serpiente, se mueve por cuevas costeras y pecios en busca de sus presas, que caza por la noche. Se sabe que cuando ataca, el congrio escoge siempre el blanco más cercano y el peligro no acaba aunque el animal esté muerto. Un pescador que no lo sepa puede terminar aprendiéndolo por el camino más difícil...

¿CUÁNTO MIDE?

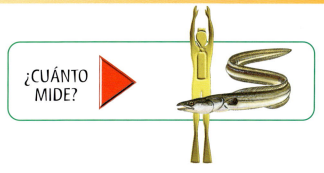

## ¿SABÍAS QUE...?

● El congrio y sus larvas son tan diferentes que hasta finales del siglo XIX los científicos creían que se trataba de especies diferentes.

● Los crustáceos grandes con caparazones fuertes, como cangrejos y langostas, no suponen un problema para un congrio hambriento, pues antes de comerse a su presa, la agarra y abre su caparazón contra una roca.

● Tiempo atrás, las islas del canal de la Mancha tuvieron una gran industria de pesca y exportación de congrios, como queda recogido en el *Domesday Book,* de 1086.

● El congrio es uno de los nombres científicos de animal más sencillo, pues se llama *Conger conger.*

## DATOS BÁSICOS

| | |
|---|---|
| Longitud | 1-3 m (las hembras tienden a ser el doble de grandes que los machos) |
| Peso | Hasta 110 kg |
| Presas | Peces (incluidos congrios más pequeños), cangrejos grandes, langostas, calamares, pulpos y algo de carroña |
| Modo de vida | Fondos marinos costeros rocosos hasta 500 m de profundidad, incluidos arrecifes, cavernas y pecios |
| Tiempo de vida | Hasta 15 años |

El congrio se encuentra en el este del océano Atlántico, desde Islandia en el norte, hasta Senegal en el África Occidental. También viven en el mar del Norte, en el Báltico, el Mediterráneo, el Adriático, el Egeo y el Negro.

Un pescador se relame pensando en el sabroso almuerzo que le espera mientras le corta la cabeza a su enorme captura en una bañera. **1**

Una vez decapitado el congrio, el hombre se agacha para coger la cabeza cortada, sin saber que los reflejos del congrio siguen activos. La cabeza le muerde la muñeca con ferocidad y él grita de dolor mientras el cuerpo del pescado continúa retorciéndose dentro de la bañera. **2**

**48** OTROS PECES DE AGUA SALADA

# PEZ ERIZO
**Nombre científico:** especie *Diodon*

ALETAS
Las aletas son demasiado pequeñas como para conseguir que nade con rapidez, pero sí le permiten realizar movimientos delicados en grietas estrechas.

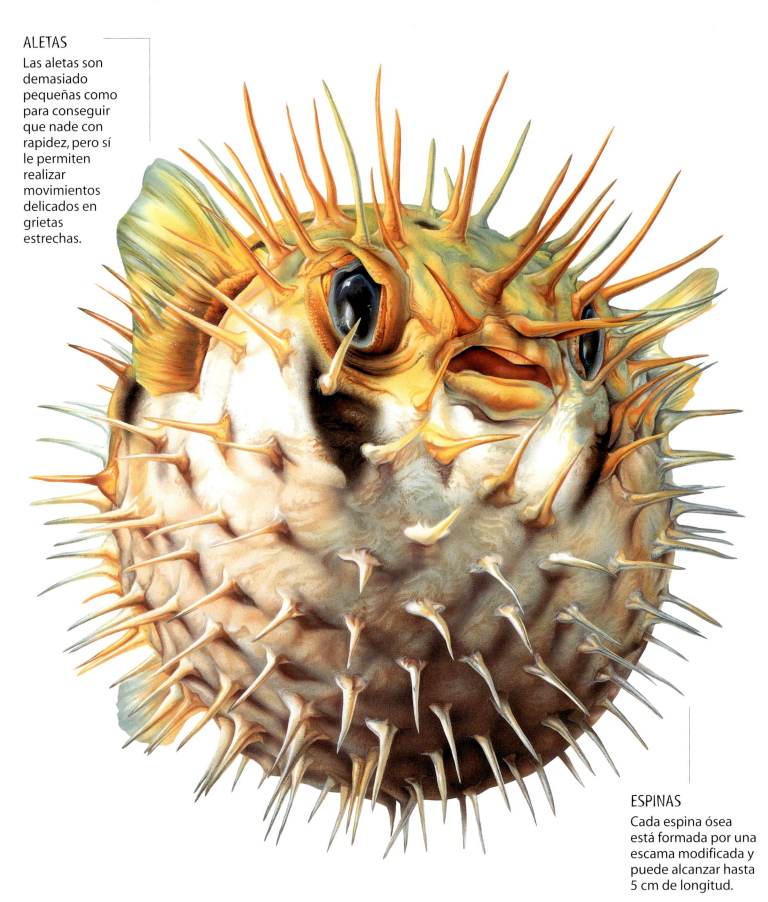

ESPINAS
Cada espina ósea está formada por una escama modificada y puede alcanzar hasta 5 cm de longitud.

# PEZ ERIZO 49

El pez erizo puede abrirse paso sin problemas por los duros caparazones de cualquier presa; pero se asegura de que casi nunca le suceda lo mismo a él. Su defensa consiste en una armadura inflable de afilados pinchos y órganos repletos de toxinas. El pez erizo es un verdadero problema para cualquier depredador marino que sea lo bastante impetuoso como para intentar comérselo. Cuando está «relajado», el pez erizo se parece a cualquier otro apetitoso bocado del océano. El ecolocalizador de un delfín detecta un animal del tamaño de un salmón y se dirige a matarlo, pero cuando llega se encuentra con una desagradable sorpresa...

### ¿CUÁNTO MIDE?

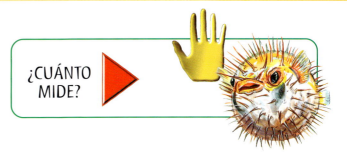

### DATOS BÁSICOS

| LONGITUD | hasta 90 cm, por lo general 30 cm |
| PRESAS | Pólipos de coral, mariscos y gusanos de mar |
| ARMAS | Pinchos, hincharse, toxinas |
| MODO DE VIDA | Solitario y activo por las noches |
| TOXICIDAD | Sus toxinas pueden matar a un ser humano |

El pez erizo se encuentra en las aguas templadas de todo el mundo, sobre todo en los arrecifes de coral y las praderas de algas. En ocasiones, las corrientes los empujan a aguas más frías.

### ¿SABÍAS QUE...?

● Un pez erizo hinchado es un bocado imposible y la mayoría de los depredadores no harán ni siquiera el intento de comérselo. Los pocos que lo han intentado han aparecido muertos, con su espinosa presa atravesada firmemente en la garganta.

● Cuando un pez erizo come coral, los restos machacados del mismo permanecen en su sistema digestivo durante algún tiempo. Una vez se encontró un pez erizo con 500 g de coral en polvo dentro del intestino, para nosotros el equivalente sería nadar llevando una bolsa de arena en el estómago.

● El mortífero pez globo, *Canthigaster solandri,* un familiar venenoso del pez erizo, es un manjar en Japón; pero a menos que sea preparado por expertos, comérselo puede suponer una muerte espeluznante.

El delfín ha localizado el pez enviando sonidos y escuchando el eco. Todavía no puede ver a su presa, pero el eco le informa de que tiene la forma y el tamaño perfectos para un tentempié, de modo que corre hacia ella.

**1**

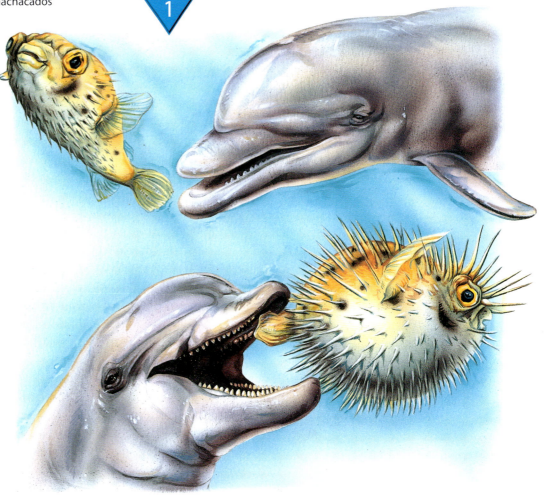

**2** En el último momento, el pez erizo traga agua y se infla como si fuera una pelota de fútbol repleta de pinchos. El delfín es lo bastante listo como para darse cuenta de que ha cometido un tremendo error y se retira.

# PEZ PELÍCANO

**Nombre científico:** especies *Eurypharynx* & *Saccopharynx*

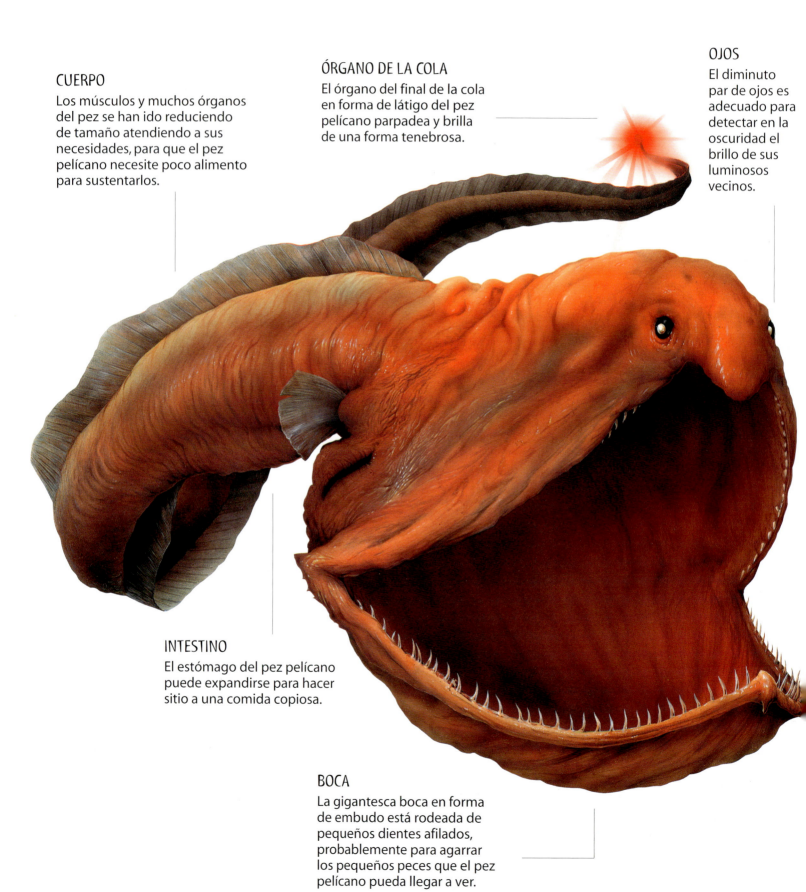

**CUERPO**
Los músculos y muchos órganos del pez se han ido reduciendo de tamaño atendiendo a sus necesidades, para que el pez pelícano necesite poco alimento para sustentarlos.

**ÓRGANO DE LA COLA**
El órgano del final de la cola en forma de látigo del pez pelícano parpadea y brilla de una forma tenebrosa.

**OJOS**
El diminuto par de ojos es adecuado para detectar en la oscuridad el brillo de sus luminosos vecinos.

**INTESTINO**
El estómago del pez pelícano puede expandirse para hacer sitio a una comida copiosa.

**BOCA**
La gigantesca boca en forma de embudo está rodeada de pequeños dientes afilados, probablemente para agarrar los pequeños peces que el pez pelícano pueda llegar a ver.

# PEZ PELÍCANO

Todo boca y estómago, el pez pelícano está equipado con unas mandíbulas gigantescas y un estómago con forma de cubo para alimentarse en las oscuras profundidades del océano. Mientras se desplaza se va zampando gambas y otros animales pequeños. El pez pelícano está adaptado para sobrevivir en lo que quizá sean las condiciones más inhóspitas de la Tierra: oscuridad absoluta, frío helador y presión aplastante. En las oscuras profundidades del océano, la luz resulta un reclamo irresistible. El pez pelícano puede utilizar el órgano luminoso de su cola para embelesar a sus presas, y moviéndolo puede atrapar a los peces curiosos que se acerquen a investigar.

¿CUÁNTO MIDE?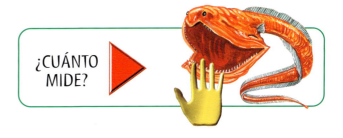

### DATOS BÁSICOS

| | |
|---|---|
| Longitud | Hasta 60 cm |
| Presas | Plancton animal, crustáceos y peces pequeños |
| Armas | Una boca amplia y un cebo luminoso |
| Profundidad | 1.000-3.000 m |
| Tiempo de vida | Desconocido |

Los peces pelícano han sido capturados por las redes de los pescadores en océanos de todas las zonas cálidas del mundo.

## ¿SABÍAS QUE...?

● La cría del pez pelícano vive más cerca de la superficie del océano que sus padres. Se transforman en adultos cuando alcanzan casi 4 cm de longitud y ya entonces tienen unas bocas muy grandes.

● El pez víbora vive a demasiada profundidad como para poder ser estudiado en su entorno natural. Los científicos han deducido su comportamiento a partir del estudio de los muy dañados ejemplares que atrapan las redes de arrastre profundo.

● Aunque la historia del pez pelícano sea desconocida, los científicos pueden especular sobre la función del órgano luminoso de su cola. La idea de que sirve como cebo es sólo una teoría. El pez también puede utilizarla para confundir a sus depredadores o para atraer a parejas para aparearse.

● Al contrario que otros peces, el órgano lateral del pez pelícano, que detecta vibraciones, sobresale en la superficie de la piel. Puede que esto haga que sea más sensible a los movimientos de las presas que se aproximan.

 Merodeando en la oscuridad como una serpiente emboscada, un pez pelícano utiliza el seductor brillo de su parpadeante cola-cebo para atraer a un pequeño pez de las profundidades.

Lentamente, el pez pelícano coloca el cebo delante de su boca. Desconocedor del peligro, el pez se mete dentro del enorme espacio que forman las mandíbulas abiertas del pez pelícano. El depredador cierra la boca con un solo movimiento, tragándose a la indefensa presa.

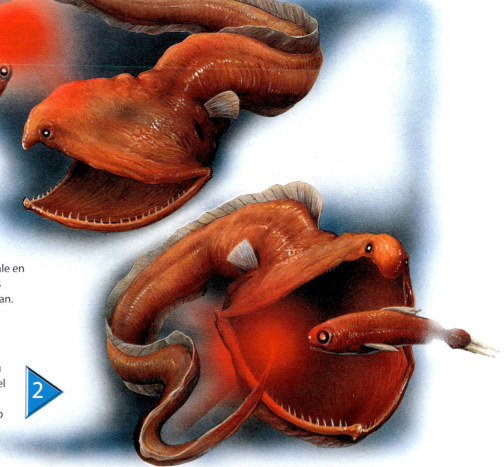

## OTROS PECES DE AGUA SALADA

# QUIMERA
**Nombre científico:** familias *Chimaeridae, Rhinochimaeridae & Callorhynchidae*

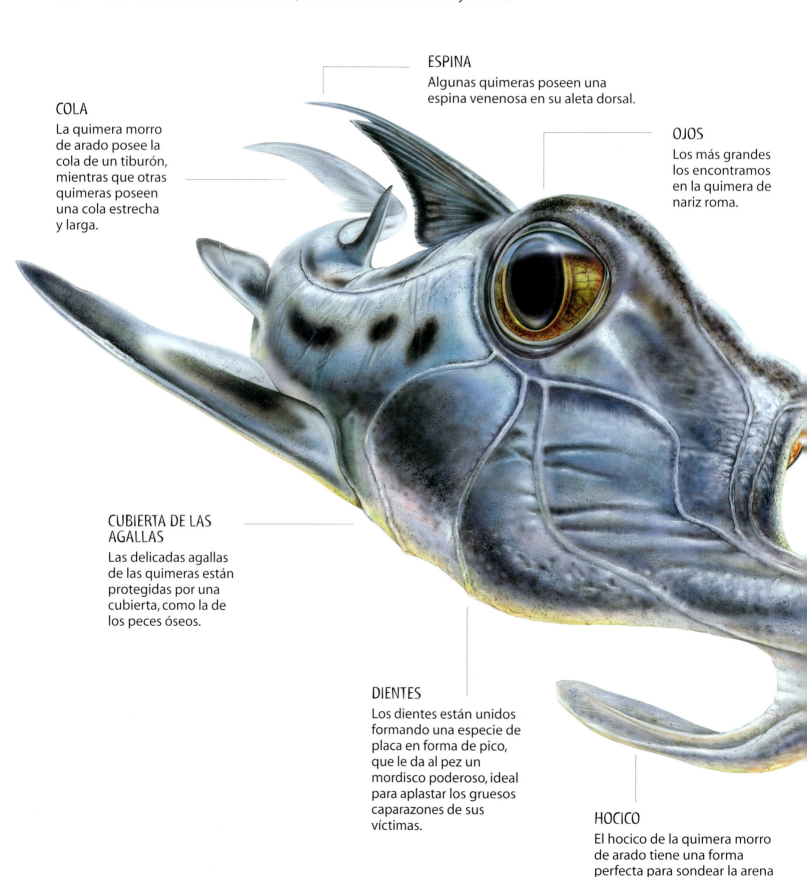

**COLA**
La quimera morro de arado posee la cola de un tiburón, mientras que otras quimeras poseen una cola estrecha y larga.

**ESPINA**
Algunas quimeras poseen una espina venenosa en su aleta dorsal.

**OJOS**
Los más grandes los encontramos en la quimera de nariz roma.

**CUBIERTA DE LAS AGALLAS**
Las delicadas agallas de las quimeras están protegidas por una cubierta, como la de los peces óseos.

**DIENTES**
Los dientes están unidos formando una especie de placa en forma de pico, que le da al pez un mordisco poderoso, ideal para aplastar los gruesos caparazones de sus víctimas.

**HOCICO**
El hocico de la quimera morro de arado tiene una forma perfecta para sondear la arena y el barro en busca de presas.

# QUIMERA

Es posible que la quimera sea lenta y torpe, pero está soberbiamente adaptada para encontrar moluscos y otras presas en el fondo del mar (algunas especies cuentan con una dolorosa sorpresa, que guardan para cualquier tiburón o depredador que las ataque). El extraño aspecto de las quimeras las convierte en uno de los peces más estrafalarios del mar, pero la espina dorsal venenosa de algunas especies de esta extraña criatura no es algo que uno pueda tomarse a broma. Husmeando por el fondo del mar, la quimera está especialmente adaptada para encontrar bocados sabrosos escondidos en el barro. Algunas familias de este pez viven y cazan en mares poco profundos, mientras que otras merodean en las poco iluminadas profundidades.

¿CUÁNTO MIDE?

## DATOS BÁSICOS

| Longitud | Hasta 1,5 m |
|---|---|
| Presas | Moluscos, crustáceos, peces pequeños y estrellas de mar |
| Armas | Algunas especies cuentan con una espina dorsal venenosa |
| Tiempo de vida | Desconocido |

Todas las especies conocidas de quimera viven cerca del fondo del mar. Se encuentran por todo el mundo, en los mares y océanos más fríos de ambos hemisferios.

## ¿SABÍAS QUE...?

● La quimera cambia de nombre en cada lugar del globo, lo que es un reflejo de su peculiar aspecto, incluyendo «pez rata», «tiburón fantasma», «pez conejo», «pez leopardo» y «pez elefante».

● Para compensar el desgaste, las afiladas placas en forma de pico de la boca de la quimera crecen continuamente durante toda su vida.

● La quimera «escupe fuego» de la mitología de la antigua Grecia era parte león, parte cabra y parte dragón. En la actualidad, la palabra «quimera» ha pasado a referirse a cualquier criatura, real o imaginaria, de aspecto extraño.

● Las quimeras quedan atrapadas en las redes con cierta frecuencia, pero en Europa se consideran incomibles, por lo que son desechadas. No obstante, en China y Suráfrica se consideran un bocado delicado y se las cocina de diversos modos. En Nueva Zelanda se las conoce como «trompeta plateada» y se comen con patatas fritas, mientras que en Australia se comen en filetes.

La quimera de morro alargado (familia *Rhinochimaeridae*) vive incluso a mayor profundidad. Posee un morro largo y sensible con el que detecta moluscos en las aguas de oscuridad permanente.

La quimera de morro de arado (familia *Callorhynchidae*) vive en aguas costeras poco profundas, donde utiliza su sensible hocico para encontrar moluscos enterrados en el fondo del mar.

La quimera de morro chato (familia *Chimeridae*) vive en la opaca penumbra de las aguas profundas, entre los 300 y los 500 m de profundidad. Sus ojos son muy sensibles y puede detectar estrellas de mar y otras presas en la superficie del fondo del mar.

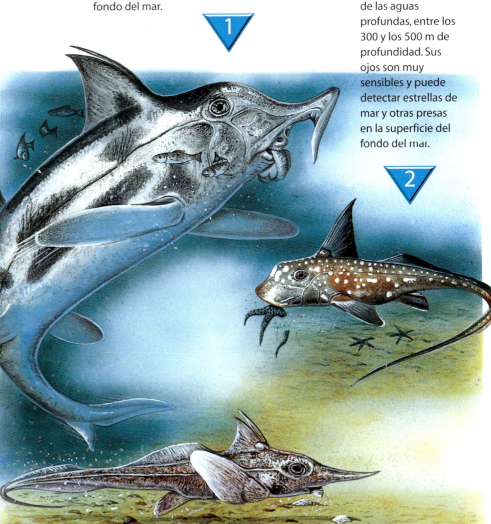

**54** OTROS PECES DE AGUA SALADA

# MIXINO
**Nombre científico:** familia *Mixinidae*

**PIEL**
La piel, suave y sin escamas, va del blanco al marrón claro.

**CUERPO**
Las filas de poros que luce a lo largo de su costado contienen glándulas que exudan grandes cantidades de una baba pegajosa.

**TENTÁCULOS**
Son sensibles tanto al tacto como a los restos de productos químicos del agua.

**BOCA**
Si bien no posee mandíbulas, la boca oculta una lengua rasposa dotada de dientes en forma de peine.

MIXINO **55**

El mixino es conocido también como harpía babosa, porque utiliza pegotes de baba para obturar las agallas de otros peces y asfixiarlos. También se cuela en las redes de los pescadores para atiborrarse con sus indefensos ocupantes. Esta criatura en forma de gusano es un pez: un carroñero que ataca víctimas vivas y se las come desde el interior hacia el exterior. Si algún pez más grande lo ataca, el mixino produce baba en forma de largos filamentos para crear una malla pegajosa con la que enreda y asfixia al desgraciado depredador.

¿CUÁNTO MIDE?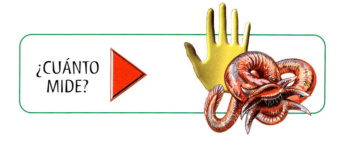

### DATOS BÁSICOS

| | |
|---|---|
| Especies | Más de 40 |
| Longitud | Hasta 70 cm |
| Presas | Moluscos, gusanos, peces muertos y moribundos |
| Armas | Mandíbulas rasposas y baba |
| Tiempo de vida | Desconocido |

Los mixinos prefieren que la temperatura del agua sea de 13° o menos, y viven en las zonas más frías del Atlántico, el Pacífico y el Índico. Se encuentran con más facilidad en las plataformas continentales, a profundidades de hasta 600 m.

### ¿SABÍAS QUE...?

● El mixino mantiene su única ventana de la nariz libre de sus asfixiantes babas sonándose con un viscoso estornudo.

● Los barcos pesqueros capturan a menudo peces que han sido completamente comidos por un mixino, al cual encuentran enroscado en el interior cuando abren al animal.

● Un mixino puede generar 22,73 litros de baba en unos pocos segundos, un único ejemplar dentro de un cubo de agua de mar puede convertir el contenido en una mezcla pegajosa en poco tiempo.

● El mixino posee un metabolismo tan lento que puede sobrevivir hasta siete meses sin comer.

● Los mixinos son un alimento popular en Asia, sobre todo en Corea, pero en Norteamérica los capturan sobre todo por su piel, que se utiliza para hacer bolsos y cinturones.

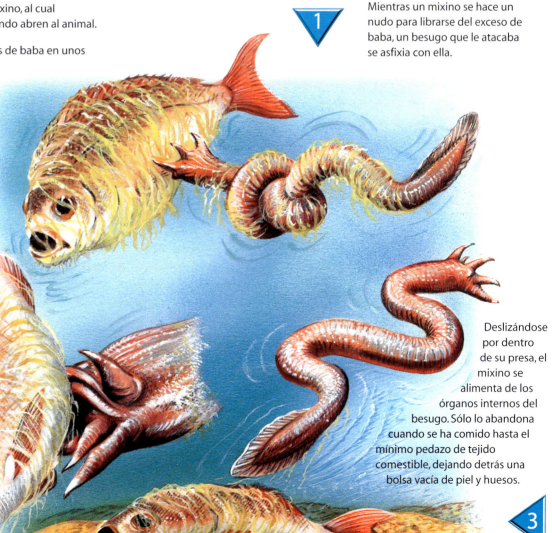

**1** Mientras un mixino se hace un nudo para librarse del exceso de baba, un besugo que le atacaba se asfixia con ella.

**2** Con su enemigo tocado, el mixino consigue su venganza. Aplicando la boca contra la piel del besugo, utiliza su lengua dentada para horadarla y abrirse camino hasta el vientre de la pobre criatura.

**3** Deslizándose por dentro de su presa, el mixino se alimenta de los órganos internos del besugo. Sólo lo abandona cuando se ha comido hasta el mínimo pedazo de tejido comestible, dejando detrás una bolsa vacía de piel y huesos.

## 56 OTROS PECES DE AGUA SALADA

# MERO
**Nombre científico:** familia *Serranidae*

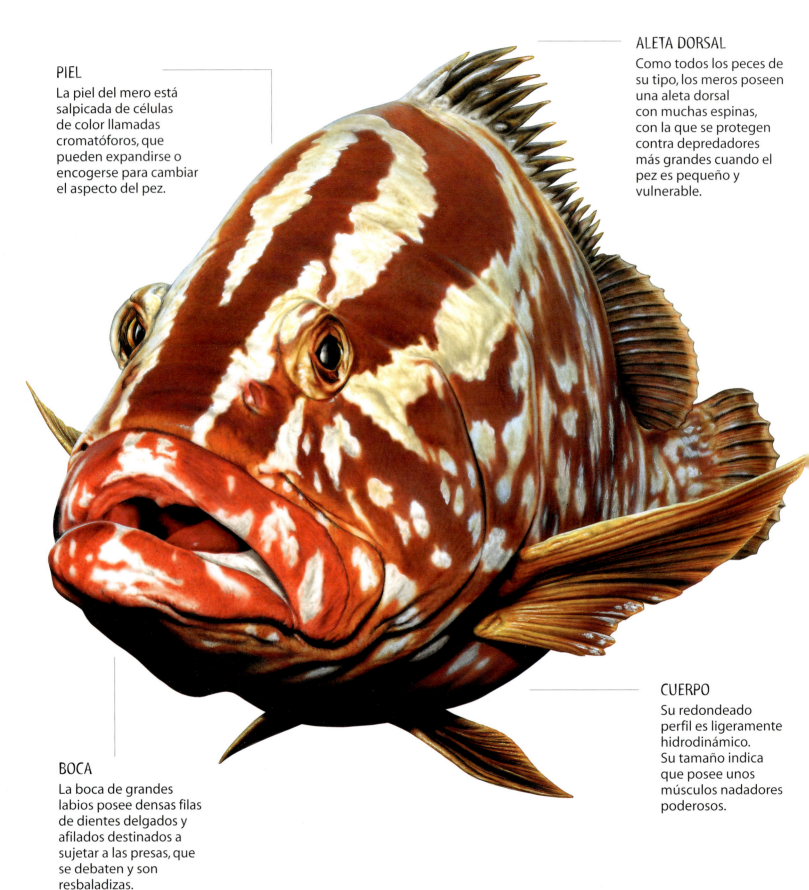

**PIEL**
La piel del mero está salpicada de células de color llamadas cromatóforos, que pueden expandirse o encogerse para cambiar el aspecto del pez.

**ALETA DORSAL**
Como todos los peces de su tipo, los meros poseen una aleta dorsal con muchas espinas, con la que se protegen contra depredadores más grandes cuando el pez es pequeño y vulnerable.

**BOCA**
La boca de grandes labios posee densas filas de dientes delgados y afilados destinados a sujetar a las presas, que se debaten y son resbaladizas.

**CUERPO**
Su redondeado perfil es ligeramente hidrodinámico. Su tamaño indica que posee unos músculos nadadores poderosos.

# MERO 57

Los meros son considerados los reyes de los arrecifes de coral: son unos asesinos despiadados y eficientes, cuyo éxito puede medirse por el gran tamaño que a veces alcanzan. Fornido y lento, un mero puede parecer un gordito vegetariano, pero es un carnívoro asesino con un gran talento para los ataques por sorpresa superrápidos.

¿CUÁNTO MIDE?

### DATOS BÁSICOS

| | |
|---|---|
| Longitud | Hasta 2,7 m |
| Peso | Hasta 500 kg |
| Presas | Peces, marisco, pulpos, calamares |
| Modo de vida | Depredador emboscado |
| Tiempo de vida | 70 años o más |

Los meros viven en aguas poco profundas y cálidas de mares de todo el mundo, pero son más abundantes en los arrecifes de coral, donde los cardúmenes de peces pequeños les proporcionan muchas presas.

## ¿SABÍAS QUE...?

● El *Sydney Morning Herald* del 30 de noviembre de 1943 comenta la noticia de que unos meros gigantes atacaron en numerosas ocasiones a buceadores de rescate. Un mero agarró con sus mandíbulas el casco de uno de ellos y lo arrastró consigo.

● En ocasiones se encuentran meros moteados con los ennegrecidos restos de anguilas de cola alargada alojados en sitios extraños de su cuerpo. Comidos vivos, estos peces que dejan de debatirse y tienen cuerpos que cortan como cuchillas, atraviesan el intestino del mero pero luego quedan atrapados en las cavidades de su cuerpo, y como allí no pueden ser digeridos, terminan por momificarse.

● El más grande de todos probablemente sea el mero de Queensland, que se encuentra en la costa noreste de Australia. Un ejemplar adulto puede llegar a pesar media tonelada.

● Parientes de los meros son los jaboneros. Se trata de unos peces que pueden supurar una capa de baba con grammistin, un veneno de sabor asqueroso que mantiene alejados a sus posibles depredadores.

Un mero arquelinado espera en las sombras de un coral. El dibujo de su piel rompe el perfil del cuerpo, haciendo que sea sorprendentemente difícil de detectar.

**1**

**2** Un pequeño lábrido lejano, pero el mero espera el momento adecuado; lanzarse demasiado pronto puede asustarlo y la conmoción seguramente espantara a las demás presas que estuvieran cerca.

**3** El pequeño lábrido se acerca todavía más. Calculando el momento a la perfección, el mero abre la boca de repente. El agua penetra en ella y arrastra consigo al desafortunado lábrido. En menos de un segundo ha desaparecido y el mero vuelve a esconderse.

# RAYA ELÉCTRICA

**Nombre científico:** familia *Torpedinidae*

## CABEZA

A cada lado de la cabeza, justo bajo la piel, se encuentran los órganos especiales que generan corriente eléctrica; están formados por unas células llamadas electrocitos.

## ALETAS

Las muy alargadas aletas pectorales impulsan a la raya por el agua o la aplanan hasta convertirla en un disco que permite al pez enterrarse en la arena.

## OJOS

Los ojos son pequeños, de modo que es probable que para detectar a sus presas la raya utilice sensores químicos.

## ESPIRÁCULOS

Para evitar tragar sedimento, la raya hace pasar agua por unas aberturas llamadas espiráculos, situadas en la parte superior de la cabeza.

# RAYA ELÉCTRICA

El secreto del mortífero poder de la raya eléctrica se encuentra en las series de células generadoras de electricidad que posee a ambos lados de la cabeza. Descargadas al unísono, las células emiten unos pulsos eléctricos lo bastante fuertes como para disuadir a sus enemigos e inmovilizar a sus presas. Cuando este feo pez se dirige a las aguas costeras en busca de víctimas, el resto de animales debería mantenerse alejado. La estratagema favorita de la raya eléctrica es llegar a aguas poco profundas, aplastarse contra el fondo y esperar a que llegue una presa.

¿CUÁNTO MIDE?

### DATOS BÁSICOS

| | |
|---|---|
| LONGITUD | Hasta 1,8 m |
| PESO | Hasta 90 kg |
| PRESAS | Peces pequeños e invertebrados marinos, incluidos caracoles, gusanos y crustáceos pequeños como los cangrejos |
| TIEMPO DE VIDA | Desconocido |

La raya eléctrica vive en todos los mares y océanos templados, tropicales y subtropicales del mundo. La mayoría de las especies se encuentran en zonas costeras poco profundas, pero algunas viven a gran profundidad en el fondo marino.

## ¿SABÍAS QUE...?

● Es posible que la raya eléctrica no sea completamente inmune a sus propias descargas. Observaciones detalladas han comprobado que cada descarga genera una contracción de los músculos del cuerpo del pez.

● La raya eléctrica es relativamente inofensiva en tierra. No obstante, si uno echa agua sobre un pez que esté vivo, la corriente puede remontar el chorro y darle una sacudida.

● El voraz apetito de la raya por los peces aturdidos puede ser su perdición. Se han encontrado ejemplares muertos de la raya eléctrica de cola corta *(Hypnos monopterygium)* con peces grandes atravesados en sus gargantas. Parece que estas rayas murieron intentando tragarse presas que eran demasiado grandes para ellas.

● La raya eléctrica era muy conocida por los antiguos griegos y aparece en cerámica y textos que se remontan a hace 2.000 años. En la época romana, los médicos administraban descargas de rayas eléctricas para tratar enfermedades crónicas de los pies, como la gota.

**1** Deseando darse un baño, una mujer se mete en el agua. Sólo se da cuenta de que está pisando a una raya eléctrica cuando el pez le lanza una descarga eléctrica.

**2** Incapaz de retirar su dormido pie, la mujer da un grito ahogado mientras en sus ansias por escapar, la raya le lanza más choques eléctricos. Momentos después, la raya consigue liberarse, cuando la bañista cae al agua paralizada por el dolor. Su única esperanza es que el incidente haya sido presenciado por un salvavidas y pueda rescatarla a tiempo.

**60** OTROS PECES DE AGUA SALADA

# PEZ ESCORPIÓN
**Nombre científico:** *Trachinus draco* (familia *Trachinidae*)

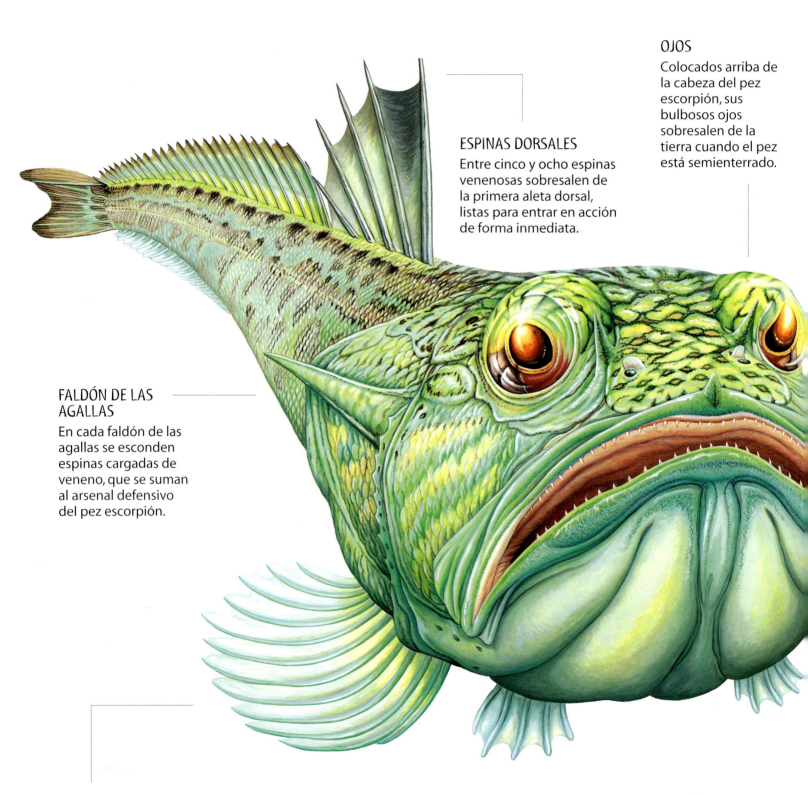

**ESPINAS DORSALES**
Entre cinco y ocho espinas venenosas sobresalen de la primera aleta dorsal, listas para entrar en acción de forma inmediata.

**OJOS**
Colocados arriba de la cabeza del pez escorpión, sus bulbosos ojos sobresalen de la tierra cuando el pez está semienterrado.

**FALDÓN DE LAS AGALLAS**
En cada faldón de las agallas se esconden espinas cargadas de veneno, que se suman al arsenal defensivo del pez escorpión.

**ALETAS**
El pez escorpión utiliza sus aletas para echarse arena encima y enterrarse en el fondo del mar.

# PEZ ESCORPIÓN

Repleto de espinas venenosas para protegerse de sus enemigos, el pez escorpión posee una reputación horrible. Pincha a los bañistas que lo pisan en su escondrijo de arena y a los pescadores que lo cogen con sus redes. Escondido en la arena, de la que sólo sobresalen sus espinas, el pez escorpión le causa una desagradable sorpresa a cualquiera que vaya paseando descalzo por la orilla de la playa. El pez escorpión prefiere cazar por la noche, pero por el día no le importa comerse a cualquier pez o gamba que pase cerca.

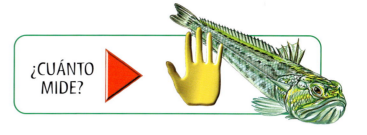

## ¿CUÁNTO MIDE?

## DATOS BÁSICOS

| | | |
|---|---|---|
| Longitud | Hasta 45 cm | Las cuatro especies de pez escorpión se encuentran en las aguas tranquilas del océano Atlántico nororiental y del mar Mediterráneo, en aguas costeras de hasta 100 m de profundidad. También se sabe de avistamientos sin confirmar de peces escorpión en aguas del Pacífico, en torno a China y Chile. |
| Presas | Gambas, cangrejos y peces pequeños | |
| Heridas | Por lo general pies con espinas clavadas | |
| Virulencia | Dolorosa, pero no mortal | |

## ¿SABÍAS QUE...?

● A menudo, los peces escorpión quedan atrapados en las redes de los pescadores de gambas; sacarlos de la masa de gambas es un trabajo difícil y peligroso.

● El pez escorpión menor tiene un veneno más poderoso que el pez escorpión mayor y también es más peligroso por su costumbre de moverse cerca de la costa durante el verano, justo cuando las playas están repletas de veraneantes.

● A pesar de su peligroso veneno, el pez escorpión mayor tiene una carne sabrosa y en Europa a menudo se lo pesca para comer. Como medida de precaución, la cabeza y las espinas le son arrancadas nada más pescarlo.

● Muchos peces poseen una vejiga natatoria llena de aire que los mantiene a flote, pero como el pez escorpión pasa la mayor parte de su tiempo en el fondo del mar, no la necesita.

Cavando con sus aletas inferiores y soltando chorros de agua por sus agallas, un pez escorpión pequeño casi desaparece de la vista, pero oteando con sus ojos saltones puede ver a una gamba que pasa cerca.

**1**

Sin sospechar el peligro oculto que tiene debajo, la gamba nada hasta ponerse a tiro del depredador. El pez escorpión salta de su escondrijo con la boca abierta. Una fracción de segundo después, la gamba ha sido absorbida dentro de su cavernosa garganta y el pez escorpión se vuelve a enterrar en la arena.

**2**

## OTROS PECES DE AGUA SALADA

# RAPE
**Nombre científico:** especie *Lophius*

**CEBO**
El mero posee varias espinas sobre su lomo, la primera de las cuales está coronada por un cebo carnoso, en ocasiones en forma de gusano.

**OJOS**
Los ojos, situados en la parte superior de la cabeza, permiten al rape detectar presas mientras yace en el fondo del mar.

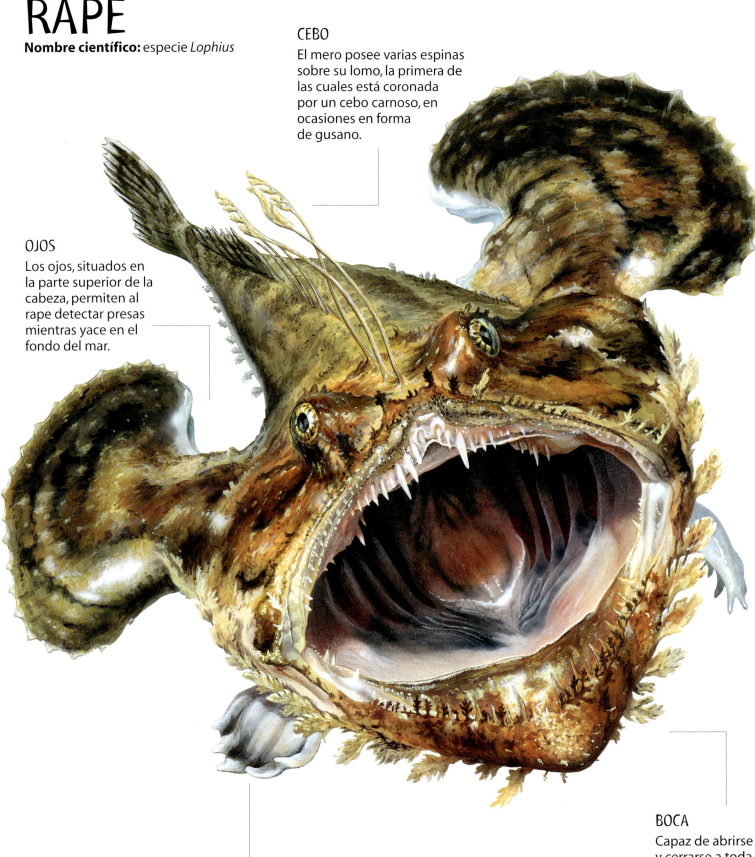

**ALETAS PECTORALES**
El mero es un mal nadador y utiliza sus aletas pectorales en forma de abanico, sobre todo para estabilizarse, o para arrojarse arena sobre el lomo.

**BOCA**
Capaz de abrirse y cerrarse a toda velocidad, la cavernosa boca aspira peces pequeños en cuestión de un instante.

# RAPE

La idea general que se tiene de un depredador marino es la de un musculoso tiburón que se desliza por el agua tras sus veloces presas. El feo rape hace las cosas un poco distintas, pero es tan malvado y letal como pueda serlo cualquiera otro. Posado sobre el fondo del mar y con un aspecto similar al de una nube de polvo, este pez grande y fofo reacciona de forma explosiva para atrapar cualquier presa que le pase cerca. El rape utiliza las delgadas espinas que tiene entre lo ojos para pescar a sus víctimas; o bien mueve el carnoso cebo de la punta para atraer la atención de sus potenciales presas o bien lo hace ondular suavemente para imitar las ondas de un pez que nada.

### ¿CUÁNTO MIDE?

### DATOS BÁSICOS

| | |
|---|---|
| Longitud | Hasta 1,8 m; dientes de 2,5 cm |
| Anchura | Hasta 90 cm |
| Peso | Hasta 45 kg |
| Presas | Peces, calamares, tortugas, crustáceos y aves marinas |
| Profundidad | 600 m; 200 m |

El rape común, *Lophius piscatorius,* vive en las costas de Europa, desde Noruega hasta el Mediterráneo. La especie americana, *Lophius americanus,* se encuentra en la costa atlántica, desde Nueva Escocia hasta Brasil.

### ¿SABÍAS QUE...?

● Una vez se encontró un rape flotando en la superficie del agua que tenía una gaviota atravesada en la boca, donde se le había atragantado mientras se la intentaba comer.

● En ocasiones otros peces dañan e incluso amputan el cebo del rape al morderlo, tan tentador es. Afortunadamente para el rape, no tarda en crecerle un repuesto, listo para ser usado de nuevo.

● A pesar de su inconfundiblemente grotesco aspecto, el rape posee una carne de delicado sabor. Se dice que su cola sabe a langosta y algunos pescadores poco escrupulosos han ofrecido carne de langostino en vez de carne de rape.

● Durante siglos el rape fue conocido como «pez rana», también se le llama «pez ganso». En Inglaterra es llamado «pez monje» *(monkfish)*.

● Los científicos han identificado fósiles de rape que se remontan a la parte final del Eoceno, hace más de 38 millones de años.

**1** Tras arrojarse arena y trozos de concha sobre el lomo, el rape se asienta sobre el fondo marino, donde queda camuflado por su piel moteada. Una lubina gris no tarda en pasar nadando hasta quedar dentro de su campo de visión, cuando el rape comienza a mover su cebo de forma atrayente, haciendo que el pequeño pez se acerque cada vez más a su boca.

**2** Mientras la pequeña lubina se acerca, el rape espera el momento adecuado, cuando aparta el cebo de su camino y abre su inmensa boca para tragarse una gran cantidad de agua y con ella a la lubina. La desgraciada criatura pasa sin problemas los afilados dientes del depredador, porque éstos se doblan hacia abajo fuera de su camino dentro de unas fundas fibrosas; pero inmediatamente después de haber pasado ésta, se levantan hasta su posición anterior, formando un muro infranqueable de pinchos curvados hacia el interior. La lubina ha encontrado su final.

## OTROS PECES DE AGUA SALADA

# MANTA RAYA
**Nombre científico:** *Manta birostris & Manta hamiltoni*

### OJOS
La manta raya tiene una vista bastante aguda, lo que le viene muy bien cuando nada en aguas claras iluminadas por el sol.

### BOCA
La boca tiene hasta 1,2 m de anchura. La mandíbula inferior cuenta con casi 5.000 dientes minúsculos con forma de pilar para triturar la comida.

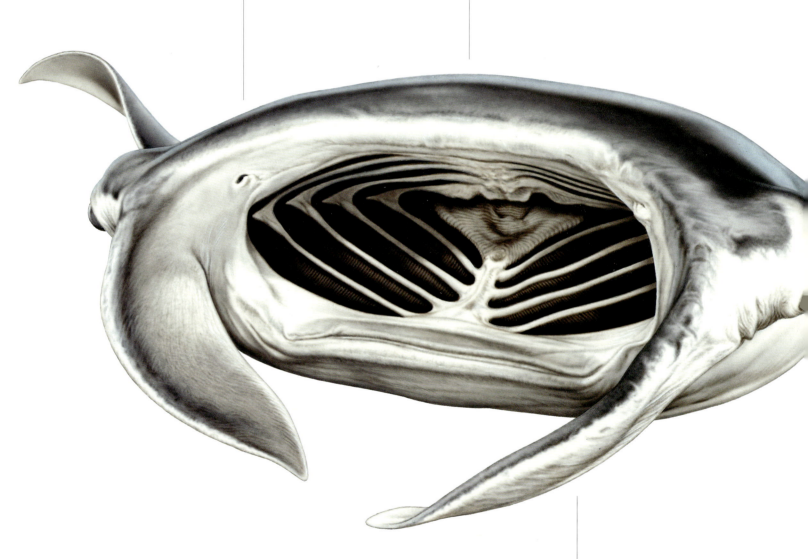

### ALETAS CEFÁLICAS
Muy móviles y flexibles, conducen el agua y la comida hacia la boca abierta de la manta raya.

# MANTA RAYA

Un gigante pacífico, la grácil manta raya recorre las aguas superficiales de los océanos cálidos, calentando su espalda al sol y llenándose el estómago con alimentos marinos frescos. Para un buceador, nadar con este animal es una experiencia maravillosa. Nadando por el mar como si fuera una nave extraterrestre, la monstruosa pero inofensiva manta raya es una de las maravillas de la naturaleza. Las grandes alas de la manta pueden lanzar al animal muy por encima de la superficie del agua, para volver a caer con el estómago o darse la vuelta y caer sobre su lomo. Es probable que su intención sea librarse de algunos parásitos, pero el resultado puede ser desastroso para un barco pequeño.

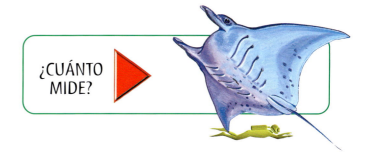

¿CUÁNTO MIDE?

## DATOS BÁSICOS

| | |
|---|---|
| Longitud | Hasta 5 m, la mitad cuerpo y la mitad cola |
| Envergadura alar | Hasta 7 m |
| Peso | Hasta 1,6 t |
| Presas | Sobre todo camarones y plancton |
| Tiempo de vida | Desconocido |

La manta raya vive en todos los mares y océanos cálidos del mundo. Si bien no son abundantes en ningún sitio, están muy extendidas, deambulando por zonas amplias, por lo general lejos, mar adentro, pero ocasionalmente a lo largo de la costa.

## ¿SABÍAS QUE...?

● El pez recibe su nombre de la palabra española «manta».

● La manta raya era llamada en muchos sitios la manta gigante diablo debido a sus cuernos «diabólicos». La gente creía que podía envolverla con sus alas y devorarla viva.

● A cualquier sitio donde vaya la manta la acompaña una rémora, agarrada a la parte inferior del cuerpo de la raya mediante la poderosa ventosa que tiene en la parte superior de la cabeza. De vez en cuando se mueve hacia delante para robar parte de la comida de la manta, antes de retornar a su puesto y continuar disfrutando de su viaje gratis.

● Antiguamente, la gente pescaba a las mantas por su carne, el rico aceite que produce su hígado y como cebo para tiburones. Se supone que una manta raya arponeada puede arrastrar un barco pequeño durante horas a gran velocidad antes de cansarse.

**1** Mientras un hombre rema en su bote en un día tranquilo, de repente una manta raya se lanza fuera del agua junto a su embarcación. Se arquea en el aire en medio de una nube de gotas de agua y vuelve a caer con estruendo sobre la superficie del mar, sacudiendo el pequeño bote de forma alarmante y empapando al asustado marinero. De inmediato todo vuelve a quedar tranquilo. El hombre incluso empieza a preguntarse si la manta raya era real, sin darse cuenta de que se ha librado por poco de un accidente grave, porque el pez podría haber volcado su barca o incluso haber aterrizado encima de él.

OTROS PECES DE AGUA SALADA

# MORENA
**Nombre científico:** familia *Muraenidae*

### FOSAS NASALES
La morena tiene dos pares de aletas nasales a cada lado del hocico. Por lo general el primer par sobresale. Tiene un sentido del olfato excelente.

### OJOS
Los ojos son relativamente pequeños y menos importantes que el sentido del olfato de la morena.

### PIEL
La piel, sin escamas, es gruesa y lisa. Una capa pegajosa mantiene alejados a los gérmenes y parásitos.

### DIENTES
Esta es la morena verde atlántica, cuyos dientes, largos, delgados y afilados, son ideales para atravesar y sujetar a los resbaladizos peces. Algunas especies tienen dientes más largos, mientras que otras los tienen como pequeñas estacas.

### MANDÍBULAS
Las poderosas mandíbulas pueden infligir una herida profunda y desgarradora en los humanos, que por lo general se infecta.

### CUERPO
La morena nada ondulando todo su cuerpo, como una serpiente.

# MORENA 67

Acechando en su guarida, con su olfato de sabueso detectando cada rastro de un posible almuerzo, la morena siempre está lista para atrapar con sus mortíferas mandíbulas a una presa que pase cerca. Una morena está preparada para atacar a cualquier animal que se le acerque, pero su presa favorita es un jugoso pulpo. Tras haber olfateado a su víctima, la morena lanza un feroz ataque. Enrosca su resbaladizo cuerpo y lo convierte en un nudo, lo que le permite librarse de los tentáculos del pulpo, que la agarran con ferocidad.

¿CUÁNTO MIDE?

### DATOS BÁSICOS

| | |
|---|---|
| LONGITUD | Generalmente 1,5 m; la especie del Pacífico *Thyrsoidea macrurus* alcanza los 3,5 m |
| PESO | Hasta 35 kg |
| PRESAS | Peces, pulpos, gambas y cangrejos |
| TIEMPO DE VIDA | Hasta 25 años |

Las morenas se encuentran en todo el mundo en mares cálidos y poco profundos y son especialmente numerosas en los arrecifes de coral. En ocasiones, durante el verano se ven morenas en aguas más frías, como el Atlántico y el Pacífico Norte.

## ¿SABÍAS QUE...?

● Si se las molesta las morenas muerden de forma salvaje. A menudo el mordisco ha infectado de bacterias la herida y algunos buceadores han muerto por su causa.

● Hay unas 80 especies de morenas. Algunas son apagadas, como la morena de California, que es de color marrón oscuro. Otras tienen colores y dibujos brillantes, como la morena cebra y la morena dragón, que viven las dos en los arrecifes de coral del Pacífico.

● Algunas morenas poseen unos extraños cuernos y extensiones en forma de hoja en las fosas nasales, que quizá les ayuden a «oler» a sus presas.

● Por las noches, el pez loro (especie *Pseudoscarus*) duerme en el arrecife de coral dentro de un «capullo» de su propio mucus, el cual impide que ni siquiera el fino olfato de la morena lo detecte.

● La morena suele tener abierta la boca para respirar, de modo que para completar el camuflaje su interior es del mismo color que el exterior.

**1** Habiendo rastreado a un pulpo hasta una grieta en el arrecife de coral, una morena le clava sus dientes, afilados como agujas, y lo arrastra fuera de ella.

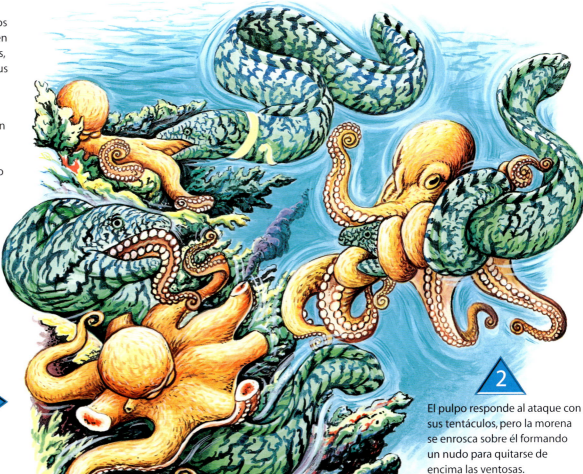

**3** Incapaz de mantener su agarre, el pulpo es comido vivo lentamente, mientras la morena le va arrancando los tentáculos a mordiscos y se los traga.

**2** El pulpo responde al ataque con sus tentáculos, pero la morena se enrosca sobre él formando un nudo para quitarse de encima las ventosas.

**68** OTROS PECES DE AGUA SALADA

# LAMPREA MARINA
**Nombre científico:** *Petromyzon marinus*

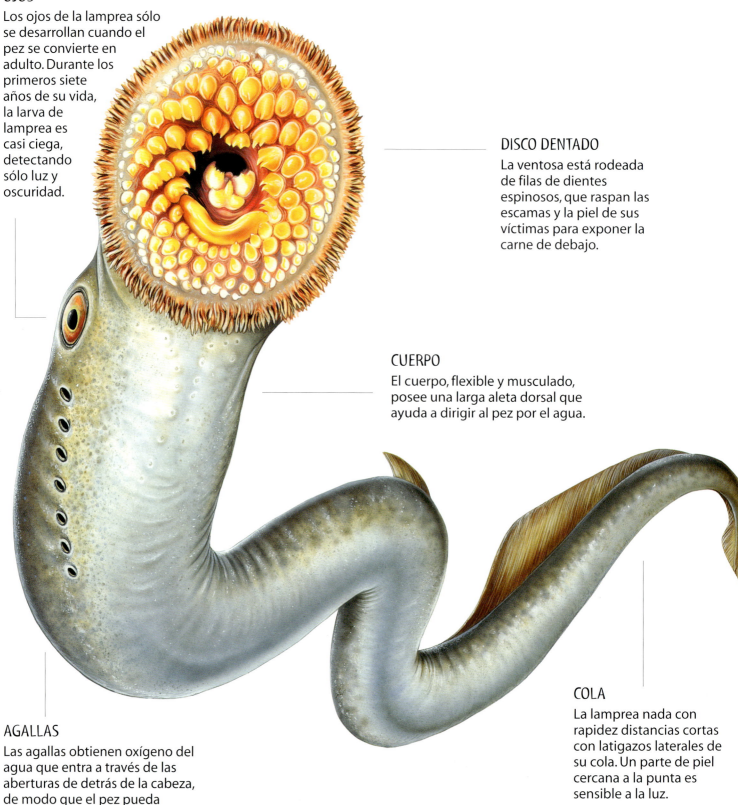

OJOS

Los ojos de la lamprea sólo se desarrollan cuando el pez se convierte en adulto. Durante los primeros siete años de su vida, la larva de lamprea es casi ciega, detectando sólo luz y oscuridad.

DISCO DENTADO

La ventosa está rodeada de filas de dientes espinosos, que raspan las escamas y la piel de sus víctimas para exponer la carne de debajo.

CUERPO

El cuerpo, flexible y musculado, posee una larga aleta dorsal que ayuda a dirigir al pez por el agua.

AGALLAS

Las agallas obtienen oxígeno del agua que entra a través de las aberturas de detrás de la cabeza, de modo que el pez pueda respirar mientras come. Luego el agua sale por los siete agujeros que tiene a cada lado del cuerpo.

COLA

La lamprea nada con rapidez distancias cortas con latigazos laterales de su cola. Un parte de piel cercana a la punta es sensible a la luz.

# LAMPREA MARINA

Colgada de su anfitrión como una sanguijuela gigante, la lamprea marina roe carne viva con sus mandíbulas sin huesos, pero llenas de dientes. Una lamprea joven come organismos pequeños, pero la lamprea adulta es una ávida chupasangre. Este vampiro de los mares es una criatura primitiva que se agarra a otros peces con su boca-ventosa, hace agujeros en sus flancos y se bebe su sangre. Caza a sus víctimas mediante la vista y el olfato, eligiendo al pez más jugoso. Mientras se acerca, el depredador chupasangre abre la boca y utiliza sus filas de afilados dientes para horadar piel y carne.

¿CUÁNTO MIDE?

## ¿SABÍAS QUE...?

● Una lamprea marina bebe cerca de 1,4 litros de sangre durante su vida adulta. Un murciélago vampiro bebe cerca de diez veces más.

● Se han encontrado lampreas marinas unidas a tiburones, pero como no pueden atravesar los apretados dentículos (las escamas de los tiburones) que recubren la piel de éstos, probablemente sólo estaban haciendo autoestop.

● Antiguamente, las lampreas eran llamadas «nueve ojos», debido a la fila de siete agallas redondas que tiene detrás de los ojos y la única fosa nasal que hay entre ellas.

● Cuando algunas lampreas se convierten en adultos, no se alimentan, depositan sus huevos y mueren poco después.

## DATOS BÁSICOS

| | |
|---|---|
| Longitud | Hasta 90 cm |
| Peso | Hasta 2,5 kg |
| Desove | Deposita los huevos en agua dulce tras una migración río arriba |
| Presas | Los adultos chupan la sangre de peces vivos; las larvas filtran diminutos organismos de las aguas |
| Anfitrión | Bacalaos, truchas y salmones |
| Armas | Baba tóxica segregada por glándulas de la piel |
| Tiempo de vida | 7 años como larva, 2 años como adulto |

Las lampreas marinas adultas viven en las aguas costeras europeas y en el Atlántico de Norteamérica. También se encuentran en el mar del Norte, el Báltico y el Mediterráneo occidental.

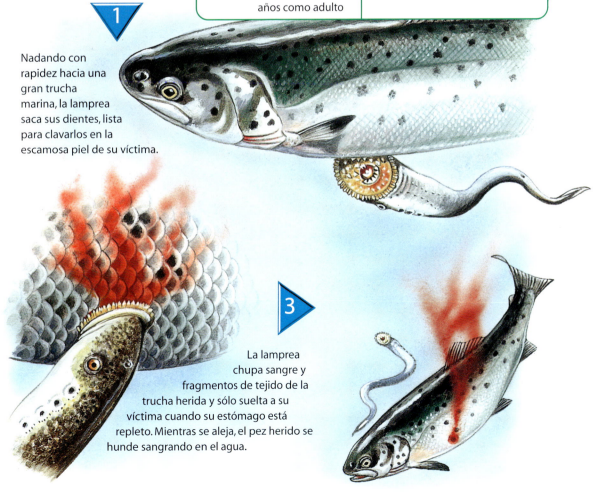

**1** Nadando con rapidez hacia una gran trucha marina, la lamprea saca sus dientes, lista para clavarlos en la escamosa piel de su víctima.

**2** Aplicando su boca succionadora, la lamprea atraviesa las escamas con su lengua similar a una lima, dejando a la vista los grandes y carnosos músculos nadadores de la trucha.

**3** La lamprea chupa sangre y fragmentos de tejido de la trucha herida y sólo suelta a su víctima cuando su estómago está repleto. Mientras se aleja, el pez herido se hunde sangrando en el agua.

**Otros peces de agua salada**

# CABRACHO
**Nombre científico:** grupo *Scorpaena*

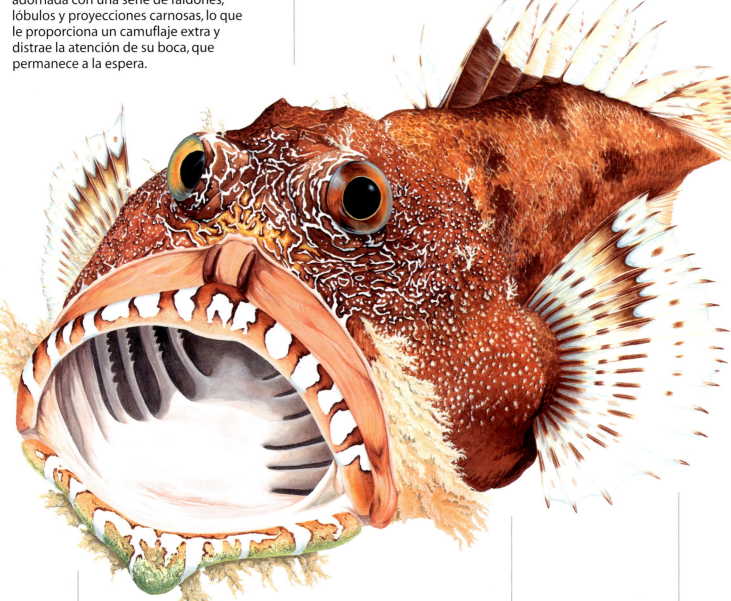

**APÉNDICES**
La cabeza del cabracho suele estar adornada con una serie de faldones, lóbulos y proyecciones carnosas, lo que le proporciona un camuflaje extra y distrae la atención de su boca, que permanece a la espera.

**ESPINAS DORSALES**
Guardadas dentro de una funda que se rompe al contacto, éstas cerdas se yerguen cuando el pez presiente un peligro.

**CABEZA**
A menudo fuertemente blindada, la cabeza tiene una placa ósea por debajo del ojo: un rasgo distintivo de esta familia de peces que se ha ganado el sobrenombre de «pez mofletudo».

**BOCA**
Amplia y elástica, la boca puede proyectarse hacia delante como un rayo para atrapar a víctimas desprevenidas.

**COLOR**
El cabracho presenta muchos colores. La mayoría son moteados para camuflarse, pero hay algunas especies que incluso cambian su color para confundirse con el entorno.

**ALETAS PECTORALES**
El cabracho utiliza estas aletas en forma de ala para equilibrarse y nadar, extendiéndolas defensivamente cuando se alarma.

# CABRACHO

Merodeando por una grieta o confundido con una roca repleta de algas, el cabracho posee una mortal capacidad para camuflarse, pero sus espinas son sólo para protegerse. El cabracho es un pescado muy comercial por su sabrosa carne, pero hay que tratarlo con cuidado, porque al igual que sus homónimos terrestres, pueden causar una picadura de un dolor insoportable. Incluso el más experimentado de los pescadores puede resultar ser una víctima de sus hirsutas espinas.

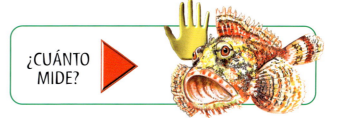

¿CUÁNTO MIDE?

### DATOS BÁSICOS

| Longitud | 10-35 cm |
| --- | --- |
| Peso | Hasta 1,5 kg |
| Presas | Peces y crustáceos pequeños |
| Armas | Espinas venenosas |
| Modo de vida | La zona entre mareas hasta profundidades de 90 m |

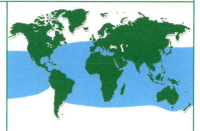

El cabracho se encuentra en mares templados, subtropicales y tropicales, siendo la mayoría de las especies del Índico y del Pacífico. Viven en bahías poco profundas, a lo largo de la costa o en arrecifes de coral.

## ¿SABÍAS QUE…?

● Después de que un cabracho haya sido pescado, sus espinas siguen siendo peligrosas durante varios días, incluso cuando se mantiene congelado.

● Tras descargar su contenido, la glándula venenosa del cabracho puede regenerarse y estar lista de nuevo para la acción en seis días.

● El cabracho rojo del noroeste del Atlántico cambia de piel de forma regular, como las serpientes. Cuanto más rápido crece y se alimenta, más a menudo pierde la capa superior, en ocasiones reemplazándola dos veces al mes.

● El cabracho también es conocido como «bullrout», «sulkie», «pez avispa» y «kroki».

● Por lo general, el cabracho posee espinas más largas que el pez piedra común, con glándulas venenosas sin conducto situadas cerca de la punta.

● Algunas especies de cabracho depositan decenas de millares de huevos fertilizados dentro de una pelota gelatinosa que puede alcanzar hasta 28 cm de diámetro.

**1** Un pescador saca su hilo de pescar sabiendo el potencial peligro que le espera colgado en el extremo. El cabracho alcanzará un buen precio en el mercado local, pero no tiene por costumbre dejarse atrapar sin pelear, por lo que yergue sus aletas y espinas mientras se prepara para un encuentro violento.

**2** Mientras intenta sacarle el anzuelo, la desesperada lucha del pescado hace que una de sus espinas venenosas se clave en la mano del pescador, causándole un dolor insoportable.

# BARRACUDA

**Nombre científico:** especie *Sphyraena*

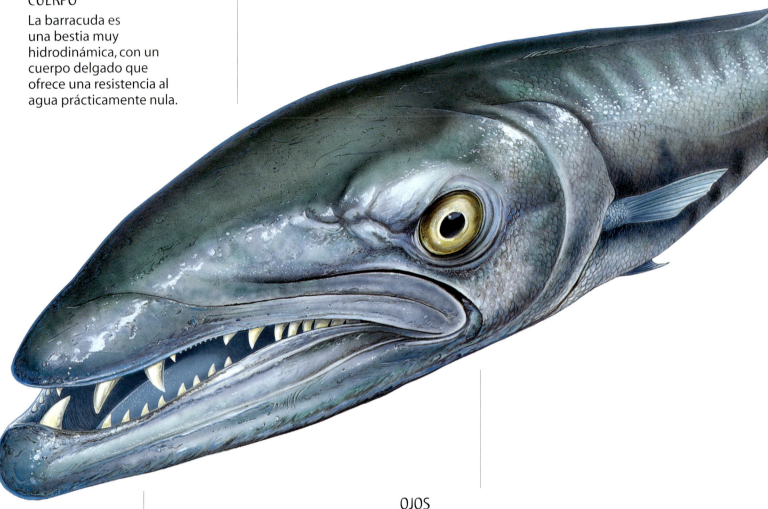

**COLA**
La amplia y bien musculada cola se mueve de lado a lado para impulsar al poderoso depredador.

**CUERPO**
La barracuda es una bestia muy hidrodinámica, con un cuerpo delgado que ofrece una resistencia al agua prácticamente nula.

**OJOS**
Los ojos de las barracudas son sensibles, tanto al detalle como al movimiento, permitiéndole detectar potenciales presas a larga distancia.

**MANDÍBULAS**
Con sus peligrosos dientes para morder y rasgar, y su alargada mandíbula inferior, la barracuda puede abrir mucho la boca, para dar mordiscos fatales o amenazar a otros de su especie durante una disputa territorial.

# BARRACUDA

Cazando en grupo o en solitario, la voraz barracuda es una amenaza que merodea por las aguas costeras cálidas del mundo. Una vez que este delgado asesino detecta a una potencial víctima, se centra en su objetivo y se lanza por el océano como un misil. Las mandíbulas de la barracuda (ideales para desgarrar carne), su buena vista y su tremenda velocidad la convierten en uno de los cazadores más formidables de las costas del trópico. La barracuda tiene ojos grandes y caza con la vista. Mientras recorre su territorio de caza, busca signos de una presa debilitada, como los movimientos erráticos de un pez herido.

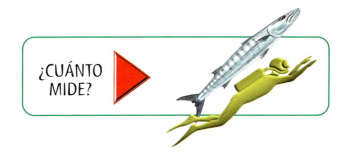

### ¿CUÁNTO MIDE?

### DATOS BÁSICOS

| | |
|---|---|
| Longitud | Hasta 2,5 m |
| Peso | Hasta 45 kg |
| Velocidad | Velocidad máxima registrada, justo por encima de 43 km/h |
| Presas | Sobre todo peces más pequeños |
| Armas | Largos dientes en forma de abanico y dientes cortantes más pequeños, que utiliza para defenderse y atacar |
| Ataque típico | Un único mordisco |
| Tiempo de vida | Desconocido |

La barracuda vive en mares tropicales y subtropicales de todo el mundo. Le gustan las aguas costeras poco profundas, sobre todo en torno a los arrecifes. Los ejemplares juveniles viven cerca de la costa, los adultos en alta mar.

## ¿SABÍAS QUE...?

● En algunas partes del mundo no es saludable que los humanos coman barracudas adultas, pues pueden contraer la mortal ciguarata; una enfermedad originada por la acumulación de toxinas de los peces que se han comido las barracudas.

● Se ha visto a barracudas saciadas tras atacar un cardumen de peces pequeños, que luego se dedicaban a pastorear y vigilar a sus víctimas hasta que tenían hambre de nuevo.

● Los ataques de las barracudas contra seres humanos ocurren sobre todo en aguas turbias y puede que se deban a un error de identificación por parte del animal. Por lo general, lo que sucede es que una barracuda seguirá a un buceador, observándolo con intensidad y poniéndolo nervioso, pero sin atacarlo.

**1** Acelerando hasta su velocidad de crucero para atacar a una velocidad superior a los 40 km/h, la barracuda se apresura para interceptar a su objetivo. Con las mandíbulas abiertas repletas de afilados dientes, el asesino se lanza sobre el pez y lo muerde con dureza, penetrando en la carne y los huesos del animal.

**2** Un bocado le basta para partir al desgraciado animal por la mitad. El atacante coge la porción más grande y se apresura a alejarse para devorar su almuerzo. Los compañeros del asesino ven la sangre y se lanzan en busca de su parte de los restos, haciendo pedazos lo que queda.

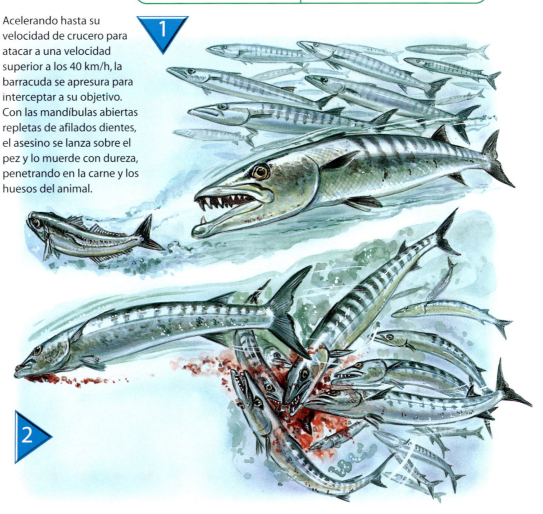

**74**   OTROS PECES DE AGUA SALADA

# PEZ SAPO
**Nombre científico:** subfamilia *Thalassophryninae*

### CUERPO
El cuerpo cilíndrico se ahúsa hasta formar una diminuta cola, lo cual permite al pez sapo introducirse en pequeñas grietas mientras espera emboscado a que pase una presa.

### COLOR
La piel lisa del pez sapo es de color verde, marrón o gris, dependiendo de las especies.

### BOCA
La boca «invertida» posee unos grandes barbos carnosos, que ayudan al pez a detectar su comida.

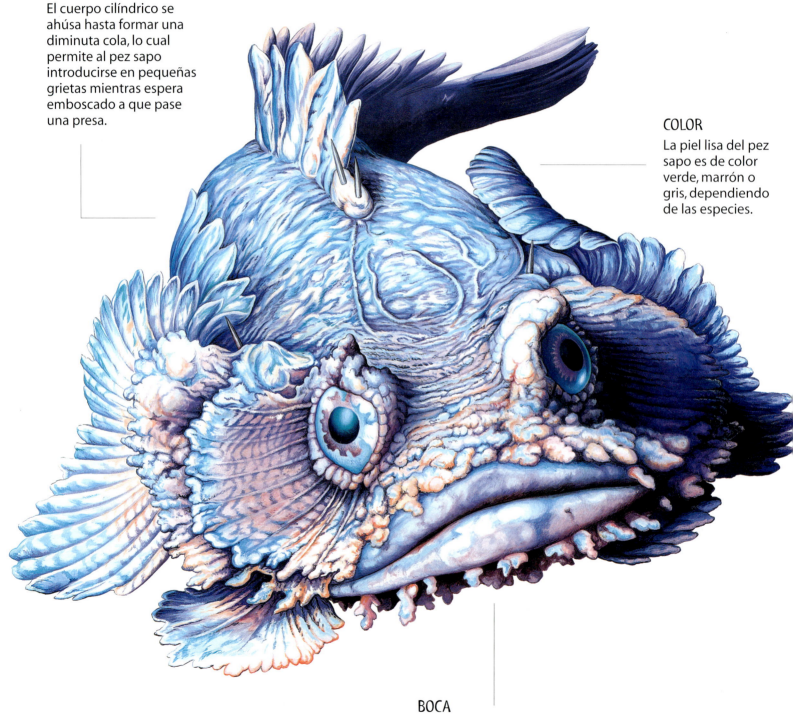

# PEZ SAPO

Con un aspecto que sólo una madre podría encontrar bonito, y su gusto por emboscar presas y zampárselas enteras, el pez sapo parece carecer de aspectos positivos. Sin embargo, el macho muestra tal dedicación como padre que hace que otros muchos animales se avergüencen. A este feo habitante de las aguas costeras le gusta encontrar un nicho acogedor donde pueda cazar, aparearse y criar a sus alevines, y lleva unas feas espinas para asegurarse de que lo consigue. El tímido pez sapo siempre está buscando lugares recogidos para esconderse. Desgraciadamente, a menudo, su elección de madriguera-escondite lo pone en contacto con los seres humanos.

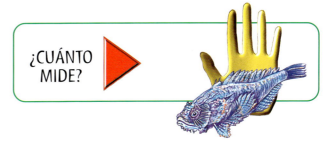

¿CUÁNTO MIDE?

## DATOS BÁSICOS

| | |
|---|---|
| Longitud | Hasta 7,5-22 cm |
| Peso | Hasta 1,5 kg |
| Presas | Cangrejos, langostinos, pulpos, peces y moluscos con cáscara |
| Tiempo de vida | Unos 3 años |

Los peces sapo venenosos, pertenecientes a la subfamilia *Thalassophryninae,* se encuentran en América Central y del Sur. Viven en grietas, debajo de rocas y en arrecifes, e incluso en objetos como jarras. Otros peces sapo no venenosos viven en torno a América, África y el sur de Asia.

## ¿SABÍAS QUE...?

● Algunos miembros de la subfamilia *Porichthyinae* de los peces sapo poseen pequeños órganos emisores de luz en los costados de la cabeza y el cuerpo. A estos peces se les han llamado «guardiamarinas», porque las luces se parecen a los brillantes botones del uniforme de los oficiales navales.

● En cautividad, los peces sapo han sido capaces de sobrevivir fuera del agua hasta 24 horas. En estado salvaje se les ha visto utilizar sus aletas ventrales como protopatas para desplazarse sobre marismas e ir de un estanque a otro.

● Las personas que viven cerca de una zona de peces sapo temen a estas criaturas cuando llega la época del apareamiento. El croar de los machos durante el cortejo es tan alto que a menudo deja a los vecinos sin dormir durante toda la noche.

● El pez sapo produce su inconfundible llamada utilizando un saco de aire adaptado, llamado vejiga natatoria. Este órgano interno se encuentra en casi todos los peces y los ayuda a mantener la flotabilidad dentro del agua.

1 Mientras el sol sale sobre el cálido Caribe, un pescador mira su nasa para ver las capturas de la noche anterior. Sin saberlo, un oportunista pez sapo eligió su nasa como escondrijo y ahora merodea por el interior. El pescador se agacha para coger una langosta.

2 El pescador ha sido mordido por langostas muchas veces y sabe cómo manejarlas, pero no ha visto al pez sapo. Cuando saca la mano de la nasa se da cuenta de que éste sigue todavía clavado a ella, con sus dolorosísimas espinas hincadas profundamente en la palma.

**76** OTROS PECES DE AGUA SALADA

# PEZ PIEDRA
**Nombre científico:** *Synanceia horrida* & *Synanceia verrucosa*

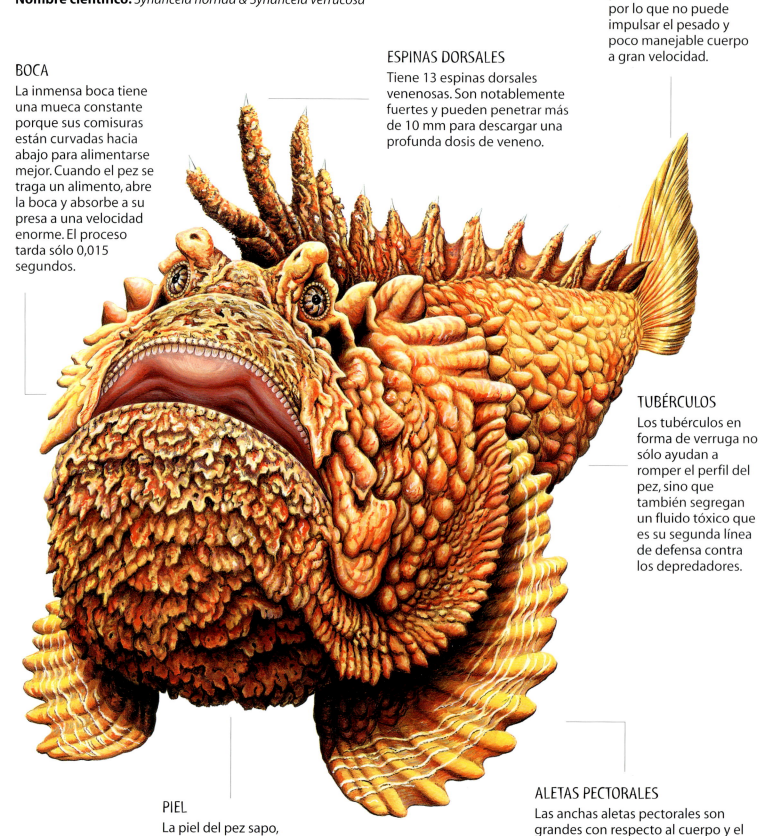

### BOCA
La inmensa boca tiene una mueca constante porque sus comisuras están curvadas hacia abajo para alimentarse mejor. Cuando el pez se traga un alimento, abre la boca y absorbe a su presa a una velocidad enorme. El proceso tarda sólo 0,015 segundos.

### ESPINAS DORSALES
Tiene 13 espinas dorsales venenosas. Son notablemente fuertes y pueden penetrar más de 10 mm para descargar una profunda dosis de veneno.

### COLA
La cola es pequeña y poco hidrodinámica, por lo que no puede impulsar el pesado y poco manejable cuerpo a gran velocidad.

### TUBÉRCULOS
Los tubérculos en forma de verruga no sólo ayudan a romper el perfil del pez, sino que también segregan un fluido tóxico que es su segunda línea de defensa contra los depredadores.

### PIEL
La piel del pez sapo, pegajosa y sin escamas, no tarda en recoger una capa de restos y algas que ayuda a camuflar al pez.

### ALETAS PECTORALES
Las anchas aletas pectorales son grandes con respecto al cuerpo y el pez piedra las utiliza para enterrarse en fondos arenosos y de barro. En fondos más firmes se limita a utilizarlas como estabilizadores.

# PEZ PIEDRA

Cada año los veraneantes que disfrutan las playas del Caribe pueden encontrarse a sólo unos pasos de una muerte dolorosa. Acurrucado en el fondo de charcas cálidas se encuentra una verdadera pesadilla del mundo marino: el pez piedra. Inmóvil en el fondo, el pez piedra parece un pedazo de escombro repleto de algas; pero un pinchazo de sus espinas puede suponer horas de una insoportable agonía, y en ocasiones la muerte. Las mortales espinas están diseñadas para mantener al pez piedra protegido de los depredadores, pero también se clavan profundamente en las manos o pies de una persona, introduciendo el veneno de forma directa en las heridas.

¿CUÁNTO MIDE?

## DATOS BÁSICOS

| | |
|---|---|
| Longitud | 20-38 cm |
| Presas | Peces y crustáceos pequeños |
| Armas | 13 espinas dorsales |
| Modo de vida | Charcas poco profundas de marea hasta los 40 cm de profundidad, incluidos fondos arenosos, arrecifes de coral y rocosos |

El pez piedra vive en aguas costeras de la región del Índico-Pacífico, en el mar Rojo, en la costa oriental de África, en el Índico hasta el norte de Australia y en torno a los arrecifes de coral de la Polinesia francesa, en el Pacífico sur.

## ¿SABÍAS QUE...?

● Los aborígenes australianos realizan una danza tradicional del pez piedra. Llevando peces de barro con 13 espinas de madera, los bailarines caminan por una charca de marea y fingen que pisan un pez piedra y mueren en agonía.

● Un pez piedra puede mantenerse con vida durante diez horas fuera del agua. Sus espinas pueden seguir inyectando una dosis letal de veneno hasta varios días después de que el pez haya muerto.

● Es posible (aunque muy poco inteligente) coger un pez piedra sin herirse, deslizando suavemente una mano por debajo de la arena sobre la que se encuentra el pez y levantándola suavemente.

**1** Inmóvil en el fondo de una charca, un pez piedra detecta movimiento cerca: un veraneante quiere coger una concha bonita. El pez yergue discretamente las espinas de su aleta dorsal. Las tres primeras se quedan casi verticales y las diez últimas enfiladas hacia atrás.

Cada espina está cubierta por una funda verrugosa. Cerca de la base tienen dos sacos venenosos bulbosos, con estrechos conductos que pasan por cada espina y llegan casi hasta la punta. Un tejido fibroso sella el extremo de cada conducto como si fuera la chapa de una botella, lo que mantiene el veneno a presión.

**2** Las espinas se clavan en un dedo. Al presionar hacia abajo, la piel humana empuja la funda de la espina y rompe el sello de la punta, al tiempo que aplasta las glándulas venenosas. El veneno (aquí de color azul) sale disparado por el conducto y se introduce en el dedo infligiendo un dolor agónico o incluso algo peor. Las espinas quedan recargadas en unas pocas semanas.

# OTROS PECES DE AGUA SALADA

# RAYA VENENOSA
**Nombre científico:** familias *Urolophidae & Dasyatidae*

**COLA**
Aunque capaz de dar poderosos latigazos, por lo general la musculosa cola es utilizada para desplazarse. Algunas especies tienen una aleta en forma de flecos en el extremo de la misma.

**ALETAS PECTORALES**
Hace millones de años, las aletas pectorales evolucionaron hasta convertirse en un manto continuo en torno a su aplanado cuerpo.

**ESPINA**
Pinchos curvos cubren la afilada espina, que está repleta de veneno procedente de las glándulas de la base. Algunas especies de raya venenosa poseen dos espinas.

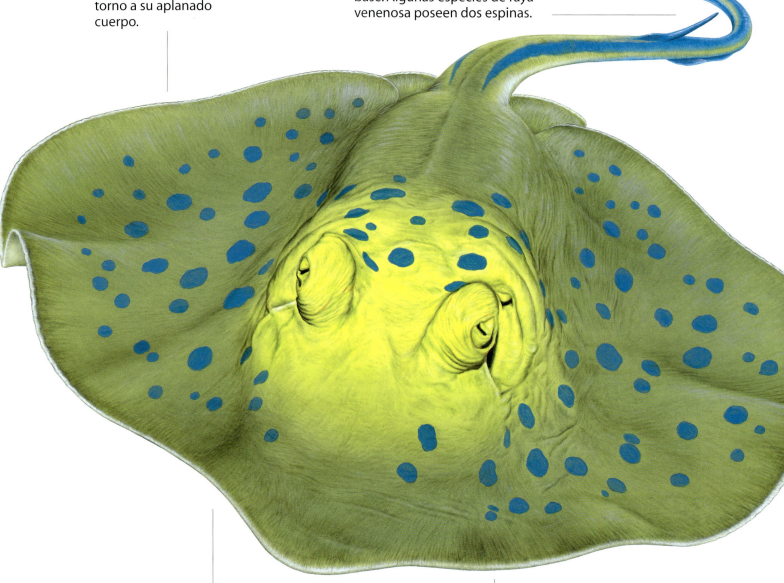

**ESPIRÁCULOS**
La raya venenosa chupa agua a través de los espiráculos y la pasa hasta las agallas, evitando la boca y las fosas nasales de la parte de abajo del cuerpo.

**OJOS**
Las rayas venenosas tienen buena visión y los ojos elevados sobre la cabeza, de tal modo que el pez puede ver con ellos cuando está enterrado en la arena.

# RAYA VENENOSA

Una raya venenosa pasa gran parte de su tiempo buscando comida, recorriendo el fondo del mar con un elegante movimiento semejante al del vuelo. Sus comidas favoritas son los moluscos y los crustáceos, que aplasta entre las dos placas de su mandíbula. A menudo, la astuta raya descubre a su presa desenterrándola moviendo sus aletas o echándole un chorro de agua con la boca. Cuando no se está moviendo, la raya se entierra a sí misma en la arena para descansar y relajarse. Normalmente, la raya depende del camuflaje para su protección, pero si un humano se acerca demasiado lo golpea con un relampagueante pinchazo de su cola en forma de látigo.

¿CUÁNTO MIDE?

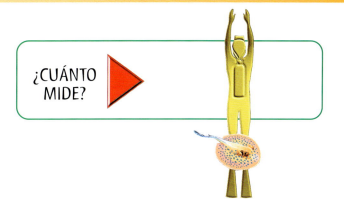

## ¿SABÍAS QUE...?

 ● Los científicos encontraron una raya venenosa completa fosilizada, conocida como *Xiphotrygon* («de cola corta»), en Wyoming (EE.UU.), en depósitos fechados hace 58 millones de años.

● Cuando una raya venenosa daña sus espinas, le crecen otras para reemplazar a las rotas. En ocasiones tienen en la cola hasta cuatro espinas en distintas etapas de crecimiento.

● Las crías de raya venenosa nacen con las espinas ocultas, para impedir que dañen a sus madres durante el parto.

● Las rayas venenosas son peces inteligentes y se vuelven muy dóciles en los acuarios, aceptando la comida de las manos de sus cuidadores.

## DATOS BÁSICOS

| | |
|---|---|
| Longitud | Las especies más grandes hasta 45 cm |
| Envergadura alar | Las especies más grandes hasta 2 m |
| Espina | Las más largas hasta 37 cm |
| Peso | Las más grandes hasta 350 kg |
| Presas | Cangrejos, caracoles, gambas, almejas y otros mariscos; ocasionalmente peces pequeños |
| Modo de vida | Hasta 200 m, pero por lo general menos de 70 m |
| Tiempo de vida | Desconocido |

Las rayas venenosas viven en aguas poco profundas de mares cálidos, tropicales y subtropicales de todo el mundo. Si bien las rayas venenosas son más habituales en la plataforma continental, en ocasiones es posible encontrarlas en aguas profundas.

Una raya venenosa amarilla se encuentra inmóvil en el fondo del mar, escondida por la arena que se ha echado encima con las aletas. Un bañista que pasea por la charca no puede verla, oculta como está entre las algas, hasta que ya es demasiado tarde. **1**

Cuando el bañista pisa a la aplanada raya, ésta ataca como un rayo. Con un latigazo de su musculada cola, clava en el pie del desdichado bañista su espina pinchuda. Los vasos sanguíneos seccionados del veraneante sangran profusamente y el veneno de las glándulas y las vainas le causan un gran dolor. Pinchos y restos de la cola se quedan clavados en la profunda herida y, si no son extraídos, pudrirán la carne de la víctima. **2**

## OTROS PECES DE AGUA SALADA

# PEZ ESPADA
**Nombre científico:** *Xiphias gladius*

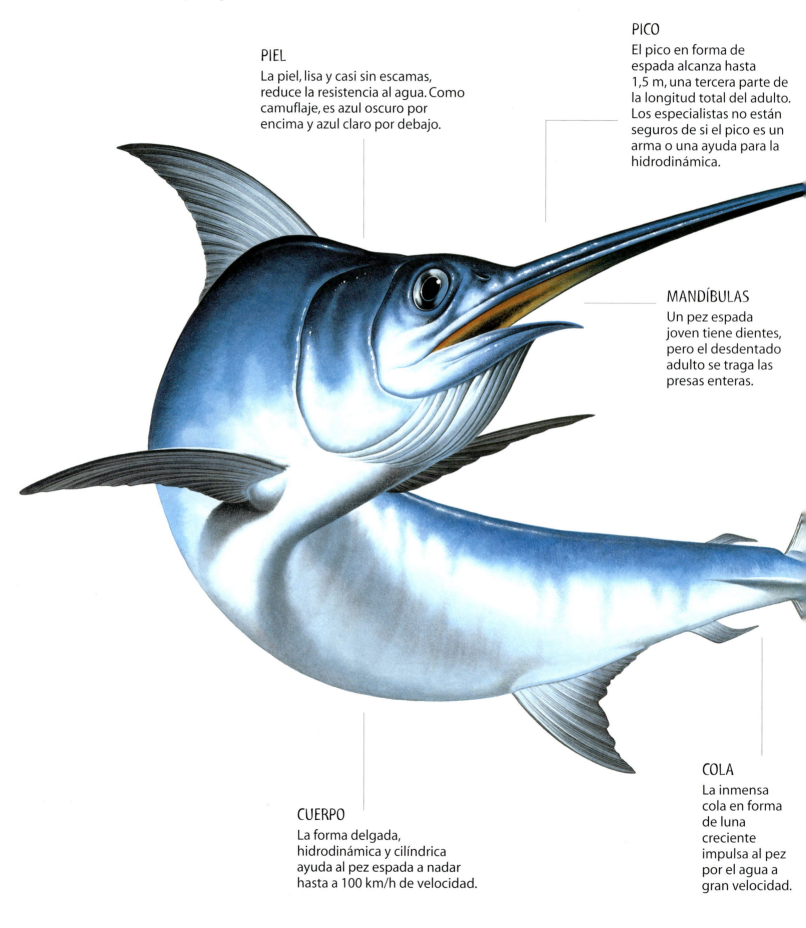

**PIEL**
La piel, lisa y casi sin escamas, reduce la resistencia al agua. Como camuflaje, es azul oscuro por encima y azul claro por debajo.

**PICO**
El pico en forma de espada alcanza hasta 1,5 m, una tercera parte de la longitud total del adulto. Los especialistas no están seguros de si el pico es un arma o una ayuda para la hidrodinámica.

**MANDÍBULAS**
Un pez espada joven tiene dientes, pero el desdentado adulto se traga las presas enteras.

**CUERPO**
La forma delgada, hidrodinámica y cilíndrica ayuda al pez espada a nadar hasta a 100 km/h de velocidad.

**COLA**
La inmensa cola en forma de luna creciente impulsa al pez por el agua a gran velocidad.

# PEZ ESPADA

El pez espada es un cazador solitario que patrulla grandes zonas del mar en busca de presas. Armado y mortal, este hidrodinámico asesino vuela por el océano en busca de víctimas a las que atacar con fiereza con su lanza letal. Los biólogos todavía debaten sobre el propósito exacto del inmensamente largo pico del pez espada. Una teoría es que utiliza la «espada» como arma para acuchillar y mutilar peces de un cardumen, de tal modo que el asesino pueda tragarse un mayor número de presas.

## ¿CUÁNTO MIDE?

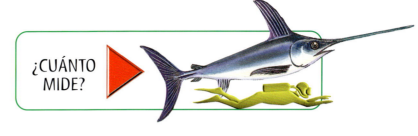

## DATOS BÁSICOS

| Longitud | 2-5 m |
| --- | --- |
| Peso | Hasta 650 kg |
| Presas | Peces y calamares |
| Armas | Un pico largo en forma de espada; en los jóvenes, dientes |
| Tiempo de vida | 25 años |

El pez espada es una de las especies de peces más extendida. Se encuentra en todos los océanos templados, tropicales y subtropicales del mundo a profundidades de hasta 600 m.

## ¿SABÍAS QUE...?

● Un pez espada muy joven tiene las dos mandíbulas de la misma longitud y sólo cuando se vuelve un ejemplar juvenil la superior comienza a crecer. Mientras el pez continúa madurando, la diferencia de longitud entre ambas mandíbulas se hace cada vez más pronunciada.

● Los «ataques» de los peces espada a los barcos son legendarios. Un barco de guerra británico del siglo XIX, el *HMS Dreadnought,* tuvo una vía de agua porque un pez espada atravesó su casco. El Museo de Historia Natural de Londres cuenta con una pieza de la quilla del barco con un agujero de 56 cm de profundidad hecho por un pez espada. No obstante, seguramente se trata de ataques no deliberados; es más probable que el pez espada estuviera moviéndose a demasiada velocidad como para esquivar el barco.

● En ocasiones, unos pequeños peces llamados rémoras, que poseen unas extrañas espinas dorsales parecidas a ventosas, se unen al pez espada y lo utilizan como medio de transporte mientras el gigante recorre el mar.

**1** Mientras busca presas, un pez espada detecta un cardumen de peces. Antes de que sus víctimas puedan desbandarse, el depredador se apresura a meterse entre ellas, dando sablazos con su pico mientras llega al centro del banco de peces.

**2** Mientras el asesino se mueve entre ellos, la mayoría de los componentes del cardumen huye, dejando atrás a varios compañeros heridos y retorciéndose. Ahora el depredador sólo tiene que realizar la sencilla tarea de tragarse uno a uno a los peces heridos.

# 82 PECES DE AGUA DULCE

# PECES DE AGUA DULCE

*Los peces de agua salada no poseen el monopolio de los comportamientos sangrientos. Los peces de agua dulce, que viven en ríos, lagos y otras fuentes de agua terrestres, pueden ser igual de salvajes.*

Por ejemplo, los lucios. Tienen unos dientes siniestramente afilados para agarrar a sus presas, y una boca grande capaz de tragárselas enteras. Los lucios están especializados en ataques por sorpresa y pueden atrapar a una presa sin avisar y con tanta rapidez que ésta es incapaz de escapar. Otro pez de agua dulce, el pez rata, tiene un sistema distinto, pero no menos letal. El pez rata descansa tranquilo sobre el fondo de un río o lago camuflado con barro y arena y puede atraer a su presa sacando un filamento rojo de la boca. La presa lo confunde con un gusano rojo y se acerca, y antes de que se dé cuenta de lo que está pasando, el pez rata se la ha tragado. Algunos peces de agua dulce están equipados con características peculiares que los ayudan a encontrar comida. El pez elefante, por ejemplo, posee una larga trompa con sensores, mientras que el siluro lleva sensores en unas gruesas cerdas llamadas barbas; la cabeza del pez sierra tiene una proyección similar a un serrucho y la anguila eléctrica está equipada con células de alto voltaje situadas en la cola. Cualquiera que sea el equipo que tengan, los peces de agua dulce son pruebas vivientes de toda la ingeniosa variedad de la naturaleza.

## 84 PECES DE AGUA DULCE

# PEJELAGARTO
**Nombre científico:** *Atractosteus spatula*

**HOCICO**
Carece de escamas, es duro y huesudo. El pronunciado hocico es corto y más redondeado que en otros miembros de su familia.

**ESCAMAS**
Grandes escamas óseas se conectan para formar una barrera casi impenetrable.

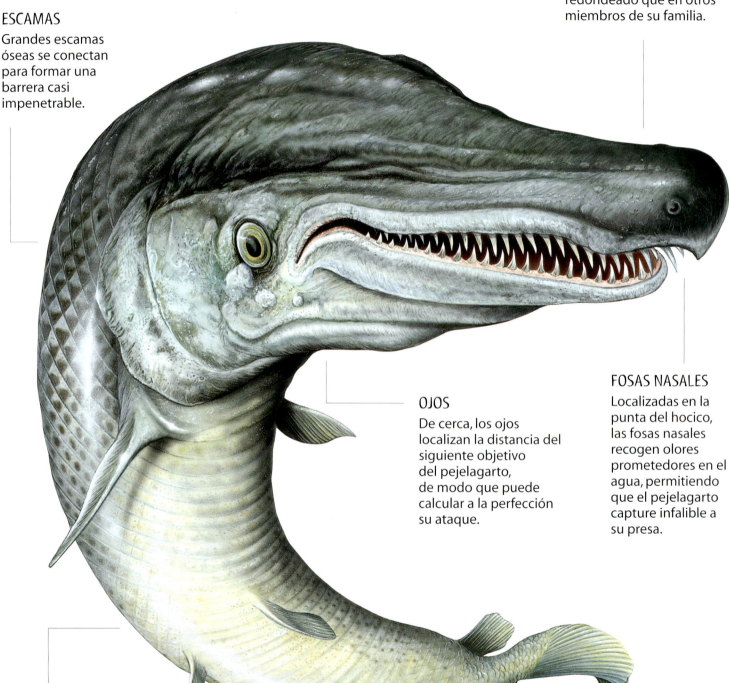

**OJOS**
De cerca, los ojos localizan la distancia del siguiente objetivo del pejelagarto, de modo que puede calcular a la perfección su ataque.

**FOSAS NASALES**
Localizadas en la punta del hocico, las fosas nasales recogen olores prometedores en el agua, permitiendo que el pejelagarto capture infalible a su presa.

**CUERPO**
El pejelagarto es hidrodinámico como un torpedo, para desplazarse sin esfuerzo dentro del agua.

# PEJELAGARTO

Protegido por escamas esmaltadas, el pejelagarto pasa la mayor parte de su vida ocupado en lo que lleva haciendo desde la era de lo dinosaurios: moverse sin rumbo por las embarradas aguas de los ríos en busca de comida. Uno de los peces de agua dulce más grandes del mundo, las brutales y desgarradoras mandíbulas de un pejelagarto adulto destrozan a presas más pequeñas, como peces y aves acuáticas. Incluso animales más grandes, como jóvenes aligatores, no son enemigo para sus dientes en forma de aguja.

¿CUÁNTO MIDE?

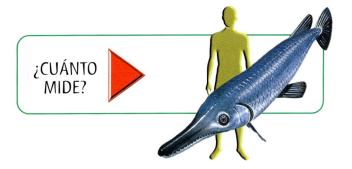

## DATOS BÁSICOS

| | |
|---|---|
| Longitud | Hasta 3 m |
| Peso | Hasta 135 kg |
| Presas | Peces, cangrejos, aves acuáticas, tortugas y pequeños aligatores |
| Armas | Numerosos dientes afilados |
| Tiempo de vida | Probablemente, 50 años o más |

El pejelagarto se encuentra en lagos, marismas, aguas estancadas y pantanos de grandes ríos de las llanuras de la costa del Golfo en Estados Unidos y México. Sobre todo en la cuenca baja del Misisipí, pero también tan al sur como Veracruz y tan al este como el oeste de Florida. A pesar de su distribución, es escaso.

### ¿SABÍAS QUE...?

● La carne del pejelagarto es muy apreciada por algunos pueblos, que suelen cocinar el pez entero, pues sus escamas hacen difícil el despellejarlo.

● Los pejelagartos jóvenes poseen una banda oscura que recorre ambos costados de su cuerpo y una banda blanca sobre el lomo, que desaparecen según va madurando. Como adulto es verde o marrón apagado, un color ideal para acechar presas sin que lo vean en las aguas turbias.

● El pejelagarto se suele encontrar en las aguas salobres de los estuarios de los ríos y en raras ocasiones incluso se aventura en el mar.

● Algunas tribus indias norteamericanas cazaban al pejelagarto con arcos y flechas cuando salía a la superficie, utilizando luego sus duras escamas en forma de rombo como puntas de flecha. Hoy día es más habitual que los artesanos utilicen estas escamas para hacer broches y otros objetos de joyería original, mientras que su piel se utiliza en objetos de lujo de cuero.

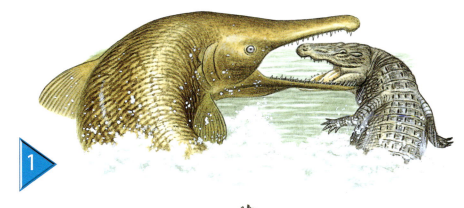

**1** Recorriendo las mansas aguas del río Misisipí como si fuera un submarino de patrulla, un inmenso pejelagarto intercepta a un joven aligátor que toma el sol en la superficie. Con un arranque en velocidad, el pez se lanza al ataque.

**2** Mientras el pejelagarto se adelanta con la boca abierta, el adormilado reptil es atrapado completamente desprevenido, sin tiempo para escapar o contraatacar. En un instante, el fuerte pez cierra sus poderosas mandíbulas en torno a su víctima, cortando al aligátor por la mitad casi de forma limpia. En pocos segundos todo ha terminado y el pejelagarto comienza a desgarrar los intestinos del sangriento aligátor mientras se sumerge en el agua.

# PECES DE AGUA DULCE

# ANGUILA ELÉCTRICA
**Nombre científico:** *Electrophorus electricus*

## COLA
La larga cola representa unas tres cuartas partes de la longitud del pez y contiene los órganos eléctricos que lo hacen tan peligroso.

## ALETA ANAL
Ondeando la larga aleta que posee debajo de la cola, la anguila puede moverse sin necesidad de ondular el cuerpo ni distorsionar su campo sensorial eléctrico.

## OJOS
Los pequeños ojos azules miran hacia arriba y hacen poco más que distinguir entre la oscuridad y la luz. Según va creciendo, los ojos de la anguila se vuelven cada vez menos importantes.

## AGUJEROS SENSORES
Agujeros con células sensoriales detectan diminutas distorsiones en el campo eléctrico causadas por otros animales y por obstáculos.

## BOCA
La anguila eléctrica posee una boca enorme, pero sus dientes son muy básicos. No puede masticar y se limita a tragarse enteras a sus presas.

# ANGUILA ELÉCTRICA

Una aparentemente inofensiva anguila eléctrica es en realidad un asesino de alto voltaje. La anguila eléctrica posee a lo largo de la cola varios grupos de células que sirven para dos funciones bastante diferentes: ayudan a recorrer las aguas turbias de las marismas donde vive y producen una onda de choque que puede aturdir e incluso matar a su presa. Su batería de células puede producir una descarga eléctrica tan poderosa como para noquear a cualquiera que la pise sin darse cuenta. Amenaza invisible, la anguila eléctrica vive en abrevaderos donde sacian su sed criaturas terrestres como el tapir. Cuando este pacífico mamífero se acerca al agua para beber, corre el riesgo de pisar sin querer a una anguila eléctrica, lo que puede ser el último movimiento que haga.

¿CUÁNTO MIDE?

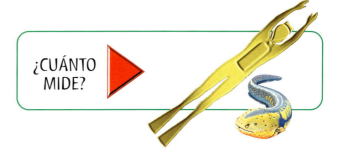

## DATOS BÁSICOS

| | |
|---|---|
| Longitud | Hasta 3 m |
| Peso | Hasta 40 kg |
| Presas | Peces, ranas y otros pequeños animales acuáticos |
| Armas | Pulsos eléctricos de hasta 650 voltios cada uno |
| Crías | Da a luz crías vivas que ambos progenitores se encargan de cuidar |
| Ataque típico | Puede matar a un hombre |
| Tiempo de vida | Desconocido |

La anguila eléctrica vive en las turbias aguas estancadas de los sistemas fluviales del Amazonas y el Orinoco, en las selvas de la Suramérica tropical. Las concentraciones principales se encuentran en Venezuela y Brasil. Su hábitat preferido son las zonas pantanosas, las pozas poco profundas y las ramas estancadas de los afluentes de los ríos.

## ¿SABÍAS QUE...?

● El terrible choque eléctrico de la anguila está formado en realidad por una serie de pulsos cortos, cada uno de menos de 1/500 de segundo de duración, pero lo bastante poderosos como para encender una televisión en color.

● Los órganos generadores de electricidad de la anguila representan casi la mitad del peso de su cuerpo.

● Debido al modo en que están dispuestas las células eléctricas, la anguila es positiva en la cabeza y negativa en la cola, como una batería viviente.

● La larga y ondulante aleta anal puede llevar a la anguila en cualquier dirección –adelante, atrás, arriba o abajo–, de modo que puede maniobrar en los lugares más estrechos.

Camufladas por su color apagado, tres anguilas eléctricas se deslizan por las aguas turbias y llenas de maleza de un arroyo poco profundo hacia un tapir que vadea el agua. El tapir se tropieza con las anguilas y éstas se vengan con una dosis masiva y triple de electricidad.

**1**

El choque aturde el sistema nervioso del tapir, haciendo que caiga sobre el suelo sufriendo convulsiones. Lo cual, a su vez, provoca más choques eléctricos, que terminan por pararle el corazón.

**2**

# PECES DE AGUA DULCE

# LUCIO
**Nombre científico:** *Esox lucius*

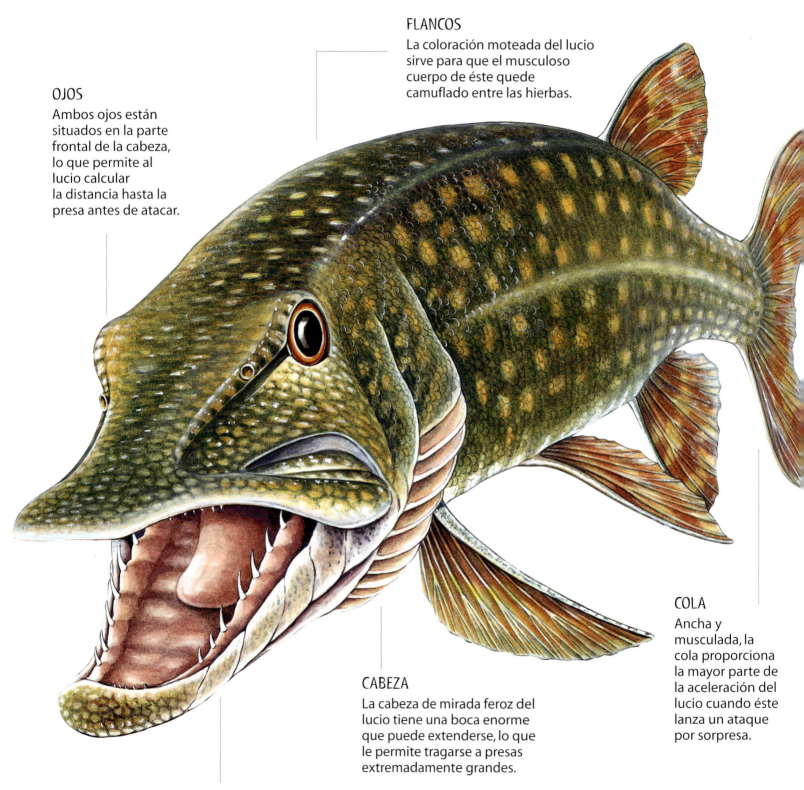

**FLANCOS**
La coloración moteada del lucio sirve para que el musculoso cuerpo de éste quede camuflado entre las hierbas.

**OJOS**
Ambos ojos están situados en la parte frontal de la cabeza, lo que permite al lucio calcular la distancia hasta la presa antes de atacar.

**CABEZA**
La cabeza de mirada feroz del lucio tiene una boca enorme que puede extenderse, lo que le permite tragarse a presas extremadamente grandes.

**COLA**
Ancha y musculada, la cola proporciona la mayor parte de la aceleración del lucio cuando éste lanza un ataque por sorpresa.

**DIENTES**
Cuando el lucio agarra a su resbaladiza presa, sus dientes apuntados hacia atrás se aseguran que no haya escapatoria, sin importar lo mucho que se debata su víctima.

# LUCIO

Cuando los pescadores se juntan tras días de practicar su deporte favorito, las historias de lucios son habituales, y cuanto más se alarga la madrugada más grande es el animal. No obstante, no todas las historias son divertidas... Un estanque rodeado de lirios un tranquilo día de verano es un una imagen idílica, pero cuando un inmenso lucio busca presas, nada que esté dentro o cerca del agua se encuentra a salvo. Un lucio puede tragarse presas que pesen hasta la mitad que él. Por lo general las presas son peces, pero el lucio es un atacante oportunista y puede lanzarse contra cualquier animal que penetre en su morada acuática.

## ¿SABÍAS QUE...?

● En ocasiones los lucios se ahogan cuando en su entusiasmo se tragan un pez (incluidos otros lucios) que es demasiado grande para su boca.

● En el norte del mar Báltico el lucio se ha adaptado a vivir en aguas salobres. Algunos expertos creen que algunos lucios grandes han evolucionado hasta poder vivir en el mar.

● En Norteamérica, los lucios son llamados lucios del norte para diferenciarlos de un pariente muy cercano, que es un cazador muy feroz, el muskellunge *(Esox masquinongy)* o «lucio feo».

## ¿CUÁNTO MIDE?

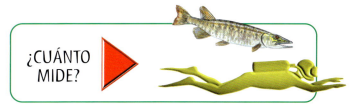

## DATOS BÁSICOS

| | |
|---|---|
| Longitud | Las hembras hasta 1,5 m; los machos mucho menos |
| Peso | Las hembras hasta 35 kg; los machos más pequeños hasta 6 kg |
| Presas | Peces vivos (incluidos otros lucios), anfibios, pequeños mamíferos, aves acuáticas y algo de carroña |
| Armas | Dientes apuntados hacia atrás afilados como cuchillas |
| Método de caza | Emboscadas y persecuciones |
| Tiempo de vida | Hasta 30 años |

El lucio se encuentra por todo el norte de Europa y Asia, hasta tan lejos como el estrecho de Bering. En Norteamérica, el lucio vive al norte de la línea que va desde Pennsylvania en el este hasta Nebraska en el oeste, así como en Canadá y Alaska.

**2** El entusiasta pataleo del perro al nadar ha llamado la atención del habitante más grande del lago, un hambriento lucio viejo. Antes de que el perro sepa qué ha pasado, el inmenso pez agarra al desgraciado animal con sus poderosas mandíbulas.

**1** Una mujer ha sacado a su querido perro para que haga ejercicio, lanzándole una rama al lago para que vaya a buscarla. De repente la mujer percibe una sombra oscura que se acerca a su mascota.

**3** La dueña del perro puede ver al lucio revolcarse sobre la superficie del agua, antes de que el perro se desvanezca; si el lucio no lo suelta pronto, puede que su mascota se ahogue.

PECES DE AGUA DULCE

# ESTURIÓN
**Nombre científico:** familia *Acipenseridae*

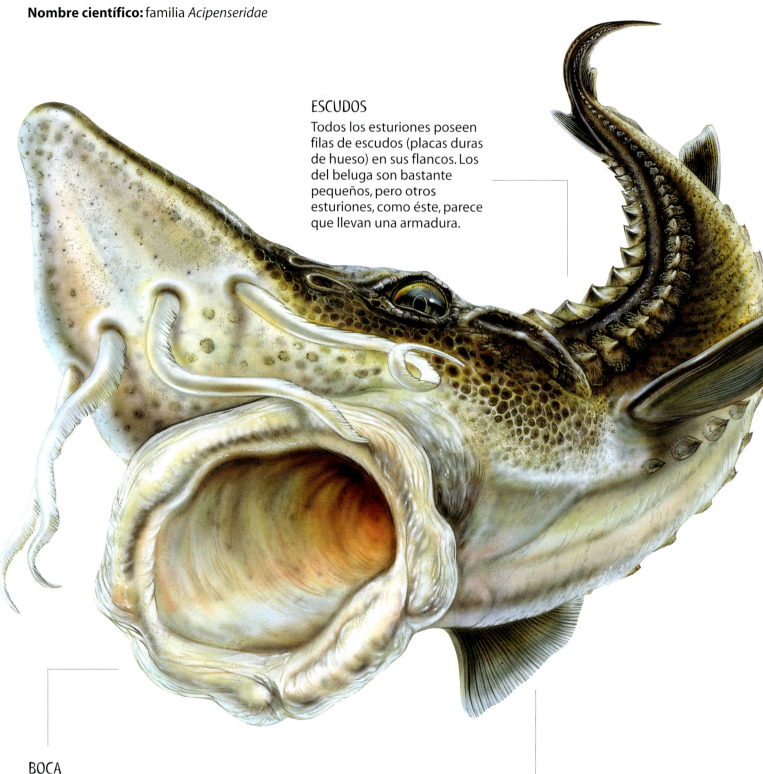

### ESCUDOS
Todos los esturiones poseen filas de escudos (placas duras de hueso) en sus flancos. Los del beluga son bastante pequeños, pero otros esturiones, como éste, parece que llevan una armadura.

### BOCA
Se encuentra en la parte inferior de la cabeza, de tal modo que el pez pueda alimentarse con facilidad sobre el fondo del río o del mar. La boca puede ser proyectada hacia afuera, formando un tubo para absorber a la presa.

### ALETAS
Las aletas pectorales (laterales) y el largo lóbulo superior de la cola ayudan al pez a realizar delicadas maniobras.

# ESTURIÓN

Desde el delgado y delicado esturión ruthenus hasta el poderoso beluga, los esturiones que cada año crían en los grandes y helados lagos del norte se encuentran entre los más extraordinarios peces de agua dulce del mundo. Los esturiones son supervivientes acorazados de la época de los dinosaurios. Algunos alcanzan edades muy avanzadas y unas dimensiones tremendas mientras merodean en aguas profundas y oscuras en busca de presas. Los esturiones están equipados para absorber pequeños animales del barro del fondo, pero el gigante beluga muy bien puede recorrer el agua atrapando a pequeños peces que nadan en cardúmenes. Su sistema de alimentación es devastadoramente simple... y eficaz.

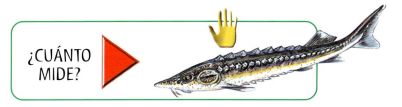

¿CUÁNTO MIDE?

### DATOS BÁSICOS

| | |
|---|---|
| Longitud | Hasta 5 m (beluga) |
| Peso | Hasta 1,5 t (beluga) |
| Presas | Gusanos, mariscos, gambas y peces pequeños |
| Tiempo de vida | 150 años, pero muy pocos alcanzan esta edad debido al envenenamiento o el exceso de pesca |

Las 25 especies de esturión viven en mares, ríos y lagos fríos del norte, desde las costas de Europa y Escandinavia hasta Rusia y Siberia, pasando por las costas y el interior de Norteamérica.

## ¿SABÍAS QUE...?

● Un pequeño esturión de agua dulce, el *ruthenus,* es criado en cautividad. Es un esturión en todo excepto el tamaño, pues alcanza una longitud máxima de 1,2 m.

● Un esturión hembra puede poner hasta un millón de huevos durante el desove estival.

● La mayor parte del esqueleto de un esturión está hecho de cartílago flexible en vez de hueso, al igual que le pasa al tiburón.

● Se calcula que un esturión capturado en un lago norteamericano en 1954 tenía 154 años de edad. Hoy día un esturión tiene suerte si consigue vivir la mitad de esa cifra.

● El esturión produce una sustancia llamada cola de pescado, que se utiliza para quitar el aspecto turbio del vino.

● Como resultado de la sobrepesca y la polución, la población de esturiones adultos en el mar Caspio descendió desde 142 millones en 1978 hasta 43,5 millones en 1994.

**1** Un pequeño pez nada tras su propia presa en aguas medias. Preocupado en conseguir su alimento, no parece darse cuenta de la oscura forma que se abalanza sobre él. Moviendo la cola despacio, pero con gran energía, el beluga se lanza sin esfuerzo sobre su víctima, con su hocico hidrodinámico reduciendo la resistencia del agua.

**2** Cuando el beluga llega a la distancia adecuada, extiende sus labios para formar un tubo largo y flexible. De un sorbo se traga al pez, del que no vuelve a saberse nada.

## PECES DE AGUA DULCE

# PEZ RATA
**Nombre científico:** familia *Uranoscopidae*

### ÓRGANOS ELÉCTRICOS
Situados en una cavidad especial detrás de los ojos, los órganos eléctricos se desarrollaron a partir de tejido muscular ocular y pueden producir una descarga de hasta 50 voltios.

### ESPINAS
Las espinas curvas que tiene sobre cada aleta pectoral están conectadas con una glándula venenosa en la base, lo que le proporciona un poderoso mecanismo de defensa, aunque algunas especies sólo utilizan como protección sus órganos eléctricos.

### FOSAS NASALES
La mayor parte de los peces «respiran» por la boca, pero el pez rata tiene dos fosas nasales en la parte superior de la cabeza. Éstas le permiten «respirar» mientras está completamente enterrado; son unas vitales vías de agua que están protegidas de los granos de arena por unos bordes carnosos en forma de peine.

### BOCA
Casi vertical, la enorme boca está perfilada con dientes. Unos bordes carnosos en los labios impiden que el pez rata trague arena mientras permanece enterrado en el fondo del mar con la boca abierta.

# PEZ RATA 93

El pez rata permanece silencioso e inmóvil cubierto de arena y barro, con el dibujo punteado de su piel camuflándolo a la perfección. Espera hasta que un posible alimento pasa por delante y entonces salta de su escondite para tragarse entera a su víctima. Algunos poseen un filamento rojizo parecido a un gusano en el fondo de la boca, que mueven tentadoramente para atraer presas. Cuando los peces que pasan cerca lo confunden con un sabroso gusano y se acercan, son tragados con rapidez. Aunque muchos peces rata confían en sus espinas venenosas para protegerse, algunos utilizan otro sistema. Si un pez o un crustáceo grande se acerca demasiado, se deshacen del intruso con una dolorosa descarga de sus órganos eléctricos.

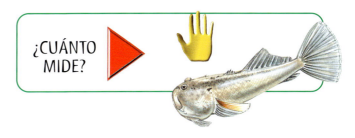

¿CUÁNTO MIDE?

## DATOS BÁSICOS

| | |
|---|---|
| Longitud | Hasta 70 cm |
| Peso | Hasta 9 kg |
| Presas | Crustáceos y peces |
| Armas | Espinas con veneno y órganos eléctricos |
| Tiempo de vida | Desconocido |

Hay unas 50 especies de pez rata viviendo en aguas tropicales, del Atlántico, India y océano Pacífico, así como en el mar Mediterráneo.

## ¿SABÍAS QUE...?

● En vez de faldones delgados para tapar las agallas, como tienen muchos peces, el pez rata cuenta con unas agallas estrechas que se extienden hacia atrás para formar unos tubos anchos. Esto le permite expulsar el agua de desecho sin remover la arena ni revelar su presencia.

● Si resulta molestado por buceadores nocturnos, el pez rata muerde de forma agresiva.

● Se sabe que a lo largo del año algunas especies de pez rata se comen hasta 48 veces su propio peso.

● Todos los músculos animales producen diminutas descargas de electricidad, pero sólo algunas criaturas desarrollan la habilidad para utilizar esta energía.

● Los tiburones poseen un sentido «extra» que les permite detectar las diminutas corrientes eléctricas producidas por los músculos de los peces, lo que les ayuda a rastrear a sus presas.

● Mientras el pez rata mira al cielo, el pez *Selene vomer* mira hacia abajo con sus ojos caídos mientras nada en las aguas costeras poco profundas.

**1** En el fondo del mar, un cangrejo calapa espinuda de gran tamaño excava con dedicación mientras intenta enterrarse en la arena. Desgraciadamente, no se ha dado cuenta del pez rata que se encuentra cerca del lugar elegido, parcialmente enterrado en la arena y perfectamente inmóvil.

**2** Irritado por la intromisión, el pez rata sale de su escondite y ataca. Sus espinas no pueden penetrar en el duro caparazón del cangrejo, pero una descarga de sus órganos eléctricos no tarda en hacer que el crustáceo se marche.

# PECES DE AGUA DULCE

# PEZ ELEFANTE
**Nombre científico:** *Gnathonemus petersii*

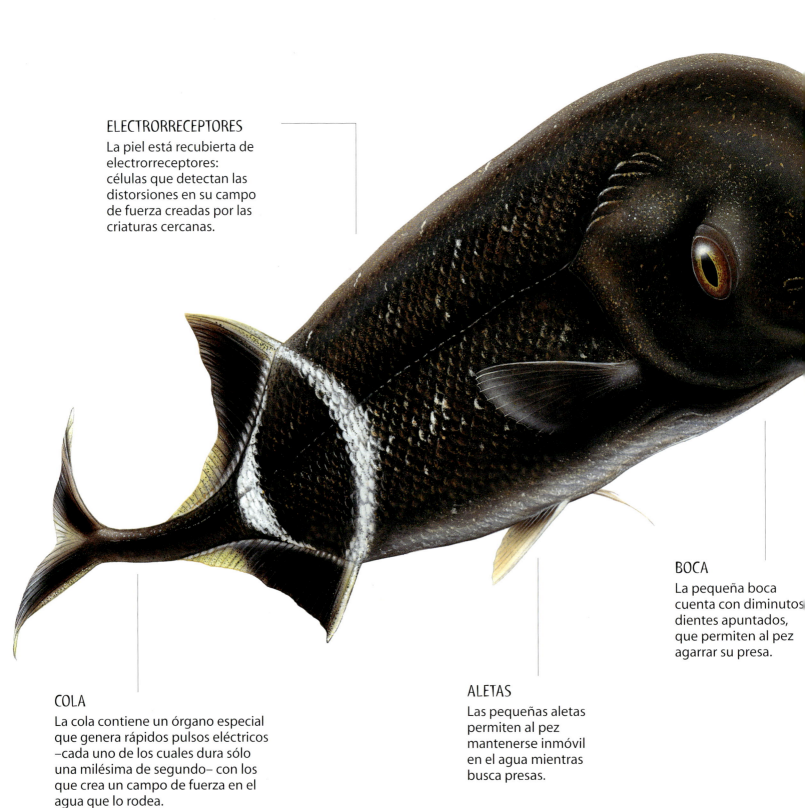

**ELECTRORRECEPTORES**
La piel está recubierta de electrorreceptores: células que detectan las distorsiones en su campo de fuerza creadas por las criaturas cercanas.

**BOCA**
La pequeña boca cuenta con diminutos dientes apuntados, que permiten al pez agarrar su presa.

**ALETAS**
Las pequeñas aletas permiten al pez mantenerse inmóvil en el agua mientras busca presas.

**COLA**
La cola contiene un órgano especial que genera rápidos pulsos eléctricos –cada uno de los cuales dura sólo una milésima de segundo– con los que crea un campo de fuerza en el agua que lo rodea.

# PEZ ELEFANTE

El pez elefante posee una buena vista, pero como vive en ríos y marismas turbias de África y se alimenta sobre todo por la noche, no puede confiar en su sentido de la vista para localizar alimento. Su larga «nariz» es una mandíbula que se curva hacia abajo desde su diminuta boca. La mandíbula posee sensores químicos y táctiles para localizar presas al tacto y escarbando en el barro y las algas. El pez elefante también posee un sistema de tubos huecos que conectan las placas óseas del cráneo con el oído interno, de tal modo que el depredador puede detectar vibraciones sonoras de insectos en el agua. En aguas turbias o por la noche, se pone en funcionamiento la miríada de otros sentidos del pez elefante.

¿CUÁNTO MIDE?

## DATOS BÁSICOS

| | |
|---|---|
| Longitud | Hasta 25 cm |
| Presas | Sobre todo invertebrados como gusanos e insectos y sus larvas, pero ocasionalmente también vegetación |
| Modo de vida | Cazador-rastreador |
| Tiempo de vida | Desconocido |

El pez elefante vive en las vías fluviales cálidas tropicales del África Central y Occidental, desde Mali hasta Nigeria, pasando por Camerún y Chad y por el sur hasta Zambia. El pez pasa la mayor parte de su vida entre barro, piedra y algas, en el lecho de ríos, marismas y arroyos de agua dulce.

## ¿SABÍAS QUE...?

● El narigudo pez elefante utiliza su sistema de detección eléctrica para reconocer a otros miembros de su especie. Incluso puede diferenciar a los machos de las hembras, pues cada sexo produce sus propias señales.

● El campo eléctrico que genera el pez también actúa como delimitador de fronteras. Los científicos han descubierto que los peces elefante que viven en territorios vecinos generan campos eléctricos de frecuencia ligeramente distinta, de modo que no haya confusión sobre qué territorio pertenece a cada pez.

● El órgano generador de la cola sólo produce unos microvoltios de electricidad. Esto no basta para aturdir a una presa como sucede con la raya y la anguila eléctrica cuando buscan alimento.

● El narigudo pez elefante puede detectar vibraciones sonoras en el agua en el espectro de los 100-2.500 Hz. Está bien para un pez, pero se queda muy corto para el espectro medio de un humano, que va de los 20 hasta los 20.000 Hz.

Como los ojos del pez elefante no exploran muy bien el lecho del río, sus otros sentidos participan en la búsqueda de presas. La línea lateral (a) reacciona al movimiento. Los electrorreceptores de la piel (b) detectan cambios eléctricos causados por objetos cercanos. Sensores químicos (c) recogen sabores del agua y los órganos de audición (d) son sensibles a las ondas sonoras.

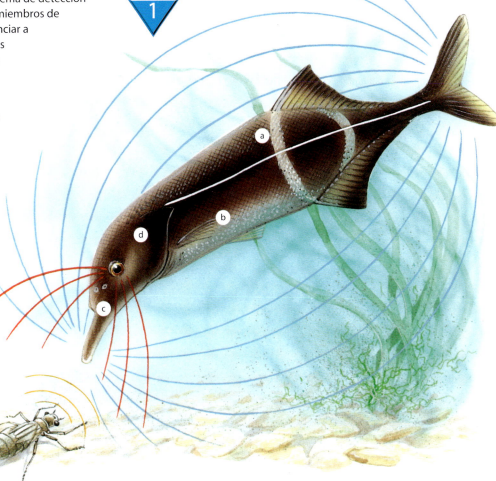

# PEZ TIGRE

**Nombre científico:** *Hydrocynus goliath*

### CUERPO
El enorme pez tigre no tiene rayas, pero es igual de hidrodinámico y rápido que las especies más pequeñas.

### DIENTES
Lo dientes, largos y cónicos, siempre son visibles, incluso cuando la mandíbula está cerrada. Algunos dientes montan la mandíbula, mientras que otros encajan en ranuras en la mandíbula opuesta cuando la boca se cierra, convirtiéndolos en estupendas máquinas de cortar.

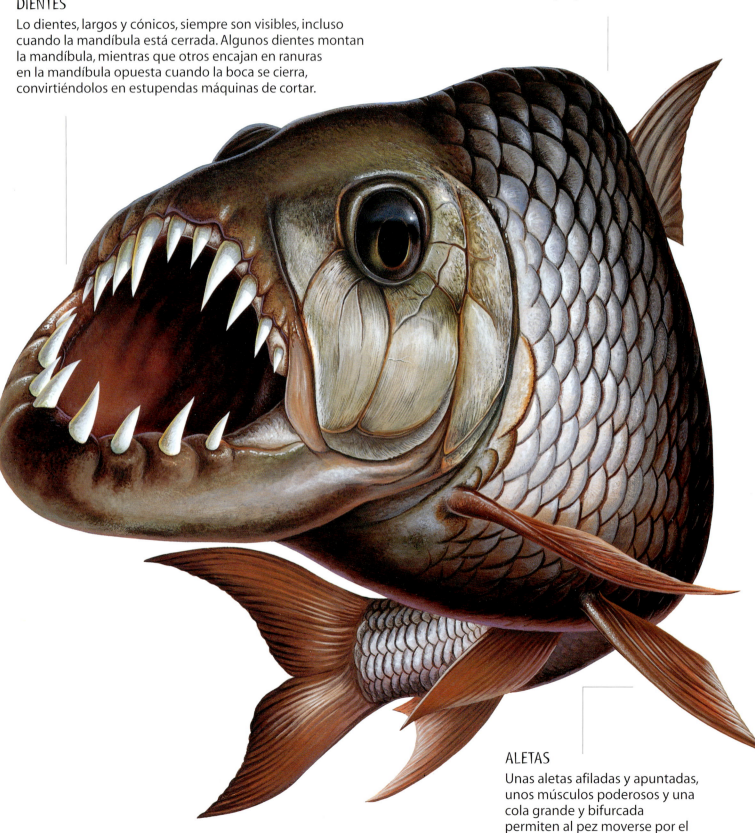

### ALETAS
Unas aletas afiladas y apuntadas, unos músculos poderosos y una cola grande y bifurcada permiten al pez moverse por el agua a gran velocidad.

# PEZ TIGRE    97

Pariente de la mortal piraña suramericana, el pez tigre africano recibe su nombre de las rayas que posee el cuerpo de la mayoría de las especies. Su nombre científico, *Hydrocinus*, significa «perro de agua» porque ronda en grupo, como las manadas de perros cuando cazan. Al cazar en cardúmenes, el terrible pez tigre puede capturar presas mucho más grandes que él. Un alboroto en el agua actúa como el timbre de la cena y atrae a un cardumen de hambrientos cazadores hasta el lugar donde se ha producido, todos ansiosos por devorar carne fresca.

◀ ¿CUÁNTO MIDE?

## DATOS BÁSICOS

| | |
|---|---|
| Longitud | Hasta 2 m |
| Peso | Hasta 50 kg |
| Presas | Peces y muchos animales terrestres que entran en el agua |
| Armas | Dientes afilados que se entrelazan |
| Tiempo de vida | Hasta 8 años |

El pez tigre se encuentra en muchos ríos y lagos del África central y meridional, y en la parte septentrional a lo largo del Nilo. Raras veces aparece en aguas que se encuentren por encima de los 600 m del nivel del mar. La más grande de las cinco especies conocidas, el pez tigre *(Hydrocynos goliath)* vive sobre todo en el lago Tanganica y en la cuenca del Congo.

### ¿SABÍAS QUE...?

● Se conocen historias de peces tigre que han atacado a seres humanos, pero no están comprobadas. Lo más probable es que los ataques se hayan producido cuando los pescadores intentaban llevar a tierra a los peces que habían atrapado.

● En ocasiones el pez tigre recurre al canibalismo, atacando a los miembros más jóvenes de su especie cuando no hay mucho más con lo que satisfacer su apetito.

● Los seres humanos están teniendo un serio impacto en la disminución de ejemplares del pez tigre, pues las presas y otros proyectos de irrigación construidos en los tramos superiores de muchos ríos africanos han causado la pérdida de gran parte de la vegetación acuática que el pez necesita para desovar.

● El pez tigre tiene una bolsa llena de aire dentro del cuerpo, que está adaptada para recibir los sonidos transmitidos por huesos móviles y ligamentos. Esta «ayuda para la escucha» permite al pez tigre detectar los sonidos causados por los animales que caen al agua, de tal modo que el depredador puede apresurarse a investigar.

Un mono anciano es lento a la hora de salir del agua y un pez tigre le muerde una pata. El mono se revuelca de dolor, lo que atrae al resto del cardumen. La sangre en el agua vuelve locos a los voraces peces, que arrancan ansiosos trozos de carne de la víctima que sigue debatiéndose. Los demás monos sólo pueden mirar mientras su compañero desaparece de su vista ante el salvaje ataque.

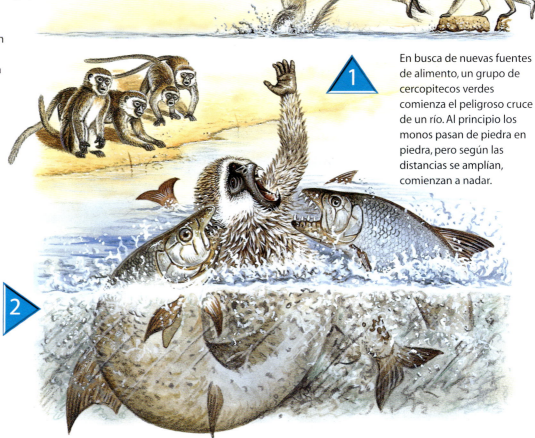

**1** En busca de nuevas fuentes de alimento, un grupo de cercopitecos verdes comienza el peligroso cruce de un río. Al principio los monos pasan de piedra en piedra, pero según las distancias se amplían, comienzan a nadar.

# PECES DE AGUA DULCE

# BARBO RAYADO

**Nombre científico:** *Plotosus lineatus*

## RAYAS

Las rayas brillantes de un barbo joven son un aviso para mantener alejados a los depredadores. También hacen que sea difícil para uno de ellos escoger a un barbo concreto dentro de un cardumen, del mismo modo que las rayas de una cebra dificultan que un león escoja a un animal concreto del rebaño.

## COLA

La cola, afilada y apuntada, está bordeada en toda su longitud por una única aleta.

## CUERPO

La piel sin escamas produce una mucosidad de sabor horrible. Cuando se asusta, las glándulas de la piel del pez expulsan por ésta una sustancia química que sirve para avisar al resto del cardumen.

## BOCA

Rodeada por barbos, la amplia boca está repleta de diminutos dientes pinchudos para agarrar y machacar gambas y otras presas pequeñas.

## BARBOS

Los carnosos bigotes de los que el barbo recibe su nombre son sensibles al tacto y al gusto y los utiliza para encontrar alimento en el fondo del mar y en aguas turbias.

# BARBO RAYADO

Los barbos rayados jóvenes recorren el océano con estilo, en cardúmenes densos y con forma de pelota, como si fueran un caleidoscopio submarino. Las franjas amarillas de los barbos jóvenes avisan a sus enemigos de que estas criaturas de aspecto inofensivo tienen unas peligrosas espinas venenosas. Sus congéneres adultos llevan una vida mucho más tranquila, pero sus defensas son igual de mortales. Para el barbo rayado, la supervivencia no es sólo cuestión de autopreservación: asegurar la llegada de una nueva generación sana y salva es igual de importante que salvar su propio pellejo, de modo que el padre se dedica a defender a sus crías.

## ¿CUÁNTO MIDE?

## DATOS BÁSICOS

| Longitud | Hasta 30 cm |
|---|---|
| Peso | Hasta 1 kg |
| Presas | Peces pequeños, gambas y gusanos |
| Armas | Espinas venenosas |
| Tiempo de vida | Hasta 6 años |

El barbo rayado se encuentra en los estuarios de los ríos, aguas costeras cálidas y arrecifes de coral de toda la región indopacífica, desde la zona occidental de África y el mar Rojo hasta Samoa por el este y desde el sur de Japón hasta el norte de Australia.

## ¿SABÍAS QUE...?

● Este pez también es conocido como «barbo del coral», «barbo oriental», «barbo anguila rayado», «barbo cola de anguila», «barbo anguila» y «barbo barbero»; nombre este último que sugiere que sus rayas parecen las de los tradicionales signos espirales de las barberías.

● En todo el mundo hay más de 2.000 especies de barbos.

● Los barbos machos de la familia oceánica de los *Ariidae* son todavía mejores padres que los barbos rayados. Después de que una hembra haya depositado sus huevos, el macho se los guarda en la boca, donde permanecen hasta que eclosionan, unos dos meses después. Seguidamente, los alevines se guarecen en su boca durante otro par de semanas.

● Al igual que muchas anguilas, el barbo rayado puede sobrevivir tanto en agua salada como en agua dulce, y algunos remontan ríos. Se han producido avistamientos en el lago Nyasa, en el África oriental, al que llegaron tras haber nadado 1.000 km río arriba desde el océano Índico.

Los huevos frescos de pez son el aperitivo favorito de muchos depredadores y carroñeros marinos. Para mantener a su familia fuera del menú, el barbo rayado macho nunca los mantiene lejos de su vista. Cuando corteja a una hembra excava un agujero en el fondo del mar retorciéndose vigorosamente, y luego la invita a que deposite en él sus huevos. Tras fertilizarlos, mantiene sobre ellos una vigilancia constante hasta que eclosionan, y nunca deja de enseñar sus espinas venenosas a cualquier criatura que se acerque.

Los barbos rayados recién salidos del huevo nadan en cardúmenes para protegerse. Los alevines se lo toman tan en serio y nadan tan cerca unos de otros que a un depredador le puede parecer que en realidad son un único animal, demasiado grande como para ser atacado. Si el peligro se convierte en amenaza, cada alevín se retuerce en todas las direcciones para dificultar que sus enemigos elijan un blanco individual.

# PECES DE AGUA DULCE

# PEZ SIERRA
**Nombre científico:** especie *Pristis*

### HOJA DE SIERRA
La larga y plana hoja está formada por cartílago y se extiende más de un metro por delante de la boca.

### DIENTES DE SIERRA
Cada «diente» crece a partir de la piel y está embutido en una profunda cavidad en el hocico. Afilados en el extremo, su base no deja de crecer.

### FORMA
El pez sierra tiene una cola delgada de tiburón, pero la parte anterior de su cuerpo muestra el aspecto aplanado y las amplísimas aletas pectorales de sus parientes cercanos, las rayas.

### MANDÍBULAS
Cada mandíbula está repleta con cien o más filas de pequeños dientes redondeados, perfectos para morder.

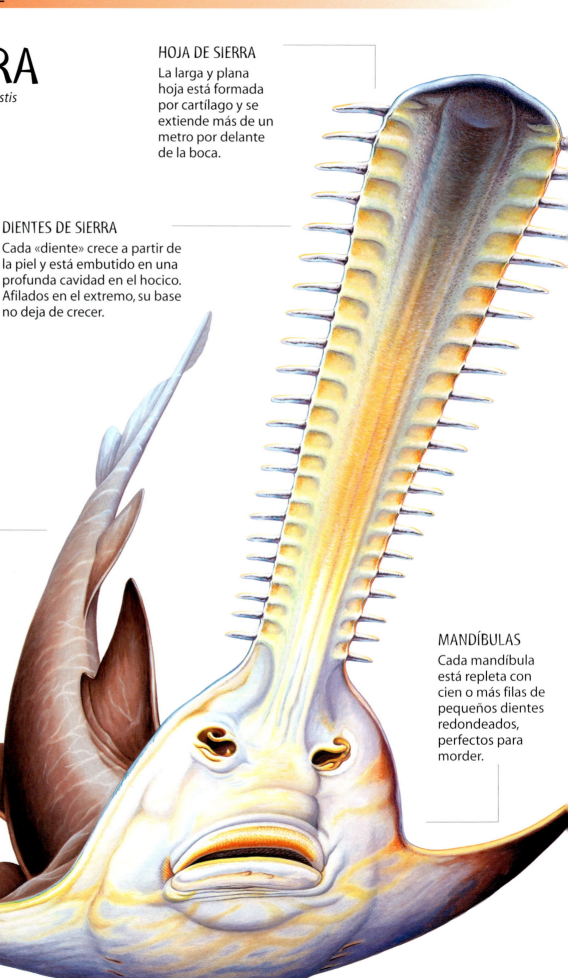

# PEZ SIERRA

La poderosa arma del pez espada es una herramienta versátil. Moviendo su hocico de lado a lado, este gran pez puede rastrillar sedimentos para encontrar cangrejos o moluscos que comer, deshacer grandes cardúmenes de peces, golpear a sus enemigos y enfrentarse a sus rivales. Por lo tanto, cualquiera que atrape a un pez sierra es muy posible que lo lamente. Incluso los especímenes de tamaño moderado tienen gran fuerza y un arma terrible a su disposición, además de ser unos luchadores muy feroces cuando intentan liberarse tras haber sido capturados.

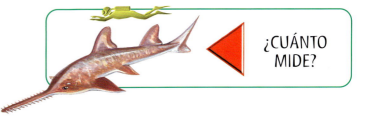

¿CUÁNTO MIDE?

## DATOS BÁSICOS

| | |
|---|---|
| Longitud | Cuerpo hasta 7 m, incluyendo la sierra, de hasta 1,8 m |
| Peso | Más de 2 t |
| Presas | Peces e invertebrados como cangrejos, gusanos y moluscos |
| Armas y ataque típico | Hocico largo dotado a ambos lados de entre 20 y 30 «dientes» en forma de estaca; utiliza su gran velocidad para causar heridas de corte con su mortal sierra |
| Tiempo de vida | Desconocido |

Las seis especies de pez sierra habitan en la mayor parte de las aguas costeras tropicales y subtropicales y también remontan ríos hasta hábitats de agua dulce.

### ¿SABÍAS QUE...?

● El pez peine *(Pristis perotteti)* se ha establecido firmemente tierra adentro en parte de esa zona de distribución. La población que vive en el lago Nicaragua, por ejemplo, parece carecer por completo de salida al mar y puede que se trate de una especie completamente diferente al pez peine que vive en las costas de América Central.

● Al igual que muchos tiburones, el pez sierra da a luz camadas de crías vivas y el cuerpo de una hembra preñada capturada en la costa de Sri Lanka contenía 23 de ellas. Para que el nacimiento y la preñez sean menos peligrosos, los dientes de las sierras de las crías están envueltos con una funda protectora y sus hocicos son blandos y elásticos hasta después de nacer.

**1** Dos pescadores están recogiendo una gran red que han lanzado al río cuando ven que se ha quedado atrapado en ella un pez sierra. La bestia se agita aterrorizada mientras intenta escapar de la malla letal.

**2** Mientras los dos hombres intentan subir al barco su enorme captura, el pez lanza estocadas hacia delante y hacia atrás. Éste alcanza la pierna de uno de los pescadores y le hace una gran herida, antes de conseguir cortar un agujero en la red y escaparse.

# 102 PECES DE AGUA DULCE

# PIRAÑA
**Nombre científico:** especie *Serrasalmus*

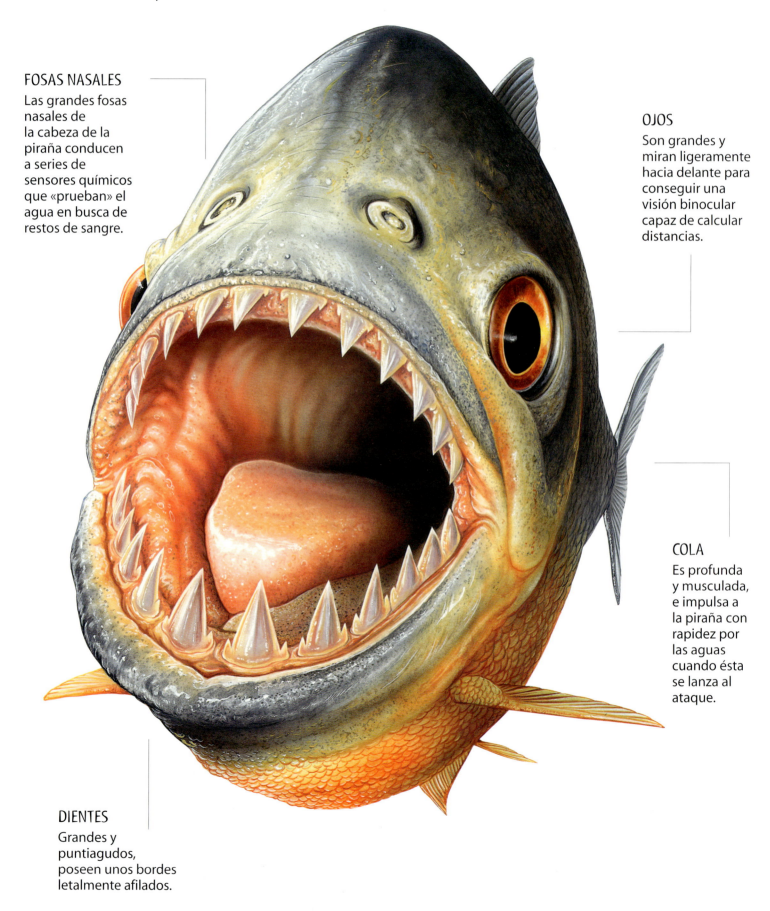

**FOSAS NASALES**
Las grandes fosas nasales de la cabeza de la piraña conducen a series de sensores químicos que «prueban» el agua en busca de restos de sangre.

**OJOS**
Son grandes y miran ligeramente hacia delante para conseguir una visión binocular capaz de calcular distancias.

**COLA**
Es profunda y musculada, e impulsa a la piraña con rapidez por las aguas cuando ésta se lanza al ataque.

**DIENTES**
Grandes y puntiagudos, poseen unos bordes letalmente afilados.

# PIRAÑA 103

La mayor parte de las veces, las pirañas se limitan a dar rápidos bocados a otros peces y a comer cualquier carroña que se les cruce por delante; pero el olor a sangre fresca las convierte en unas asesinas despiadadas, con una increíble habilidad para despedazar animales. Las pirañas son más peligrosas cuando se quedan atrapadas en piscinas al menguar las aguas. Tras días sin comida, la llegada de un animal herido es una invitación al banquete. Al escuchar su zambullida, al saborear su sangre, se lanzan a matar.

¿CUÁNTO MIDE?

## DATOS BÁSICOS

| | | |
|---|---|---|
| Longitud | 15-60 cm, con una media de 30 cm | Las diferentes especies de piraña viven en los sistemas fluviales de la Suramérica tropical, incluyendo el Orinoco (Venezuela), el Amazonas (Brasil) y el Paraná (Argentina). Son especialmente abundantes en el Amazonas. Probablemente, la más grande (hasta 60 cm de longitud) y peligrosa sea la especie *Serrasalmus piraya*, que habita en el río São Francisco de Brasil. |
| Peso | 2 kg o más | |
| Presas | Sobre todo peces, incluidos los de su propia especie | |
| Armas | Dientes triangulares afilados como cuchillas, que se entrelazan | |
| Ataque típico | Locura en masa por alimentarse | |
| Tiempo de vida | Probablemente, unos 5 años | |

### ¿SABÍAS QUE...?

● Es posible que el 19 de septiembre de 1981 las pirañas se comieran a más de 300 personas tras el hundimiento de un barco en Obidos, en el Amazonas.

● Los grupos de pirañas se suelen colocar debajo de los árboles ocupados por pájaros que están criando, con la esperanza de poder comerse a las crías que se caigan al agua.

● En Brasil, cuando los granjeros hacen que los rebaños crucen una corriente de agua, es probable que pierdan un animal debido a las pirañas. Se dice que algunos ganaderos sacrifican un animal débil o herido para asegurarse de que los demás cruzan sin peligro.

● Los nativos de la cuenca del Amazonas utilizan dientes de piraña como herramientas para cortar.

**1** Herida por un jaguar, una capibara se mete en el agua chorreando sangre. En cuestión de segundos docenas de pirañas llegan y comienzan a dar vueltas en torno al aturdido animal en la poco profunda bañera. De repente, una se lanza y clava los dientes en la capibara. El pez se retuerce para arrancarle un sangriento pedazo y luego se aleja para tragárselo.

**2** Momentos después el agua enrojece en un torbellino de carne, piel y peces, mientras una tras otra las pirañas se lanzan al ataque. Luchando de forma instintiva por mantener la cabeza fuera del agua y seguir respirando hasta el último momento, la capibara prolonga su agonía. El final no queda muy lejos, pues los peces reducirán al animal a un esqueleto en cuestión de minutos.

# PECES DE AGUA DULCE

# SILURO
**Nombre científico:** *Silurus glanis*

**COLOR**
El color gris con motas del dorso ayuda al siluro a camuflarse entre las algas y el barro de los ríos y lagos donde habita.

**PIEL**
Con su piel lisa, pegajosa y sin escamas, el pez se desliza sin problema por entre las abundantes algas.

**CUERPO**
El cuerpo del animal es largo y apuntado, con un vientre aplanado para poder quedarse apoyado sobre el fondo del río mientras las aguas fluyen.

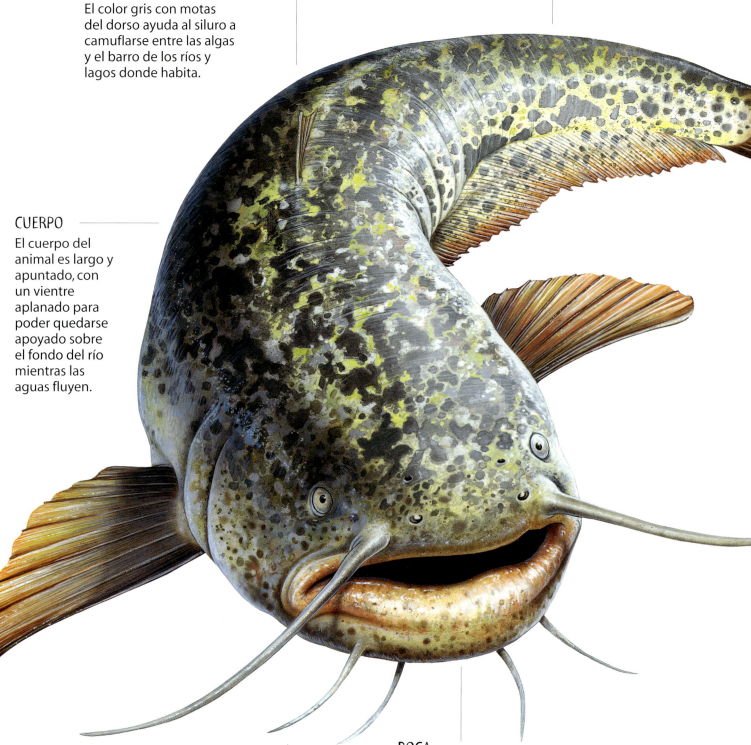

**BARBOS**
Estos largos y blandos órganos están densamente recubiertos de sensores del tacto y el gusto.

**BOCA**
Su gran boca sólo contiene dientes pequeños, de modo que se traga a las presas enteras.

# SILURO

Uno de los peces de agua dulces más grandes que existen, esta bestia colosal es considerada por los pescadores como una presa muy valiosa. Alcanza este gran tamaño comiendo peces, ranas y aves acuáticas; de hecho, se traga cualquier cosa que pueda introducirse en la boca. El siluro está perfectamente adaptado a la vida en las profundidades de ríos y lagos, sombrías y repletas de algas. Sus largos barbos son mejores que los ojos para navegar por entre la escasa luz y su potente sentido del gusto no tarda en saber cuándo hay un suculento bocado. Al detectar a una presa desde la penumbra de las profundidades, el siluro se coloca en la posición adecuada para lanzar un ataque sorpresa.

### ¿CUÁNTO MIDE?

### DATOS BÁSICOS

| Longitud | Hasta 5 m |
| Peso | Hasta 300 kg |
| Presas | Peces, aves acuáticas, ranas, pequeños mamíferos y carroña |
| Armas | Una boca inmensa |
| Tiempo de vida | Hasta 30 años |

Los siluros son nativos de la Europa oriental. Se encuentran tan al este como el mar de Aral, por el norte hasta el Báltico y entorno a los mares Negro y Caspio por el sur. Los siluros han sido introducidos (de forma tanto legal como ilegal) en los sistemas fluviales de Portugal, España, Inglaterra, Francia y Alemania.

### ¿SABÍAS QUE...?

- El siluro macho es un padre devoto. Construye un nido para los huevos de la hembra ampliando una pequeña depresión en el fondo del río o lago y luego rellenándola con algas. Después de que la hembra desove en el nido, el macho hace guardia hasta que los huevos comienzan a eclosionar.

- La hembra pone hasta medio millón de huevos a la vez. Por fortuna, son muy pocas las crías que sobreviven o los sistemas fluviales no tardarían en quedar colapsados. Las crías de siluro son cazadas y comidas con ansia por otros peces depredadores, incluidos otros siluros.

- En el este de Europa los siluros se comen y en Hungría incluso se han creado piscifactorías para criarlos.

- El siluro es un cazador tan poco discriminador y tan voraz que los pescadores los han atrapado utilizando cebos de lo más variado, incluidos despojos, sangre de cerdo coagulada y carne picada de animales muertos encontrados aplastados en una carretera.

**1** Perfilado por el brillo de la luna, una carpa nada cerca de la superficie, sin darse cuenta del gigantesco siluro que emerge lentamente desde las oscuras aguas del fondo. Mientras la carpa continúa su camino, el asesino se acerca todavía más.

**2** Lanzándose contra la superficie, el siluro abre su inmensa boca. La mandíbula se cierra con fuerza y la carpa desaparece. Con un gran bocado, el cazador regresa a su guarida.

# 106 MEDUSAS, PULPOS Y CALAMARES

# MEDUSAS, PULPOS Y CALAMARES

*De todas las extrañas y maravillosas criaturas marinas de la Tierra, las medusas, los pulpos y los calamares son, posiblemente, las más peculiares.*

Sobre todo porque tienen las formas más extravagantes. La anémona de mar, por ejemplo, posee unos largos tentáculos que le dan un bonito aspecto florido. El calamar gigante es todo él largos y gruesos tentáculos y un cuerpo que surge de lo que parece un pez sin cabeza. La medusa de león ártica es la más grande del mundo, con un diámetro de más de 2 m y un cuerpo con forma de paraguas del que cuelgan mil tentáculos, cado uno de los cuales puede llegar a medir 35 m de largo. Una de las medusas mejor conocidas y más mortales es la fragata portuguesa, que flota en la superficie del océano con una bolsa llena de gas. Pero mejor no llevarse a engaño, porque por muy fascinante que puedan parecer estos extraños rasgos, no son un elemento decorativo. En su extraña belleza la anémona de mar oculta la ingente cantidad de células urticantes que se encuentran en sus tentáculos. Los del calamar gigante poseen una doble fila de ventosas para agarrar a su presa. Los tentáculos de la medusa melena de león ártica y de la fragata portuguesa pueden infligir picaduras muy dolorosas y a veces mortales, mientras penden debajo de ellas según se dejan llevar por el agua a la espera de que se acerquen víctimas potenciales.

MEDUSAS, PULPOS Y CALAMARES

# ANÉMONA DE MAR
**Nombre científico:** orden *Actiniaria*

**DISCO ADHESIVO**
La anémona se agarra a la roca con un disco parecido a una ventosa, pero si es necesario puede moverse para escapar de algún problema o encontrar un sitio mejor para alimentarse.

**CUERPO**
El cuerpo está formado por capas interiores y exteriores de células separadas por gelatina, exactamente igual que el cuerpo de las medusas.

**BOCA**
Los tentáculos llevan presas hasta la boca central, que se abre para engullirlas.

**TENTÁCULOS**
Cada tentáculo está dotado de células urticantes, o nematocistos. Muchas especies pueden contraer sus tentáculos dentro del cuerpo cuando se las molesta o quedan expuestas al aire.

# ANÉMONA DE MAR    109

Las anémonas de mar parecen bonitas y plácidas, pero pueden mostrar un sorprendente mal genio. Les gusta mantener su territorio y pueden producirse problemas si otra anémona se asienta demasiado cerca. El ocupante ataca al recién llegado con los tentáculos dotados de una cantidad extra de grupos de células urticantes, hasta que éste se aleja arrastrándose. Con sus barbos urticantes listos, la anémona de mar espera, anclada a una roca, a que una víctima pase nadando cerca de ella y se roce contra sus tentáculos. Puede que pasen horas sin hacer nada, pero un jugoso langostino o un regordete pececillo bien merecen la espera.

## ¿CUÁNTO MIDE?

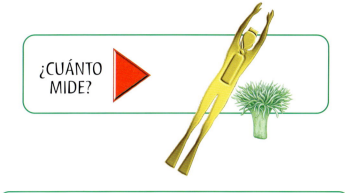

## DATOS BÁSICOS

| | |
|---|---|
| Longitud | Desde 1 cm hasta 1 m, dependiendo de la especie |
| Presas | Peces pequeños, gambas, gusanos y animales planctónicos |
| Veneno | Inyectado por las células urticantes de sus tentáculos |
| Tiempo de vida | Algunas especies, hasta más de 70 años |

Las anémonas de mar se encuentran en todos los mares y océanos del mundo, sobre todo en rocas y arrecifes, aunque algunas viven en aguas profundas. La mayoría de las especies grandes y peligrosas viven en los trópicos.

## ¿SABÍAS QUE...?

● Todas las anémonas de mar pueden desplazarse. Algunas se arrastran sobre rocas y arrecifes con sus discos ventosa. Otras se dan la vuelta y caminan sobre sus tentáculos. Algunas incluso pueden nadar, flexionando sus cuerpos y agitando sus tentáculos con rapidez.

● Las anémonas que viven en la zona del cambio de mareas son especialmente agresivas con sus vecinos. Las hay rojas y verdes y por algún motivo las rojas siempre derrotan a las verdes.

● Las anémonas que viven en la zona del cambio de marea pueden contraer sus tentáculos hasta convertirse en un montón de gelatina y segregar una mucosidad que las envuelve y protege, de tal modo que cuando llega la marea baja pueden sobrevivir durante varias horas fuera del agua.

● Algunas anémonas se reproducen dividiéndose en dos, convirtiéndose cada mitad en un animal independiente. En otras especies hay machos y hembras. En algunas, los huevos eclosionan dentro de la hembra, que luego «pare» a crías de anémona.

En el cálido mar Rojo, los tentáculos de una anémona atraen peces pequeños cuando se agitan como si fueran gusanos. Cuando el pez toca alguno de ellos, estos desencadenan una salva fatal de picaduras.

**1**

**2** Paralizado por las picaduras venenosas, el pez es incapaz de resistirse a los tentáculos que lo arrastran hacia la boca de la anémona y desaparece en la flexible cavidad corporal del animal.

**3** Los poderosos jugos digestivos de la anémona comienzan a trabajar y, disolviendo la carne e intestinos de la víctima. Posteriormente, la anémona escupirá los restos no digeribles del pez, que serán comidos por gambas y cangrejos.

MEDUSAS, PULPOS Y CALAMARES

# CALAMAR GIGANTE
**Nombre científico:** *Architeuthis dux*

### PIEL
Los órganos cromáticos de la piel, llamados cromatóforos, permiten al calamar cambiar el color y el dibujo de la misma, quizá para confundir tanto a sus depredadores como a sus presas.

### OJOS
Unos ojos inmensos del tamaño de platos permiten al calamar cazar en las profundidades del océano, donde penetra escasa luz.

### BRAZOS
Son más gruesos y poderosos que los tentáculos que utiliza para alimentarse, y tienen una fila doble de ventosas que agarran a sus presas y las arrastran hasta su pico óseo.

### TENTÁCULOS PARA ALIMENTARSE
Con sus aplanados extremos dotados de inmensas ventosas, los largos tentáculos en forma de látigo del calamar pueden moverse a velocidades increíbles para atrapar a su presa.

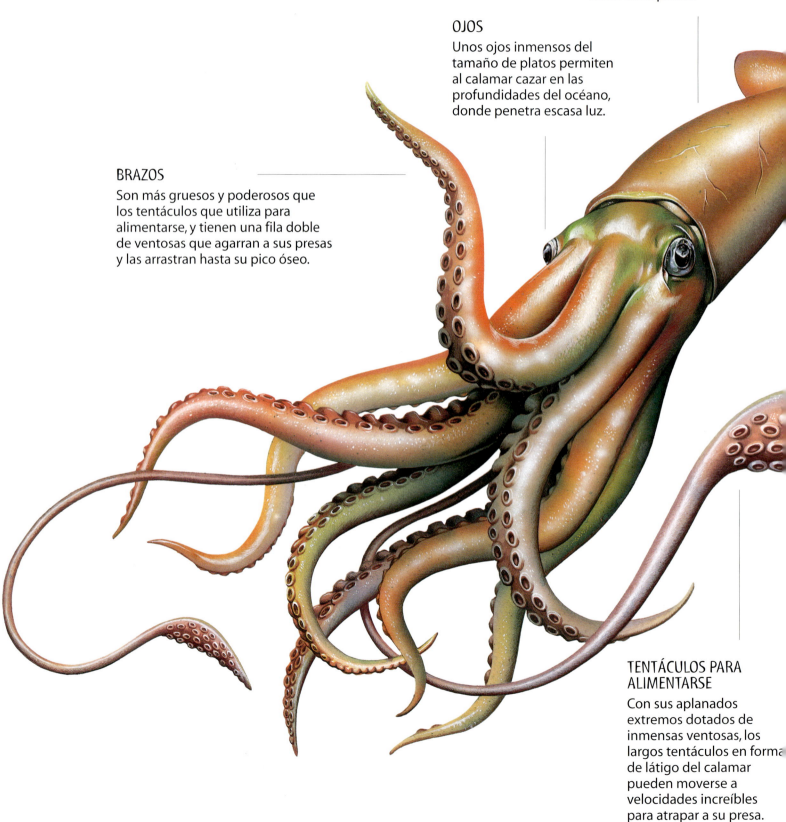

# CALAMAR GIGANTE 111

Los marineros llevan siglos contando historias de inmensas serpientes que aplastan barcos o de criaturas de muchas cabezas con colas que se enroscan. A juzgar por los dibujos que acompañan algunos relatos, probablemente se trate de descripciones de calamares gigantes. La cabeza y el cuello de las serpientes pueden haber sido los largos tentáculos para alimentarse de los calamares. Una bestia de muchas cabezas puede haber sido un calamar con muchos brazos. La cola y aletas de un calamar gigante pueden confundirse fácilmente con la cabeza erguida de una serpiente marina. Un obispo noruego del siglo XVIII describió el monstruo conocido como kraken como una bestia con cuerpo cilíndrico grueso, cabeza apuntada, apéndices colgantes que arrastra y ojos grandes como platos de peltre.

¿CUÁNTO MIDE?

### DATOS BÁSICOS

| | |
|---|---|
| Longitud | Probablemente 18 m |
| Peso | Hasta 1 t |
| Extremidades | 8 brazos y 2 tentáculos |
| Ojos | Hasta 40 cm de diámetro |
| Presas | Peces y otros calamares |
| Depredadores | Cachalotes |
| Modo de vida | 500-1.500 m |
| Tiempo de vida | Desconocido |

El calamar gigante vive en los océanos más profundos, pero las mayores concentraciones se han encontrado en las costas de Newfoundland (Noruega), el oeste y el sur de África, Nueva Zelanda, Australia y EE.UU.

Lo poco que se conoce sobre ellos se basa en los animales que han embarrancado en la playa o el comportamiento de sus parientes más pequeños. Haciendo que el agua pase por su manto, el calamar gigante puede alcanzar velocidades de 37-46 km/h. Ventosas y bultos pareados en sus tentáculos actúan como corchetes para mantener entrelazados los tentáculos cuando éstos abrazan algo. El calamar lanza sus tentáculos contra cardúmenes de presas con las zonas aplanadas del extremo actuando como los dientes de unos alicates gigantes. Los brazos arrastran a las presas capturadas hasta el afilado pico central. Los ojos, más grandes que platos, no tienen párpados y por lo tanto nunca parpadean.

## ¿SABÍAS QUE...?

● El calamar gigante posee los ojos más grandes del mundo animal y puede detectar movimientos diminutos en las condiciones de oscuridad de las grandes profundidades, donde la mayoría de las criaturas son ciegas.

● En la década de 1930, un barco noruego fue atacado tres veces por un calamar gigante que lo confundió con una ballena.

● El calamar gigante más pequeño descubierto hasta el momento tenía 10 cm de largo, acababa de salir del huevo y fue encontrado en 1981 en las redes de un barco de investigación australiano a una profundidad de sólo 20 m.

● El calamar gigante macho inyecta su esperma en la piel de la hembra, donde ésta lo almacena hasta que está lista para fertilizar sus millones de diminutos huevos.

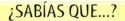

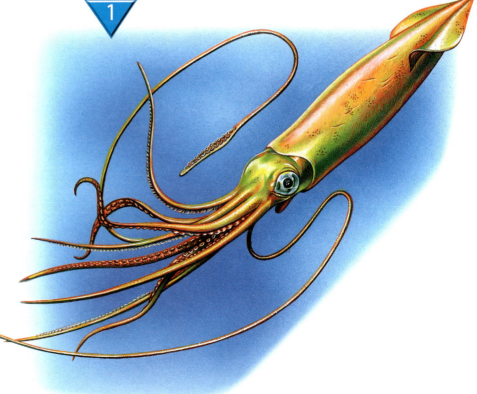

1

# MEDUSAS, PULPOS Y CALAMARES

# AVISPA DE MAR

**Nombre científico:** especies *Chironex, Chiropsalmus, Carukia*

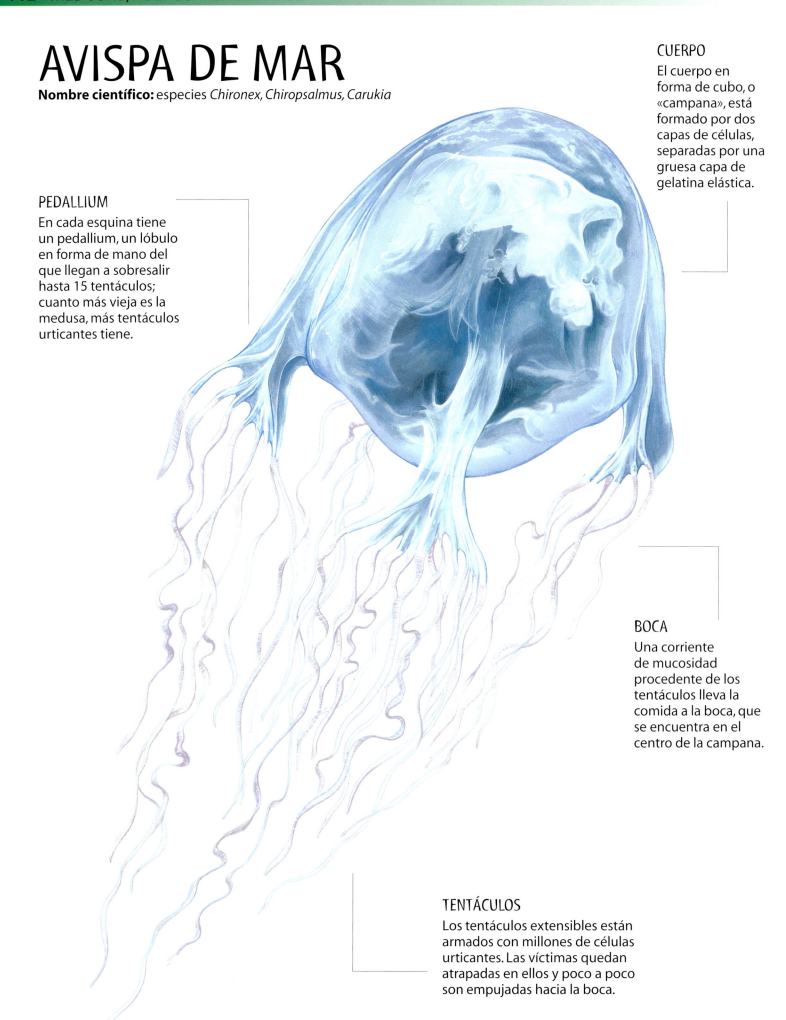

### PEDALLIUM
En cada esquina tiene un pedallium, un lóbulo en forma de mano del que llegan a sobresalir hasta 15 tentáculos; cuanto más vieja es la medusa, más tentáculos urticantes tiene.

### CUERPO
El cuerpo en forma de cubo, o «campana», está formado por dos capas de células, separadas por una gruesa capa de gelatina elástica.

### BOCA
Una corriente de mucosidad procedente de los tentáculos lleva la comida a la boca, que se encuentra en el centro de la campana.

### TENTÁCULOS
Los tentáculos extensibles están armados con millones de células urticantes. Las víctimas quedan atrapadas en ellos y poco a poco son empujadas hacia la boca.

# AVISPA DE MAR

La mayoría de las medusas son circulares, pero la avispa de mar tiene un cuerpo con forma de cubo de gelatina redondeado. Los tentáculos, repletos de células urticantes, cuelgan hasta 3 m en el agua y algunas especies están dotadas de un veneno que puede matar a una persona sin problemas. Las avispas de mar se suelen encontrar en enjambres y se mueven más rápido de lo que una persona puede caminar en el agua, lo que las convierte en una verdadera amenaza. Por si esto fuera poco, la criatura es transparente, de modo que durante años nadie supo qué era aquello que hacía que los bañistas salieran corriendo hacia la orilla gritando de agonía, agarrando las hebras profundamente clavadas en su piel.

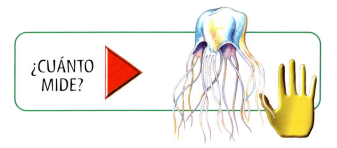

¿CUÁNTO MIDE?

## DATOS BÁSICOS

| | |
|---|---|
| Longitud | Hasta 15 cm |
| Tentáculos | Hasta 3 m cada uno, con un total de 100 m |
| Presas | Gambas, langostinos y peces pequeños |
| Veneno | Inyectado por los nematocistos; puede matar en menos de 5 minutos |

Se encuentran en todo el mundo, pero las más peligrosas viven en las aguas costeras poco profundas del norte de Australia y el sureste de Asia. Entre estas especies se cuentan las avispas de mar *Chironex*, *Chiropsalmus* y *Carukia*.

## ¿SABÍAS QUE...?

- Las avispas de mar no pueden picar a través de una media de nailon, de modo que esto era lo que los salvavidas llevaban puesto antes de que se inventaran los trajes protectores especiales.

- Las avispas de mar se sienten atraídas por la luz y muchas personas resultan picadas por la noche, cuando nadan cerca de sus barcos iluminados o de puertos.

- Si una avispa de mar pierde tentáculos le nacen otros nuevos.

- Una vez que un nematocisto se ha disparado, no puede ser recogido. Hay que reemplazar la célula, lo que tarda unos dos días en producirse.

- La increíble potencia de la picadura de la avispa de mar probablemente sea una defensa contra los peces grandes que quedan enredados en sus tentáculos. Los animales de gran tamaño han de ser inutilizados con rapidez, antes de que dañen el blando cuerpo de la medusa.

- Sorprendentemente, la tortuga carey puede comerse a la avispa de mar y parece ser inmune a su picadura.

**1** Con contracciones de su cuerpo transparente, una avispa de mar nada tranquila por entre las poco profundas aguas de la orilla. Para la gente que está jugando a las paletas no muy lejos resulta prácticamente invisible. Sus largos tentáculos se extienden metros por detrás de ella, repletos de unas bandas de células que descargan veneno conocidas como nematocistos.

**2** Cuando los tentáculos rozan la piel del bañista se agarran a ella. Al retroceder, sólo consigue enredarse más, cuando los tentáculos comienzan a hacer que le duela la piel.

**3** La quemazón es producida por el veneno de los arpones microscópicos de los nematocistos. Unas cápsulas presurizadas contienen filamentos terminados en agujas con tapas pilosas que los disparan al menor toque. Los filamentos tienen puntas y barbos venenosos que se clavan en la piel del bañista, que cuando se restriega la zona que le duele sólo consigue que se le claven más células.

# MEDUSAS, PULPOS Y CALAMARES

# ORTIGA DE MAR
**Nombre científico:** especie *Chrysaora*

**TENTÁCULOS**
Están recubiertos de agujas, que se clavan al contacto con la presa.

**BRAZOS ORALES**
Envuelven a la presa y la acercan a la boca, donde es tragada entera.

# ORTIGA DE MAR 115

Una ortiga de mar tiene un cuerpo en forma de campana con 24 largos tentáculos urticantes. La boca se encuentra en el centro de la parte inferior y cuenta con cuatro brazos orales en forma de cinta de tela. La criatura se mueve contrayendo los músculos de su cuerpo, lo que a su vez contrae el tejido similar a la gelatina y hace que el agua salga expulsada del mismo, empujando a la medusa en dirección contraria. Siempre en movimiento, la ortiga de mar arrastra sus tentáculos tras de sí, repletos de nematocistos (unas células que contienen un pincho enrollado). Cuando un roce o algún producto químico en el agua hacen que se dispare, cada uno lanza un arpón venenoso hacia el blanco. Paralizada, la presa queda indefensa mientras los brazos orales la arrastran hacia la boca de la medusa.

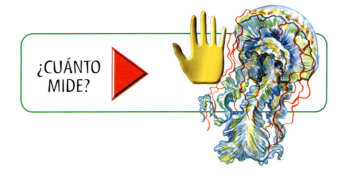

¿CUÁNTO MIDE?

### DATOS BÁSICOS

| | |
|---|---|
| Longitud | La campana, hasta 1 m |
| Presas | Plancton animal, peces, huevas y otras medusas |
| Armas | Células urticantes activadas al tacto en sus tentáculos |
| Tiempo de vida | Desconocido |

La ortiga de mar de la costa este *(Chrysaora quinquecirrha)* vive en la costa atlántica de Norteamérica, desde Massachussetts hasta México y el Caribe. Otras especies, como la ortiga de mar de la costa oeste *(Chrysaora flucescens),* viven en las aguas costeras del Pacífico.

## ¿SABÍAS QUE...?

● Las ortigas de mar reciben su nombre de la ortiga europea, una planta con diminutas espinas en las hojas que causa un doloroso sarpullido. Los primeros colonos británicos le pusieron su nombre a las medusas locales, que veían en enjambres.

● Al contrario que la mayoría de las medusas, las ortigas de mar prosperan en aguas de mar con poco contenido de sal, como las de bahías y estuarios. Las tortugas de mar y los peces depredadores se mantienen alejados de estas aguas y tampoco hay muchas más medusas que compitan por el alimento.

● Las ortigas de mar son útiles para la industria ostrífera, porque se tragan a las medusas que de otro modo se alimentarían de las larvas de las ostras, que nadan libremente. Las ortigas de mar también se comen estas larvas, pero luego las expulsan sin digerir y sin daño.

● En ocasiones, durante sus viajes por el océano, la ortiga de mar consigue un autoestopista en forma de pequeño cangrejo, que se esconde dentro de la campana de la medusa para viajar gratis.

**1** Dos quinceañeros juegan en el mar dentro de una barca de goma, desafiándose a ver quién aguanta más tiempo de pie. Mientras se mueven intentando mantener el equilibrio, uno de ellos cae al mar.

Sin que los chicos se hayan dado cuenta, un grupo de ortigas de mar estaba pasando bajo ellos, con sus largos tentáculos listos. El chico cae justo en medio del enjambre, que dispara miles de barbos urticantes contra su piel.

**2**

# MEDUSA MELENA DE LEÓN ÁRTICA

**Nombre científico:** *Cyanea capillata*

### CAMPANA
La gruesa y lisa campana cambia de forma mientras la medusa nada. Es rosa en los ejemplares jóvenes, se vuelve rojiza según van madurando y termina siendo de un color púrpura amarronado.

### MÚSCULOS
Cuando los músculos se contraen, la campana adquiere forma de copa e impulsa a la medusa por el agua. Cuando los músculos se relajan, la medusa adopta forma de plato.

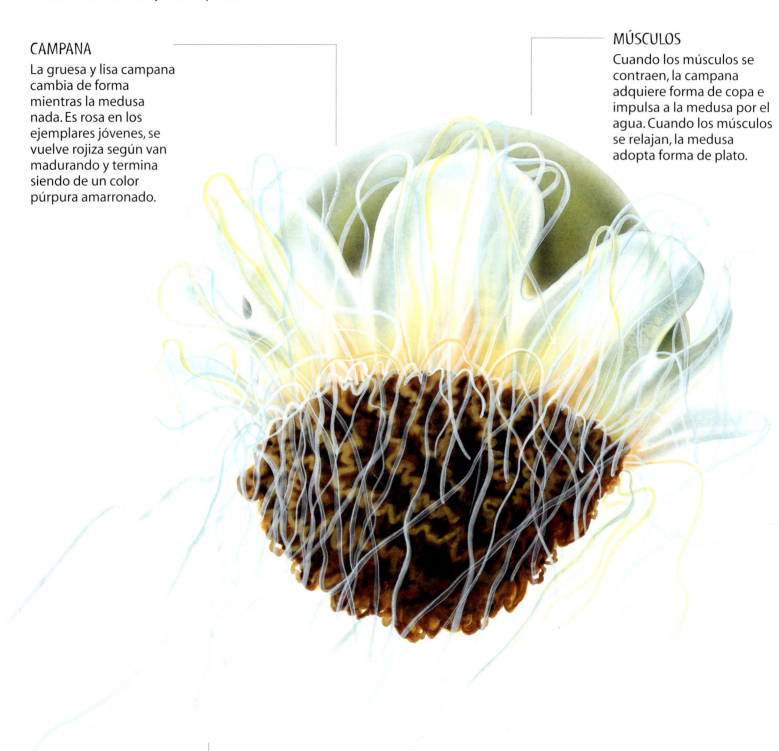

### TENTÁCULOS
Los tentáculos filamentosos están dispuestos en ocho grupos a lo largo del borde de la campana. Cada manojo contiene entre 75 y 150 tentáculos, que son transparentes para camuflarlos.

## MEDUSA MELENA DE LEÓN ÁRTICA 117

Con cientos de mortales tentáculos flotando tras su cuerpo con forma de paraguas, la medusa melena de león ártica puede picar incluso cuando está muerta, siempre que sus tentáculos estén mojados. La melena de león ártica es una de las medusas más grandes del mundo y tiene una picadura abrasadora y atroz. Afortunadamente, este vagabundo tóxico vive lejos de la costa, pero en ocasiones grandes números invaden las aguas poco profundas, picando a los bañistas desprevenidos y, a veces, cobrándose una vida.

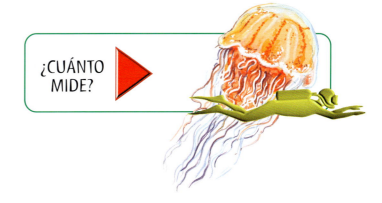
¿CUÁNTO MIDE?

### DATOS BÁSICOS

| | | |
|---|---|---|
| Longitud | Desde 30 cm hasta más de 2 m | |
| Tentáculos | Hasta 1.000, que pueden llegar a medir 35 m | |
| Presas | Peces pequeños y otras medusas | La medusa melena de león ártica vive en las aguas norteñas del Atlántico y el Pacífico, así como en los mares circundantes. |
| Armas | Numerosas células urticantes | |
| Tiempo de vida | Desconocido | |

### ¿SABÍAS QUE...?

● Como otras medusas y criaturas marinas, la medusa melena de león ártica es capaz de brillar en la oscuridad, produciendo su propia luminiscencia natural.

● Algunos peces jóvenes desarrollan una capa de mucosidad que los hace inmunes al veneno de la melena de león ártica. A veces un bacalao, abadejo, pescadilla o caballa joven busca protección entre su cortina de tentáculos, viajando con la medusa durante cientos de kilómetros.

● En 1865 embarrancó en las costas de Massachussetts el espécimen más grande que se conoce de medusa melena de león ártica. Su campana tenía 2,3 m de anchura y el más largo de sus tentáculos alcanzaba más de 36 m. No se conoce ninguna otra especie de medusa que alcance este tamaño. En cambio, las especies oceánicas más pequeñas tienen un diámetro de campana de menos de 2 cm cuando han terminado de crecer.

**1** Un chiquillo juguetea en una tranquila playa, sin saber que en su camino hay una medusa melena de león ártica muerta. Cuando se tropieza con ella, sus tentáculos le pican en el pie.

**2** El chico grita cuando el dolor recorre su pie, y la medusa muerta continúa picándole mientras intenta librarse de la maraña de tentáculos. Su familia, que se encuentra cerca, escucha sus gritos agónicos y se acerca a socorrerlo. En el futuro el chico tendrá más cuidado cuando vaya paseando por la playa.

# PULPO GIGANTE
**Nombre científico:** *Enteroctopus dofleini*

**CUERPO**
Como el pulpo no posee un caparazón protector, confía en el camuflaje y la velocidad para escapar de sus enemigos. Para propulsarse a chorro escupe agua por una boca conectada con la cavidad de las agallas.

**OJOS**
Las pupilas de ranura permanecen horizontales, no importa la postura en la que descanse el pulpo.

**PIEL**
La piel está salpicada por unas células llamadas cromatóforos. Contrayéndolas y dilatándolas, el pulpo puede cambiar de color.

**VENTOSAS**
Le conceden un buen agarre sobre sus presas y sobre el fondo marino. También están dotadas de sensores especiales de tacto y gusto, conectados directamente con su gran cerebro.

# PULPO GIGANTE

Un poderoso molusco, el pulpo gigante del Pacífico es más inteligente que cualquier pez o reptil del planeta, a pesar de ser un pariente lejano de las babosas y caracoles de nuestros jardines. No es una criatura a la que se pueda molestar a la ligera. Tiene una envergadura máxima de tentáculos de 7 m o más y más de 2.000 poderosas ventosas. Inteligente e inquisitivo, el pulpo gigante se interesa mucho por todo lo que sucede en torno a su madriguera.

¿CUÁNTO MIDE?

## ¿SABÍAS QUE...?

● A pesar de su tamaño, el pulpo gigante del Pacífico tiene enemigos. Focas, peces grandes y nutrias marinas, a todos les encanta el pulpo y atacan sin pensárselo al gigante del Pacífico. Un estudio ha demostrado que al menos la mitad de los pulpos gigantes del Pacífico que viven en la costa de Alaska presentan cicatrices de batalla. Algunos incluso pierden tentáculos durante los enfrentamientos, pero éstos les terminan creciendo de nuevo.

● El pulpo gigante del Pacífico tiene un gran apetito y come hasta 8 cangrejos de 5-10 cm cada noche, añadiéndole casi un 2% a su peso diariamente. Cuando sólo tiene un año pesa entre 0,5-1 kg, pero al llegar a los tres años ya pesa 15 kg.

● Hay documentación bastante fiable de pulpos gigantes del Pacífico que pesaban más de 135 kg y de uno que pesaba más de 180 kg.

● La hembra deposita casi 100.000 huevos y luego los vigila, airea y limpia sin comer hasta que eclosionan, siete meses después. Luego muere de inanición.

### DATOS BÁSICOS

| | |
|---|---|
| Tentáculos | 7 m o más |
| Peso | Por lo general hasta 49 kg, pero ocasionalmente 70 kg o más |
| Presas | Sobre todo cangrejos pequeños, vieiras, berberechos, almejas y peces |
| Tiempo de vida | 3-5 años |

El pulpo gigante del Pacífico vive en la plataforma continental del Pacífico Norte, desde el sur de California hasta el norte de Alaska, por las islas Aleutianas y por el sur de nuevo hasta Japón.

 **1**

Saliendo silencioso de su escondrijo bajo una roca, un pulpo gigante del Pacífico extiende su largo tentáculo y lo enrolla en la pierna de un buceador. Como resulta comprensible, la reacción inmediata del hombre es de pánico, pero el pulpo sólo está siendo curioso. Habiendo probado el peculiar sabor del traje de neopreno con sus ventosas, el amable gigante suelta su presa y se desliza fuera de la vista.

MEDUSAS, PULPOS Y CALAMARES

# PULPO DE ANILLOS AZULES

**Nombre científico:** especie *Hapalochlaena*

**OJOS**
Crean unas imágenes tan buenas que el pulpo es capaz de reconocer a muchas de sus presas favoritas sólo con la vista.

**ANILLOS AZULES**
Cuanto más asustado está, más grandes son los anillos, relampagueando más rápido y con más brillo.

**VENTOSAS**
Cada tentáculo posee filas de ventosas que se pegan con rapidez, incluso a las presas más escurridizas.

**TENTÁCULOS**
Los ocho largos tentáculos se introducen por grietas y agujeros en busca de presas y se enroscan sobre sus víctimas en un abrazo cada vez más apretado.

# PULPO DE ANILLOS AZULES

Cuando un pulpo de anillos azules está nervioso, sus bellos colores lucen con un brillo extra. La energía que recorre sus nervios dispara una reacción en las células del color de su piel. Mientras alguna de las células más oscuras crean puntos de color más pequeñas, las azul brillante se hacen más grandes y producen un efecto sorprendente. El pulpo es letal, pero no todos los depredadores del arrecife lo saben, de modo que sus brillantes colores actúan a modo de aviso para sus potenciales enemigos.

¿CUÁNTO MIDE?

## DATOS BÁSICOS

| | | |
|---|---|---|
| LONGITUD | El *Hapalochlaena maculosa* hasta 12 cm; el *Hapalochlaena lunata* hasta 20 cm | Hay dos especies de pulpo de anillos azules. El *Hapalochlaena maculosa* vive en aguas cálidas poco profundas en la costa sur de Australia; el *Hapalochlaena lunata* se encuentra en las aguas tropicales poco profundas del Indopacífico, desde el norte de Australia hasta el sur del Japón. Abunda sobre todo en los arrecifes de coral. |
| PRESAS | Mariscos, peces pequeños, cangrejos y otros crustáceos | |
| MODO DE VIDA | Lugares rocosos y arrecifes de coral | |
| ATAQUE TÍPICO | Un único mordisco | |
| VENENO | Una toxina paralizante llamada tetrodotoxina (TTX) | |
| TIEMPO DE VIDA | Hasta 2 años | |

### ¿SABÍAS QUE...?

● Si un pulpo de anillos azules pierde uno de sus tentáculos en una lucha con un depredador simplemente le crece otro.

● Después de que una hembra de pulpo de anillos azules deposite sus huevos, los carga en sus tentáculos para protegerlos hasta que eclosionan.

● El pulpo de anillos azules puede vivir un tiempo sorprendentemente largo fuera del agua. Se sabe que especímenes capturados han salido de sus tanques en busca de comida.

● Una cría de pulpo de anillos azules escapa de sus depredadores lanzando un chorro de tinta al agua. Según se van desarrollando sus glándulas venenosas y sus anillos azules, sus sacos de tinta se secan.

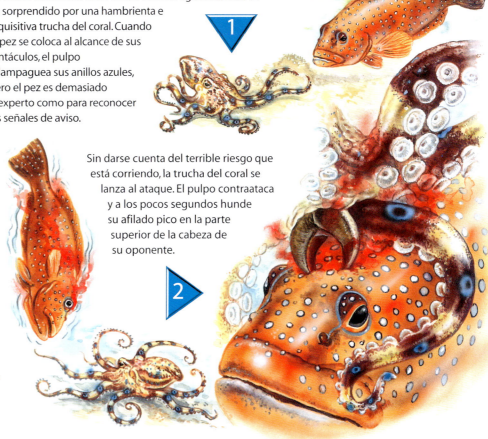

Un pulpo de anillos azules emerge de su madriguera para ir en busca de comida fuera del arrecife. En aguas abiertas se ve sorprendido por una hambrienta e inquisitiva trucha del coral. Cuando el pez se coloca al alcance de sus tentáculos, el pulpo relampaguea sus anillos azules, pero el pez es demasiado inexperto como para reconocer las señales de aviso. **1**

Sin darse cuenta del terrible riesgo que está corriendo, la trucha del coral se lanza al ataque. El pulpo contraataca y a los pocos segundos hunde su afilado pico en la parte superior de la cabeza de su oponente. **2**

El mordisco inyecta una dosis masiva de veneno, que recorre el cuerpo del pez agarrotando sus músculos. Atacado por espasmos, el pez se aleja para morir, mientras que el pulpo escapa sin problemas. **3**

# CALAMAR OPALESCENTE

**Nombre latino:** *Loligo opalescens*

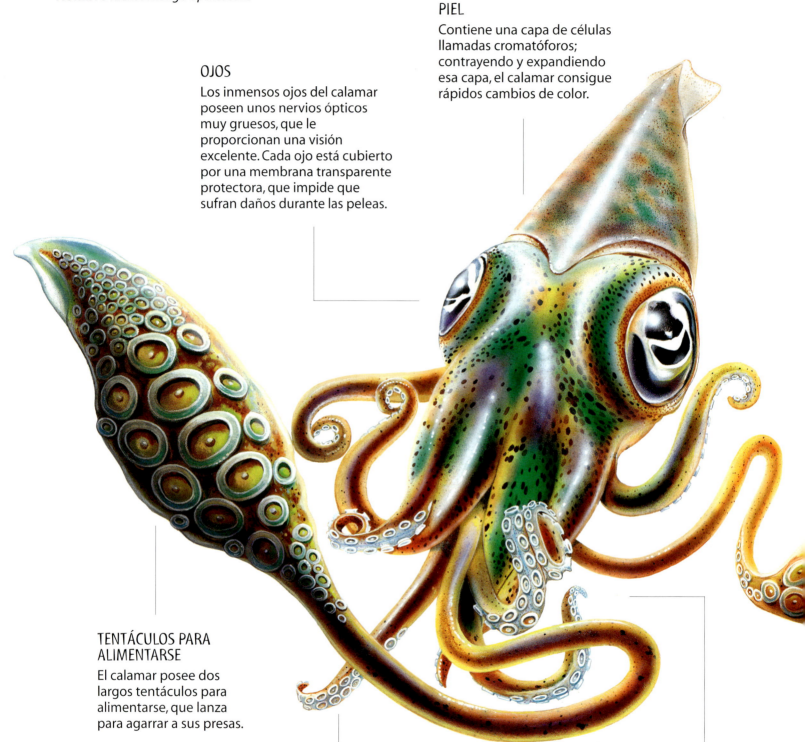

**OJOS**
Los inmensos ojos del calamar poseen unos nervios ópticos muy gruesos, que le proporcionan una visión excelente. Cada ojo está cubierto por una membrana transparente protectora, que impide que sufran daños durante las peleas.

**PIEL**
Contiene una capa de células llamadas cromatóforos; contrayendo y expandiendo esa capa, el calamar consigue rápidos cambios de color.

**TENTÁCULOS PARA ALIMENTARSE**
El calamar posee dos largos tentáculos para alimentarse, que lanza para agarrar a sus presas.

**VENTOSAS**
Cada tentáculo está provisto de poderosas ventosas, que agarran a las resbaladizas víctimas del calamar.

**BRAZOS**
Además de sus dos tentáculos para alimentarse, el calamar tiene otros ocho brazos más cortos y repletos de ventosas, que utiliza para llevarse a las presas a la boca, la cual cuenta con un pico que inyecta veneno y está situado en su base.

# CALAMAR OPALESCENTE

El calamar opalescente es un depredador inteligente que se comunica con los de su propia especie mediante señales luminosas y cambios en los dibujos de la piel; rastrea a sus presas con los ojos, que son como dos inmensas lámparas, acechando a su presa por entre las profundidades del océano. Si este habilidoso asesino es descubierto, pone en práctica otra táctica: produce un hipnótico baile de colores destelleantes con el cual atrae a sus víctimas hasta sus dominios. Es indudable que un pez grande y jugoso atraerá a un hambriento calamar opalescente. Con capacidad para nadar hacia delante propulsado a chorro, con unas poderosas ventosas perfectas para atrapar a la ignorante víctima y con la sorpresa de su lado, el asesino puede apoderarse de presas mucho más grandes que él.

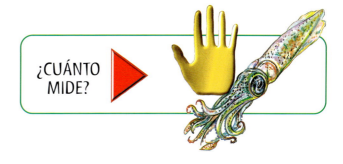

¿CUÁNTO MIDE?

### DATOS BÁSICOS

| | |
|---|---|
| Longitud | 25 cm (sin contar los tentáculos) |
| Presas | Peces y crustáceos, como cangrejos, langostinos y langostas |
| Armas | Largos tentáculos para alimentarse y pico que inyecta veneno |
| Tiempo de vida | Unos 3 años |

El calamar opalescente vive en el Pacífico, a lo largo de toda la costa norteamericana; pero prefiere las costas ricas en alimento cercanas a California, México y América Central. Los movimientos diarios del calamar siguen los de sus presas, sumergiéndose profundamente durante el día y emergiendo a la superficie durante la noche.

## ¿SABÍAS QUE...?

● El calamar opalescente puede lanzar chorros en cualquier dirección cambiando el ángulo de sus aletas. A menudo, cuando huye de un tiburón azul hambriento, el calamar sale disparado fuera del agua.

● El calamar opalescente es un animal muy sofisticado, pero algunos de sus parientes son mucho más primitivos. El calamar es un tipo de molusco, un grupo formado por más de 100.000 especies, entre las que se incluyen las lentas babosas y caracoles.

● Tras crecer y alimentarse durante tres años, el calamar opalescente se reúne en cardúmenes inmensos para una espectacular fiesta final de apareamiento. Al final de la misma, los calamares están tan exhaustos que quedan a la deriva y mueren.

● El veneno del calamar opalescente está formado por neurotoxinas que atacan el sistema nervioso de la víctima, paralizándola. Los calamares no son mortales para los seres humanos, pero algunos moluscos sí lo son. Un caracol caribeño (Conus geographicus) inyecta toxinas que matan a una quinta parte de sus víctimas humanas.

Un calamar detecta a un pez rollizo y se coloca en posición de ataque. Lanzando un chorro de agua tras él, el asesino se apresura hacia su objetivo. Aterrorizado, el pez intenta escapar, pero se encuentra dentro del alcance de los largos tentáculos del asesino.

El depredador lanza sus largos tentáculos para correr hacia la presa que huye y la detiene; luego estira sus brazos y los enrolla sobre ella. El pez intenta escapar desesperadamente, pero su atacante lo sujeta con firmeza y clava su pico brutalmente en la carne de la víctima. Mientras el veneno paralizante hace efecto, el cazador se prepara para un festín.

**124** MEDUSAS, PULPOS Y CALAMARES

# NAUTILO
**Nombre científico:** especie *Nautilus*

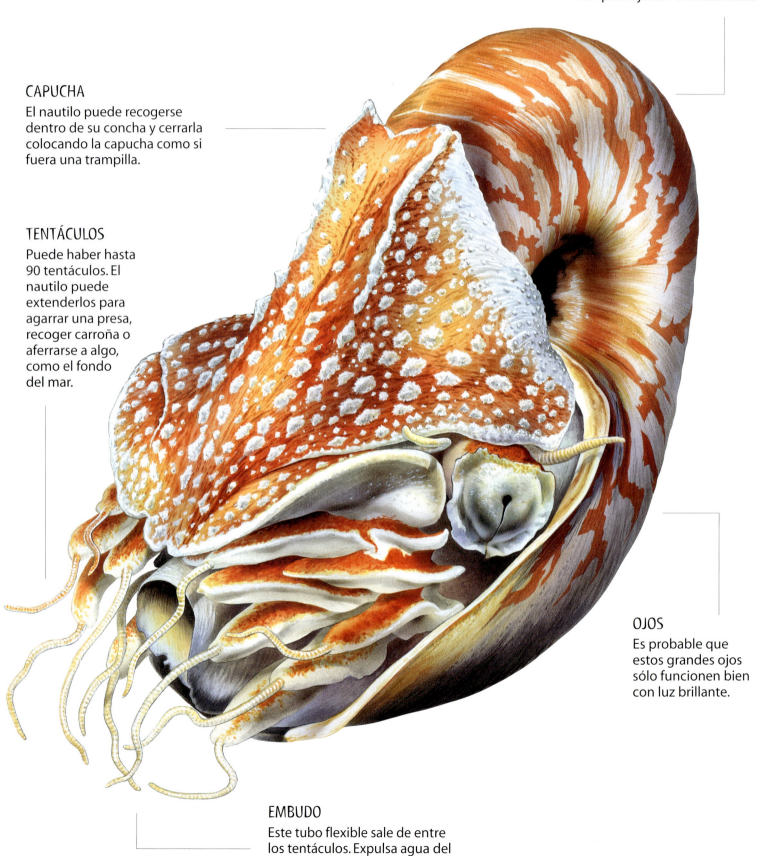

**CONCHA**
El extremo abierto contiene el cuerpo; otras cámaras por detrás contienen gas y agua de mar para ajustar la flotabilidad.

**CAPUCHA**
El nautilo puede recogerse dentro de su concha y cerrarla colocando la capucha como si fuera una trampilla.

**TENTÁCULOS**
Puede haber hasta 90 tentáculos. El nautilo puede extenderlos para agarrar una presa, recoger carroña o aferrarse a algo, como el fondo del mar.

**OJOS**
Es probable que estos grandes ojos sólo funcionen bien con luz brillante.

**EMBUDO**
Este tubo flexible sale de entre los tentáculos. Expulsa agua del manto para impulsar al nautilo.

# NAUTILO

El nautilo es un cefalópodo, un grupo de moluscos que incluye al calamar, la sepia y el pulpo. Los cefalópodos encuentran a sus presas con la vista y el olfato, agarrándolas luego con sus largos y sensibles tentáculos. Respiran llevando agua rica en oxígeno a la cavidad de las agallas y luego expulsándola por el embudo. Expulsándola con fuerza extra puede escapar de sus enemigos. El nautilo no es hidrodinámico, como el calamar, de modo que sólo se puede mover despacio; pero cuenta con su concha, de modo que si es atacado se limita a retraer sus tentáculos, cerrar la capucha protectora y esperar acontecimientos.

¿CUÁNTO MIDE?

### DATOS BÁSICOS

| | |
|---|---|
| Longitud | Hasta 25 cm de largo, dependiendo de la especie |
| Movimiento | Propulsión a chorro y flotabilidad controlada |
| Presas | Cangrejos, gambas, peces pequeños y carroña |
| Tiempo de vida | Desconocido |

El nautilo vive en los mares de coral del Índico y en el Pacífico, desde Filipinas (en el norte) hasta tan al sur como la gran barrera de coral de Australia. Por lo general los nautilos se alimentan en aguas profundas cerca de los arrecifes, pero emigran a aguas poco profundas para aparearse.

## ¿SABÍAS QUE...?

● Un antepasado del nautilo era el Endoceras, que vivió hace 450 millones de años. Su concha era casi recta, sin espiral, y medía hasta 3,6 m.

● Se han visto nautilos nadando a profundidades de 550 m. Por lo general, la presión aplastaría la concha a profundidades mayores de 350 m, pero los gases del interior de la concha que le confieren flotabilidad también impiden que ésta implosione.

● Se han encontrado fósiles de animales parecidos a nautilos en rocas que tienen más de 500 millones de años de antigüedad.

● Según va creciendo, el nautilo va añadiendo cámaras en el extremo exterior de su concha. De forma periódica, cuando la cámara que ocupa se le ha quedado pequeña, pasa a ocupar la recién añadida. La concha de un adulto completamente desarrollado puede tener 30 cámaras o más.

● Los pescadores del Pacífico atrapan nautilos con trampas de bambú. Cuecen al animal para hacer sopa y luego venden las bonitas conchas a los coleccionistas.

Propulsándose lentamente por el agua con un chorro procedente de la cavidad de las agallas, un nautilo se acerca a un pez que se está alimentando. Saca sus tentáculos y lo agarra con sus ventosas. Seguidamente, éstos lo arrastran hacia la boca, como una caña recogiendo sedal.

**1**

El duro pico del nautilo desgarra la carne del pez y su lengua rasposa lame los últimos y jugosos restos de los huesos. Luego el nautilo se propulsa lejos en busca de otra víctima.

**2**

## MEDUSAS, PULPOS Y CALAMARES

# FRAGATA PORTUGUESA
**Nombre científico:** especie *Physalia*

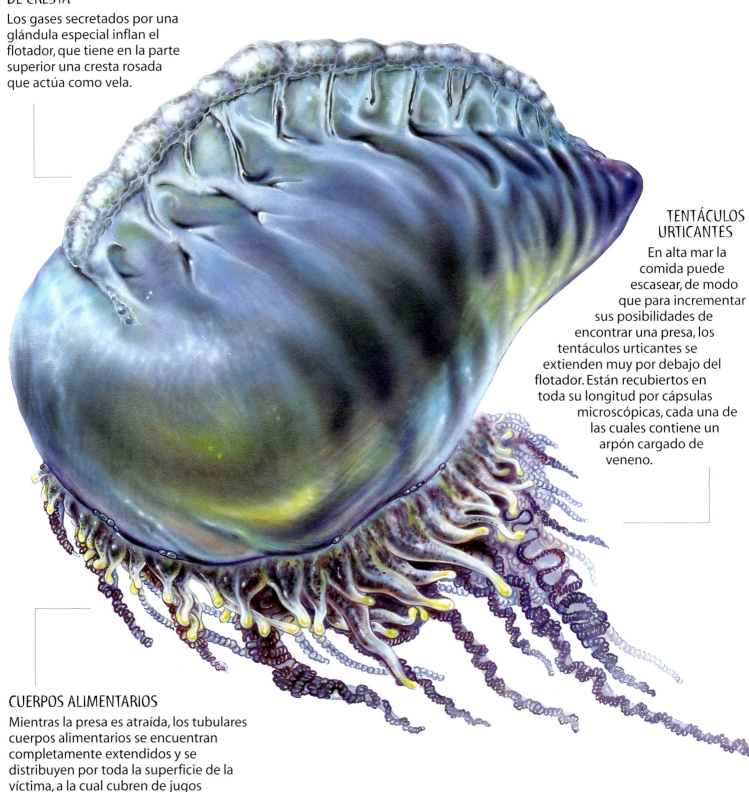

### FLOTADOR EN FORMA DE CRESTA
Los gases secretados por una glándula especial inflan el flotador, que tiene en la parte superior una cresta rosada que actúa como vela.

### TENTÁCULOS URTICANTES
En alta mar la comida puede escasear, de modo que para incrementar sus posibilidades de encontrar una presa, los tentáculos urticantes se extienden muy por debajo del flotador. Están recubiertos en toda su longitud por cápsulas microscópicas, cada una de las cuales contiene un arpón cargado de veneno.

### CUERPOS ALIMENTARIOS
Mientras la presa es atraída, los tubulares cuerpos alimentarios se encuentran completamente extendidos y se distribuyen por toda la superficie de la víctima, a la cual cubren de jugos digestivos para disolver su carne y absorber los nutrientes.

# FRAGATA PORTUGUESA 127

Mientras atraviesa el océano sobrenadando gracias a su flotador lleno de gas, la fragata portuguesa arrastra tras de sí sus largos tentáculos, cada uno de ellos provisto de millones de células urticantes repletas de veneno. Puede que no tenga cerebro y no sepa nadar de forma activa, pero la fragata portuguesa es una asesina competente. Cuando peces y gambas se enredan en su larga y urticante trampa, los agarra, los recubre de jugos digestivos y los devora. Vista desde arriba, una fragata portuguesa parece inofensiva y puede pasar desapercibida en la superficie del mar, pero por debajo del agua la cosa cambia...

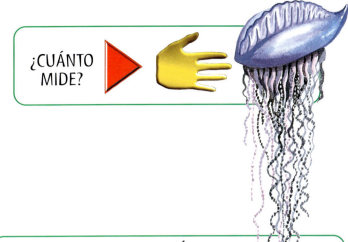

¿CUÁNTO MIDE?

### DATOS BÁSICOS

| | |
|---|---|
| Longitud | Hasta 30 cm |
| Tentáculos | Por lo general 12 m, pero pueden llegar a tener 50 m |
| Presas | Peces y crustáceos |
| Veneno | Es inyectado por unas células especiales de los tentáculos urticantes |

La fragata portuguesa recorre todos los mares cálidos del mundo, empujada por los vientos y corrientes. En ocasiones son lanzadas contra la costa por las tormentas y quedan embarrancadas en las playas.

## ¿SABÍAS QUE...?

- Si bien las víctimas de la fragata portuguesa son peces pequeños y gambas, también puede matar y devorar peces más grandes y poderosos, como los arenques.

- Cuando hace calor, el flotador de la fragata portuguesa se deshincha cada pocos minutos. Inclinándose primero hacia un lado y luego hacia el otro, mete cada costado del cuerpo en el agua para no desecarse.

- La forma de la fragata portuguesa es similar a la de esos barcos de vela medievales, que es de donde recibe su nombre. En otros lugares del mundo es conocida como «moscarda» y carabela portuguesa.

- A menudo, la fragata portuguesa cruza los océanos en grupos formados por millares de individuos.

- Algunos peces son casi inmunes a las células urticantes de la fragata portuguesa; uno de ellos es el pastorcillo *(Nomeus gronovi)*, que vive entre los tentáculos de la medusa. Incluso se alimenta de ellos, que sencillamente vuelven a crecer mientras se los come.

Mientras nada hacia el arrecife, el buceador se mete dentro del séquito de tentáculos de la fragata portuguesa, que se contraen y enrollan en torno a él. Revolviéndose de dolor, lucha por liberarse, pero sólo consigue clavarse más células urticantes.

 2

 1

En un mar tropical poco profundo, un aficionado a bucear con tubo, ancla cerca de un arrecife de coral y se mete entusiasmado en el agua. Con las prisas le pasa desapercibida la fragata portuguesa que flota tranquila en la distancia.

**128** CRUSTÁCEOS Y MOLUSCOS

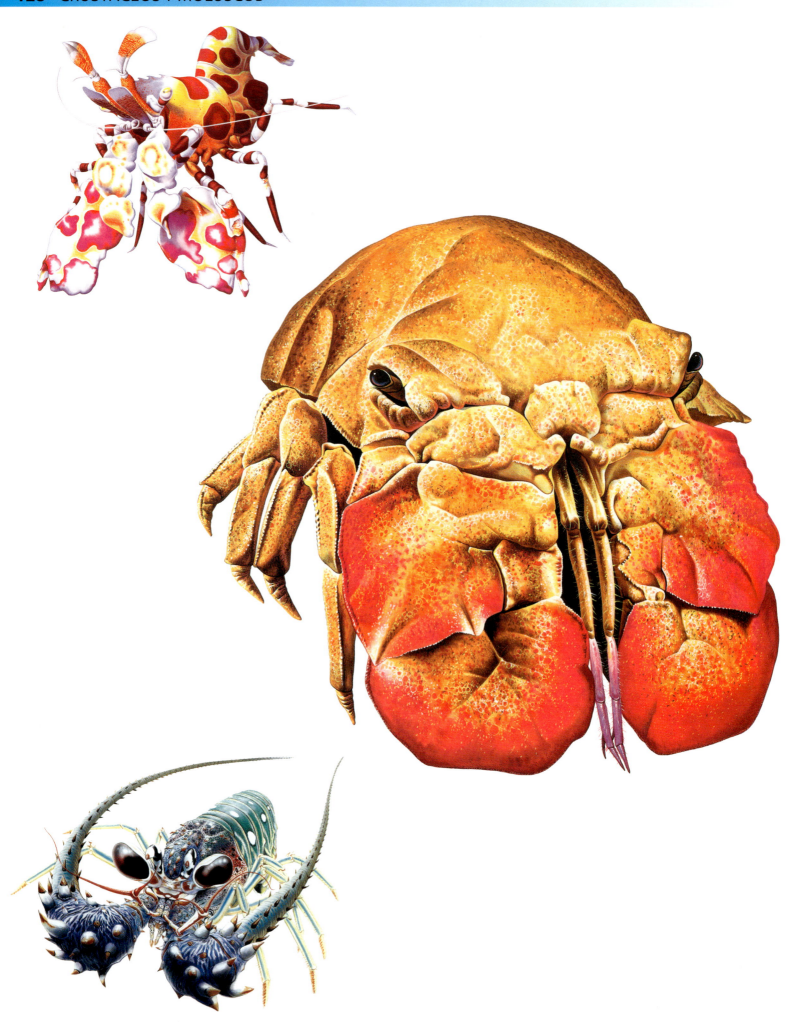

# CRUSTÁCEOS Y MOLUSCOS

*Si bien no resisten todos los ataques, las duras conchas que protegen los blandos cuerpos de los crustáceos y moluscos suponen un desafío para las criaturas que quieren convertirlos en su almuerzo.*

Se necesitan unos dientes muy afilados y un mordisco poderoso para aplastar los caparazones de los crustáceos, de modo que esta armadura proporciona protección contra las muchas criaturas marinas que carecen de armas para enfrentarse a ella; pero cuando los crustáceos o los moluscos se vuelven depredadores, pueden ser unos oponentes muy peligrosos. El camarón pistola sólo tiene 5 cm de longitud, pero cuenta con una pinza muy grande dotada de un músculo inmenso que puede dar un golpe que pone fuera de combate a su presa con la fuerza de un ariete. El cangrejo herradura, que es básicamente una araña fuertemente acorazada, se alimenta de otros mariscos aplastando su caparazón con sus poderosas patas posteriores. El cangrejo araña prolonga la agonía de su presa comiéndosela poco a poco mientras sigue viva. Algunos crustáceos tienen unos comportamientos poco habituales, raros incluso. El cangrejo ermitaño, por ejemplo, busca en el fondo del mar conchas vacías abandonadas por otras criaturas marinas y se mete en ellas. La sepia convierte a sus crías en huérfanas de forma instantánea al morirse nada más poner los huevos. El escorpión de agua convierte en sopa las tripas de su presa inyectándole una saliva tóxica.

## CRUSTÁCEOS Y MOLUSCOS

# CAMARÓN PISTOLA
**Nombre científico:** especie *Alpheus*

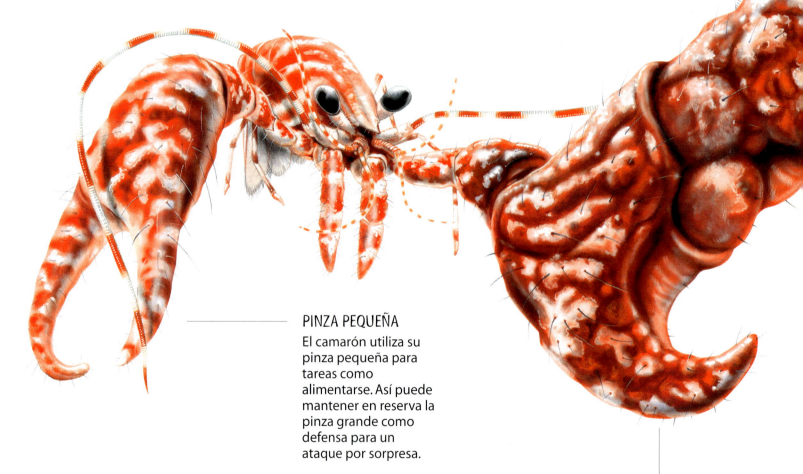

### ANTENAS
Las antenas largas comprueban el agua en busca de indicios de una presa que se aproxime. Las cortas prueban la comida que está más cerca.

### PINZA PEQUEÑA
El camarón utiliza su pinza pequeña para tareas como alimentarse. Así puede mantener en reserva la pinza grande como defensa para un ataque por sorpresa.

### PINZA «PISTOLA»
La pinza grande del camarón produce su efecto aturdidor debido a su gran músculo, que almacena la energía, y un dispositivo de lanzamiento rápido, que actúa como un gatillo.

# CAMARÓN PISTOLA 131

¡Os presento a la pinza más rápida del oeste! Cualquier animal que se enfrente a este camarón de gatillo fácil se encontrará con una onda de choque, que puede dejar a un enemigo tambaleándose. Este camarón de disparo rápido utiliza una pinza especialmente modificada para aturdir a cualquier animal pequeño que se ponga a su alcance. Las ondas sonoras viajan cuatro veces más rápido por el agua que por el aire y un ruido fuerte y repentino en el agua crea una onda que embiste los obstáculos como un ariete.

¿CUÁNTO MIDE? ▶ TAMAÑO REAL

### DATOS BÁSICOS

| | |
|---|---|
| Longitud | Hasta 5 cm |
| Presas | Sobre todo camarones, peces y cangrejos pequeños |
| Armas | Pinza aturdidora |
| Modo de vida | Depredador emboscado en su madriguera |
| Ataque típico | Aturde a las víctimas que se ponen a su alcance |
| Reproducción | Pone millones de huevos |
| Profundidad del agua | Hasta 20 m |
| Tiempo de vida | Desconocido |

Las diferentes especies de camarón pistola se encuentran en mares cálidos y poco profundos, desde el Caribe hasta el Pacífico. Viven sobre todo en arrecifes de coral, en lagunas de fondo arenoso, en escombros y en orillas rocosas.

## ¿SABÍAS QUE...?

● La capacidad de fuego del camarón pistola es tan grande, que con un único disparo ha llegado a rajar el caparazón de un cangrejo pequeño. Los camarones pistola que viven en cautividad incluso llegan a romper las paredes de sus peceras.

● En la mayoría de las especies de camarón pistola, machos y hembras se emparejan de por vida, para protección y apoyo mutuo.

● El camarón pistola no es el único crustáceo ruidoso que habita en los arrecifes de coral. El camarón mantis produce un crujido muy audible cuando ataca a presas o depredadores. El camarón pantonine produce una serie de «clics» muy ruidosos chasqueando sus pinzas alternativamente; puede que lo haga para asustar a sus depredadores.

Recorriendo apresurado el fondo del mar, el camarón agarra su presa antes de que el aturdido pez tenga ninguna posibilidad de recuperarse. El camarón lo agarra con la más pequeña de sus dos pinzas y luego dispara la otra contra el pez, esta vez a bocajarro, para mantenerlo aturdido. Luego el camarón arrastra a su víctima hasta su guarida y la despedaza para comérsela a gusto.

▲ 2

▲ 1 Un pez se acerca cauteloso, deteniéndose justo fuera del alcance del crustáceo, pero sin saber que todavía se encuentra en peligro. De repente, el camarón cierra la pinza, enviando por el agua una onda de choque hacia el pez.

## 132 CRUSTÁCEOS Y MOLUSCOS

# CÓNIDO
**Nombre científico:** especie *Conus*

**CONCHA**
Está construida en capas a modo de protección, pero los peces grandes pueden romperla.

**SIFÓN**
Conduce el agua hacia una única agalla y hacia un órgano del gusto llamado osfradio.

**TENTÁCULOS**
Este crustáceo los utiliza para abrirse camino tanteando alrededor. Puede que también sean sensibles a la luz.

**PIE**
En algunas especies, el pie musculado es tan bonito como la concha que transporta, pues presenta dibujos delicados y colores brillantes. El crustáceo se mueve ondulando la base del pie.

**PROBÓSCIDE**
Un apéndice muscular y telescópico que actúa como boca y hace de base de la rádula con forma de arpón con la que atraviesa a sus víctimas. Esta arma hueca está repleta de veneno y posee un barbo.

# CÓNIDO

Los coleccionistas de todo el mundo buscan con avidez en las piscinas naturales y los arrecifes de coral conchas raras de cónido; pero cuando cogen al espécimen vivo con las manos desnudas están corriendo el riesgo de tener una muerte veloz y atroz. Asesinos silenciosos del mar, los cónidos poseen una paciencia infinita, una desconcertante capacidad para mantenerse ocultos y son unos asesinos infalibles. Pasan el día enterrados en la arena o escondidos en grietas en el coral, pero cuando cae la noche se convierten en depredadores.

¿CUÁNTO MIDE?

## DATOS BÁSICOS

| | |
|---|---|
| Longitud | 3-25 cm |
| Peso | Hasta 2 kg |
| Presas | Gusanos, mariscos o peces |
| Armas | Un dardo venenoso de 2 mm-2 cm |
| Tiempo de vida | Desconocido |

La mayor parte de las especies viven a lo largo de las costas de África, el sur de Asia, Indonesia y Australia. Unas pocas viven en el Caribe y en la costa atlántica de África y las Américas.

### ¿SABÍAS QUE...?

● Hay unas 400 especies de cónidos, el 90% de las cuales sólo caza mariscos y gusanos. Las aproximadamente 40 especies que cazan peces poseen los venenos más virulentos y de acción más rápida, y son las más peligrosas.

● Un cónido que come gusanos los arponea dentro de su guarida. Los buceadores cuentan haber visto interminables tiras y aflojas mientras un cónido saca a su víctima fuera de su escondite, del mismo modo que un mirlo saca un gusano del césped.

● Los colores y dibujos que adornan a los cónidos son únicos para cada especie y a menudo le dan a ésta su nombre. El cónido llamado geográfico tiene un dibujo que recuerda a un mapa y el llamado textiles otro que parece una tela.

● Según va madurando, el cónido puede recubrir su concha con desperdicios para ocultar sus brillantes colores y confundirse con el fondo del mar. Los coleccionistas tienen luego que romper esta cobertura para exponer la belleza que hay debajo.

**1** Mientras prueba el agua con su sifón, un cónido detecta el olor de un pez pequeño. Preparándose para el combate, el crustáceo se acerca a su presa, que no se asusta, pues sólo teme a los peces grandes.

**2** Lentamente, como la boca de una escopeta, la probóscide va emergiendo con su arpón venenoso. De repente, la probóscide se dispara y clava profundamente el arpón en el pez.

**3** El pez lucha durante un breve momento, pero sucumbe con rapidez al veneno paralizante. La probóscide del cónido se ensancha y lentamente arrastra y se traga entero al pez. El pez tarda varios días en ser digerido, pero mantiene alimentado al cónido durante las muchas noches en las que no consigue un almuerzo importante.

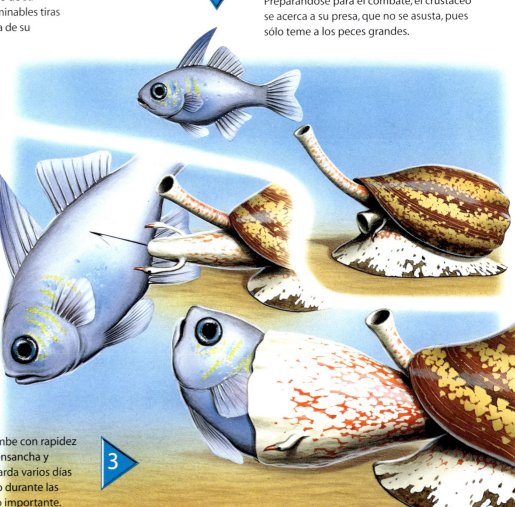

## CRUSTÁCEOS Y MOLUSCOS

# CANGREJO HERRADURA

**Nombre científico:** familia *Limulidae*

### PATAS
El cangrejo de herradura tiene cinco pares de patas para caminar, cada una de ellas con pezuñas en forma de pinza. El par posterior posee espirales de espinas para remover la arena y bases ensanchadas para aplastar conchas.

### CAPARAZÓN
El amplio caparazón está formado por una gruesa capa de quitina, como los esqueletos de los insectos. Cubre la mayor parte de las zonas vulnerables del cuerpo del cangrejo.

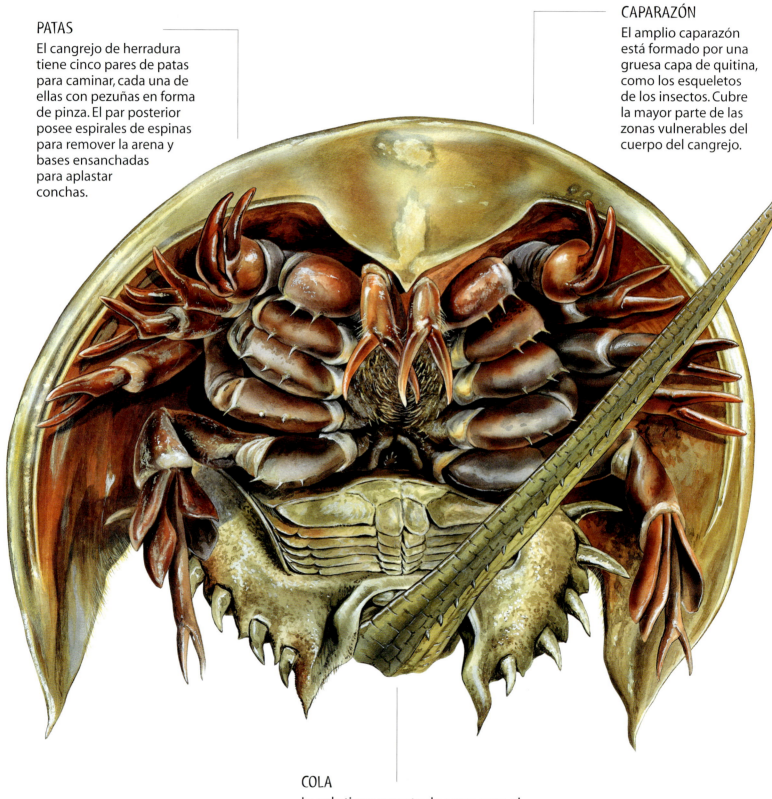

### COLA
La cola tiene aspecto de arma, pero el cangrejo de herradura la utiliza sobre todo para conseguir apoyo mientras revuelve el barro o para darse la vuelta si se ha quedado boca arriba.

# CANGREJO HERRADURA

Cuando descansa, esta extraña criatura puede ser confundida con una piedra brillante, pero cuando se mueve parece un extraño juguete de cuerda, que avanza con las patas completamente escondidas bajo su caparazón abovedado. Puede que no se te venga a la mente cuando lo miras, pero un cangrejo de herradura es básicamente una araña con armadura, con la mayor parte de su cuerpo escondido bajo el caparazón. Su cuerpo está especialmente adaptado para la vida en el mar, pero todavía le quedan algunos rasgos de arácnido. Se alimenta sobre todo de mariscos, excavando para encontrarlos y rompiéndoles luego el caparazón con sus poderosas patas traseras.

¿CUÁNTO MIDE?

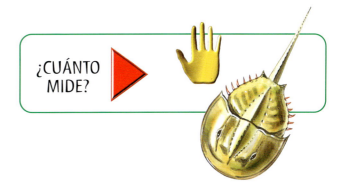

## DATOS BÁSICOS

| | |
|---|---|
| Longitud | Hasta 60 cm (*Limulus polyphemus*) |
| Madurez sexual | 9-12 años |
| Presas | Gusanos de mar, mariscos, algas y carroña |
| Tiempo de vida | Hasta 19 años |

El cangrejo de herradura norteamericano vive en las costas atlántica y del Golfo de Norteamérica, las costas del sur y este de Asia, desde la India hasta Indonesia, Filipinas y Japón.

### ¿SABÍAS QUE...?

● El cangrejo de herradura no tiene ningún medio de limpiar su caparazón, de modo que cuando un cangrejo maduro termina de crecer puede acabar incrustado de algas, tubos de gusano, mejillones y pequeños moluscos.

● Cuando los indios norteamericanos iban de pesca, utilizaban como cabezas de sus lanzas las puntiagudas colas de los cangrejos de herradura.

● Si bien los cangrejos de herradura son animales marinos, en ocasiones una especie del Índico remonta ríos y ha sido vista hasta a 145 km del mar.

● Los cangrejos de herradura jóvenes pueden nadar boca abajo moviendo las placas de sus agallas y utilizándolas como aletas.

● Los cangrejos de herradura recién nacidos parecen pequeños trilobites (unos animales marinos que se extinguieron hace más de 200 millones de años), aunque no están emparentados con ellos.

● Antes de que la comida entre en el estómago del cangrejo, es triturada en un saco muscular especial llamado molleja.

El caparazón del cangrejo herradura está divido en dos partes, conectadas por una junta, (1). La parte frontal corresponde al cefalotórax de una araña (la cabeza y el tórax combinados) y la parte trasera al abdomen de la araña. El cangrejo tiene un ojo compuesto, (2), a cada lado que registra el movimiento, así como dos ojos simples, (3), en la parte frontal, que son sensibles a la luz ultravioleta.

La parte trasera del caparazón esconde las placas de las agallas del cangrejo, (1), cada una de las cuales contiene hasta 200 delicadas membranas para extraer oxígeno del agua. La boca del cangrejo, (2), se encuentra en el centro de la sección frontal. Delante de ella hay dos quelíceras, (3), que parecen más unas patas que los colmillos de una araña.

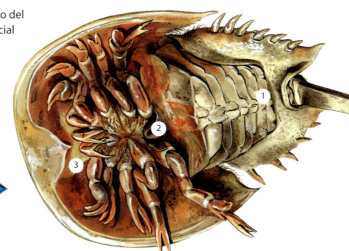

**136** CRUSTÁCEOS Y MOLUSCOS

# CANGREJO ERMITAÑO
**Nombre científico:** familia *Paguridae*

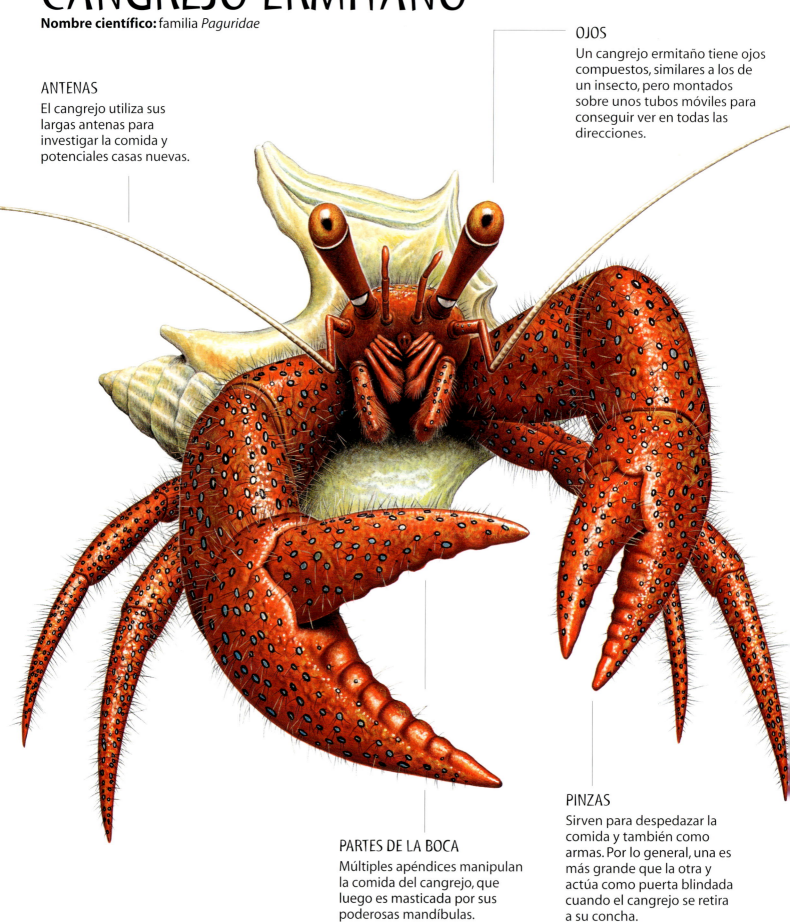

### ANTENAS
El cangrejo utiliza sus largas antenas para investigar la comida y potenciales casas nuevas.

### OJOS
Un cangrejo ermitaño tiene ojos compuestos, similares a los de un insecto, pero montados sobre unos tubos móviles para conseguir ver en todas las direcciones.

### PARTES DE LA BOCA
Múltiples apéndices manipulan la comida del cangrejo, que luego es masticada por sus poderosas mandíbulas.

### PINZAS
Sirven para despedazar la comida y también como armas. Por lo general, una es más grande que la otra y actúa como puerta blindada cuando el cangrejo se retira a su concha.

# CANGREJO ERMITAÑO

El cangrejo ermitaño convierte en su casa una concha vacía. El peso de la concha mantiene al cangrejo sobre el fondo del mar, donde deambula en busca de restos sabrosos. Cuando encuentra un molusco aplastado o un pez en descomposición, arranca pedacitos con sus pinzas y los pasa a las extremidades de su boca. Cuando un cangrejo ermitaño crece y ya no cabe en su concha, busca una mayor. Pero encontrar una casa nueva no es tarea sencilla y si un cangrejo ermitaño con problemas de vivienda encuentra a otro que tiene una casa que le viene grande, es probable que haya una pelea por su posesión.

¿CUÁNTO MIDE?

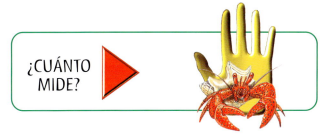

### DATOS BÁSICOS

| | |
|---|---|
| LONGITUD | Hasta 30 cm, incluida la concha |
| PRESAS | Materia animal o vegetal |
| ARMAS | Pinzas poderosas y concha protectora |
| MODO DE VIDA | Carroñeo en el fondo del mar |
| TIEMPO DE VIDA | Depende de la disponibilidad de conchas |

Los cangrejos ermitaños *Paguridae* viven en todos los mares y océanos del mundo, desde la costa hasta las aguas profundas. Los cangrejos ermitaños de tierra pertenecen a una familia distinta.

## ¿SABÍAS QUE...?

● Las conchas con espirales hacia la derecha son las más habituales, de modo que la cola de los cangrejos ermitaños gira en esa dirección; pero hay algunos que se quedan incómodamente alojados en conchas con la espiral hacia la izquierda.

● En las zonas donde no hay caracoles de mar grandes, los cangrejos ermitaños nunca tienen la posibilidad de alcanzar todo su tamaño. Cuando la escasez de espacio los obliga a salir de las conchas existentes, no pueden encontrar otras más grandes y resultan devorados por los depredadores.

● Un cangrejo ermitaño hembra lleva los huevos dentro de la concha hasta que eclosionan como diminutas larvas, que luego deambulan por el océano hasta que encuentran conchas miniatura adecuadas.

● El enorme cangrejo de los cocoteros, que come cocos, es un tipo de cangrejo terrestre que no vive dentro de una concha, y es mejor, porque seguramente no podría encontrar una lo bastante grande por mucho que buscara.

● Los cangrejos pagurrita son un tipo especializado de cangrejo ermitaño que vive dentro de diminutos tubos abandonados en densos afloramientos coralíferos.

Mientras el vencedor se instala en su nueva y amplia casa, el cangrejo desahuciado, al no tener concha, queda con su blando abdomen expuesto. Sin alternativas adecuadas a la vista, se convierte en un blanco fácil, y no tarda en ser atacado por un pez hambriento.

1 ▽ Tras buscar en vano una casa nueva, un cangrejo ermitaño encuentra una concha del tamaño perfecto; pero por desgracia es la residencia de otro cangrejo. Sin inmutarse, ataca a su dueño hasta que éste huye ante el feroz asalto.

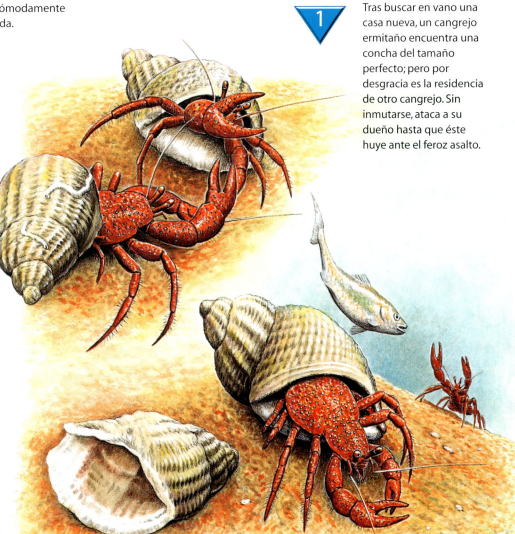

# CRUSTÁCEOS Y MOLUSCOS

# CIGARRÓN
**Nombre científico:** familia *Scyllaridae*

### CONCHA
A menudo, el caparazón manchado del cigarrón posee una textura nudosa, que se suma al camuflaje. Puede incluso llevar pegados un par de mejillones, arena y algas.

### CABEZA
Las grandes extensiones de la cabeza son antenas modificadas utilizadas para excavar. En algunas especies están llenas de pinchos, que protegen al cigarrón de los ataques.

### FORMA
La forma aplanada del cigarrón le permite pegarse mucho a los muros de roca y meterse dentro de las grietas.

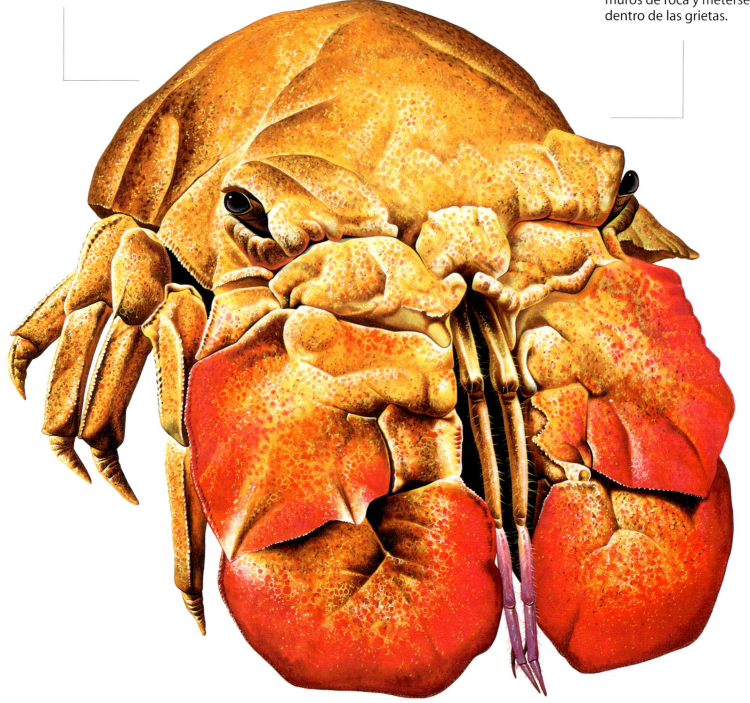

# CIGARRÓN

Con su ancho y aplanado cuerpo, su rugoso caparazón e inmensas antenas en forma de pala, esta peculiar langosta sin pinzas parece más una zapatilla aplastada o la falda de una bailaora de flamenco. Cuando se trata de comida, la mayoría de los cigarrones no son muy exquisitos y se alimentan gustosos de criaturas marinas muertas; pero no les gusta compartir, de modo que si dos individuos se lanzan sobre el mismo cadáver, no tarda en convertirse en una pelea por ver quién se queda la mejor parte.

¿CUÁNTO MIDE?

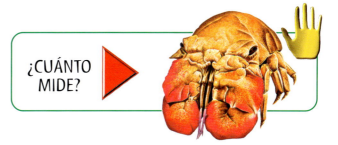

## DATOS BÁSICOS

| | |
|---|---|
| Longitud | 15-50 cm |
| Peso | Hasta 2 kg |
| Presas | Algunos comen algas y plantas marinas; otros moluscos, gusanos, otros crustáceos y carroña |
| Especies | Unas 70 |

Los cigarrones viven en aguas costeras cálidas a una profundidad de entre 5-600 m. Sus hábitats incluyen fondos arenosos, de barro o rocosos, con algas y arrecifes de coral.

### ¿SABÍAS QUE...?

● Los huevos fertilizados de cigarrón se parecen a racimos de diminutas bayas; por lo tanto una hembra que los lleve sobre las patas es llamada una hembra «bayada».

● Algunas larvas de cigarrón se desplazan en los paraguas de las medusas que pasan, agarrándose a ellas con los diminutos ganchos que tienen en las puntas de sus larguiruchas patas.

● En Australia la llamada cigarra mariposa *(Ibacus peronii)* y la cigarra velluda *(Ibacus alticrenatus)* son muy populares como mariscos para comer.

● Si un depredador retuerce la pata de un cigarrón, ésta se parte por un punto especial de ruptura, lo que le permite dejar atrás su pata y correr a buscar refugio. Una nueva pata comienza a crecerle de inmediato.

● Al igual que la mayoría de los crustáceos, las langostas deben cambiar de exoesqueleto según crecen. El viejo se rompe y la langosta se libera de él, absorbiendo agua para agrandar su cuerpo. Cuando el nuevo caparazón se ha endurecido, expulsa el agua, dejando espacio para que su cuerpo siga creciendo.

**1** Atraído por los fétidos restos de un pez en los límites de sus territorios, dos cigarrones se lanzan sobre ellos ansiosos por comer. Ninguno de los dos tiene nada que se pueda considerar un arma, de modo que su pelea no tarda en convertirse en un agotador tira y afloja cuando ambos cascarrabias intentan reclamar la pieza para sí.

**2** De repente, el pez se parte en dos con un chasquido, dejando a un afortunado cigarrón con la parte del león. La otra pobre criatura tiene que conformarse con la cola y algunos restos.

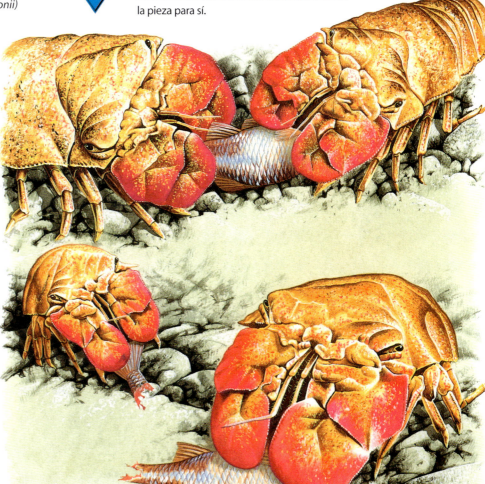

## 140   CRUSTÁCEOS Y MOLUSCOS

# SEPIA
**Nombre científico:** familia *Sepiidae*

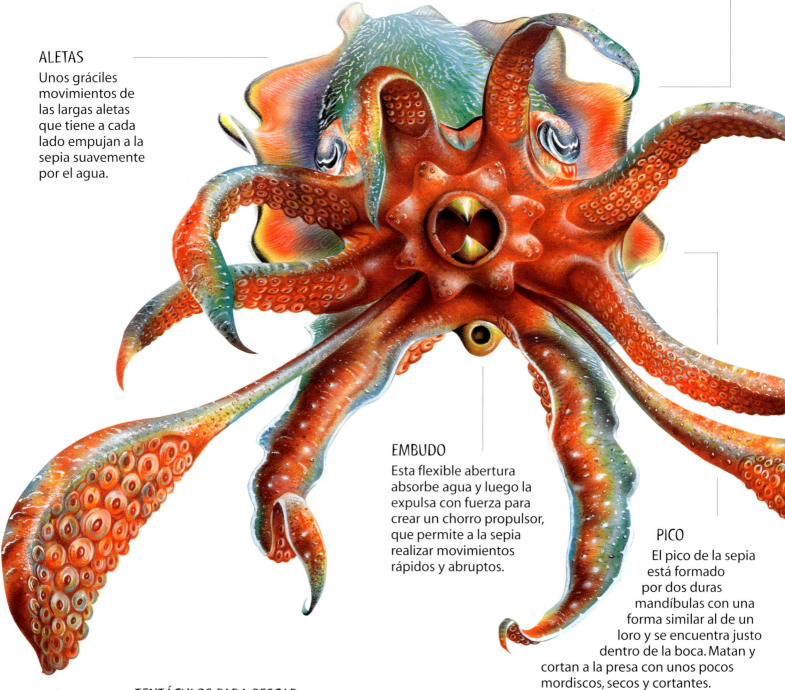

**OJOS**
Los prominentes ojos proporcionan una excelente visión. Éstos han evolucionado de forma independiente a los de los vertebrados como nosotros, pero funcionan de un modo notablemente similar.

**ALETAS**
Unos gráciles movimientos de las largas aletas que tiene a cada lado empujan a la sepia suavemente por el agua.

**EMBUDO**
Esta flexible abertura absorbe agua y luego la expulsa con fuerza para crear un chorro propulsor, que permite a la sepia realizar movimientos rápidos y abruptos.

**PICO**
El pico de la sepia está formado por dos duras mandíbulas con una forma similar al de un loro y se encuentra justo dentro de la boca. Matan y cortan a la presa con unos pocos mordiscos, secos y cortantes.

**TENTÁCULOS PARA PESCAR**
Por lo general estos largos tentáculos quedan ocultos dentro de unas bolsas en las mejillas, pero cuando el animal ataca, los lanza hacia delante y atrapan a su víctima con las ventosas que tienen en sus anchas puntas.

# SEPIA    141

Tras lanzar un ataque relámpago, el cazador se lleva la presa a la boca mientras flota tranquilo, la mata con algunos mordiscos de su pico quitinoso y luego introduce pedazos de carne dentro de su gaznate con lengua rasposa que entra y sale de la boca. A la sepia le gusta tanto camuflarse, que puede imitar todo tipo de objetos inertes, a menudo utilizando sus tentáculos para romper el perfil de su cuerpo o agitándolos de tal modo que atraigan la curiosidad de sus presas hasta tenerlas a su alcance.

¿CUÁNTO MIDE?

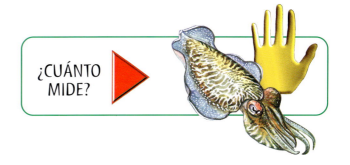

## ¿SABÍAS QUE...?

● Los colores chillones y los rápidos cambios de dibujo también tienen una papel importante en el cortejo de las sepias, durante el cual el macho ofrece toda una serie de combinaciones durante sus esfuerzos por ganarse a la hembra.

● La sepia, el calamar y el pulpo poseen un comportamiento mucho más complejo que el de moluscos como caracoles y babosas, de modo que no resulta sorprendente saber que poseen un cerebro de gran tamaño. En el caso de la sepia tiene forma de anillo y se encuentra justo detrás de los ojos, dentro de una «caja» protectora de cartílago.

● En algunas partes del mundo, hordas de sepias muertas embarrancan en la playa. Se trata de los adultos que se han concentrado en la costa para aparearse y que luego mueren tras depositar sus huevos.

● Una sepia que huye puede disparar chorros de tinta al agua desde un saco especial que tiene en el cuerpo. La expansiva nube oculta su huida y con algo de suerte confunde al depredador lo suficiente como para que la sepia se ponga a salvo.

### DATOS BÁSICOS

| | |
|---|---|
| Longitud | 2-50 cm, dependiendo de la especie |
| Peso | Hasta 12 kg |
| Presas | Gusanos, moluscos con concha, gambas, cangrejos y peces |
| Armas | Tentáculos, pico, glándulas venenosas y lengua rasposa |

Más de 100 especies de sepias recorren mares y océanos tranquilamente dedicándose a cazar camuflándose para confundirse con cualquier fondo, ya sea arenoso, con algas, rocas o coral.

Mientras nada, una sepia ve algunos peces comiendo. Posándose en un grupo de algas, se acerca mientras mueve los tentáculos como si fueran hojas.

La sepia domina a su batalladora presa mordiéndola con el pico e inyectándole veneno con la boca.

Concentrado en su búsqueda, un pez pasa junto al grupo de «algas» y en un abrir y cerrar de ojos, la sepia saca sus dos tentáculos con ventosas y arrastra el pez hacia su boca.

# CAMARÓN ARLEQUÍN

**Nombre científico:** *Hymenocera picta*

### ANTENAS
Las sensibles antenas en forma de hoja detectan los mínimos olores en el agua y conducen al camarón hasta su presa o su compañera.

### OJOS
Se encuentran sobre soportes, pero no son muy efectivos; en la oscuridad, el camarón se fía más del olor.

### MARCAS
Los espectaculares colores y dibujos son bastante enigmáticos. Se confunden bien con algunos corales, escondiendo al camarón de los peces al romper su perfil, pero sólo si el camarón permanece inmóvil. Puede que también sirvan para engañar a los peces y hacerles creer que el camarón no tiene buen sabor.

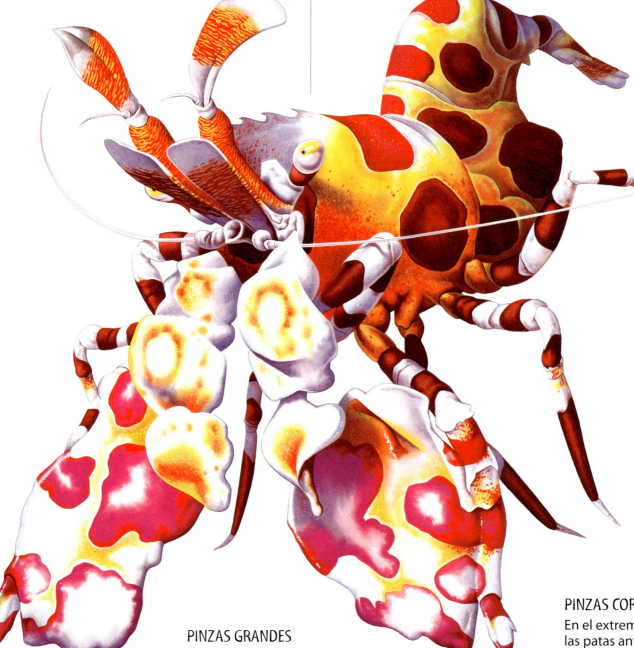

### PINZAS GRANDES
Es probable que las grandes pinzas del camarón arlequín sean sólo para alardear, para impresionar a sus compañeras o para asustar a sus enemigos.

### PINZAS CORTAS
En el extremo de cada una de las patas anteriores el camarón posee unas pinzas cortas, pero afiladas y fuertes, que cortan trozos de estrella de mar y los llevan a apéndices de la boca, que los despedazan.

# CAMARÓN ARLEQUÍN   143

Poco es lo que se conoce del misterioso y extrañamente coloreado camarón arlequín, pues durante el día se esconde a la vista y pocos son los que han sido vistos y mucho menos estudiados. Sin embargo, reuniendo la poca información que se conoce, aparece la imagen de un crustáceo bastante notable. Las estrellas de mar tienen una parte superior nudosa y gruesa para protegerse de muchos depredadores, pero no es defensa suficiente contra el camarón arlequín, que se limita a voltearla para exponer su suculenta parte inferior. Luego se come lentamente un brazo tras otro.

¿CUÁNTO MIDE?

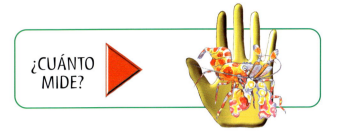

## DATOS BÁSICOS

| | |
|---|---|
| Longitud | 5-6 cm |
| Presas | Estrellas de mar |
| Armas | Pinzas fuertes y afiladas |
| Modo de vida | Arrecifes de coral y orillas rocosas hasta una profundidad de unos 10 m |
| Tiempo de vida | Desconocido |

El camarón arlequín se encuentra en arrecifes de coral y costas rocosas de las cálidas aguas tropicales del Índico y el oeste del océano Pacífico, las Maldivas (al sur de la India), la Gran barrera de coral (al noreste de Australia) y Hawái.

### ¿SABÍAS QUE...?

● El camarón arlequín recibe su nombre del de un personaje de una obra cómica de teatro italiana que se representó por primera vez en el siglo XVI. Como el camarón, lleva un vestido muy colorido. Otros nombres del camarón arlequín son payaso, pintado y bailarín.

● Los exquisitamente chillones colores del camarón arlequín lo han convertido en una mascota popular para los acuarios de algunos entusiastas, si bien es bastante caro de comprar y mantener. Es más feliz en parejas macho-hembra y sólo puede alimentarse de estrellas de mar, frescas o congeladas.

● Un camarón debe cambiar su exoesqueleto de vez en cuando mientras crece. Para hacerlo no come durante dos días, de modo que su cuerpo encoje y queda libre de su caparazón. Seguidamente se hincha de agua para deshacerse del exoesqueleto viejo. Luego le crece uno nuevo, pero en los pocos días que éste tarda en endurecerse, el camarón está inerme, de modo que los camarones suelen cambiar de caparazón cuando hay luna nueva y los depredadores no tienen luz para verlos.

El camarón agarra la punta de uno de los brazos de su víctima con sus grandes pinzas. Ahora la estrella sólo puede terminar en un sitio, en el tracto digestivo del camarón, pedacito a pedacito.

**1** Un camarón arlequín hambriento regresa triunfante a su guarida arrastrando tras él los despojos de una exitosa salida de caza: una fresca y jugosa estrella de mar. En la seguridad de su hogar, el camarón agarra a la estrella de mar y lentamente hace palanca sobre la desventurada criatura, como si fuera un judoca, para darle la vuelta a cámara lenta.

**144** CRUSTÁCEOS Y MOLUSCOS

# CANGREJO ARAÑA
**Nombre científico:** especie *Majidae*

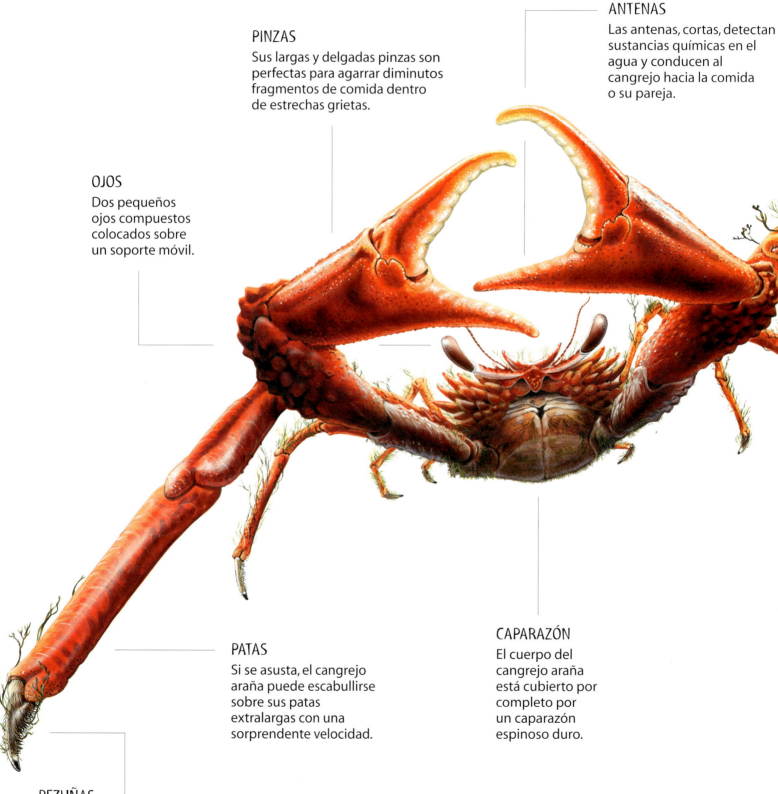

PINZAS
Sus largas y delgadas pinzas son perfectas para agarrar diminutos fragmentos de comida dentro de estrechas grietas.

ANTENAS
Las antenas, cortas, detectan sustancias químicas en el agua y conducen al cangrejo hacia la comida o su pareja.

OJOS
Dos pequeños ojos compuestos colocados sobre un soporte móvil.

PATAS
Si se asusta, el cangrejo araña puede escabullirse sobre sus patas extralargas con una sorprendente velocidad.

CAPARAZÓN
El cuerpo del cangrejo araña está cubierto por completo por un caparazón espinoso duro.

PEZUÑAS
Las afiladas pezuñas encajan con facilidad dentro de grietas y ranuras mientras él se agarra al trepar.

# CANGREJO ARAÑA 145

Deambulando de lado por el fondo del mar sobre sus patas como zancos, el cangrejo araña parece una extraña sonda marciana en una misión en el planeta Rojo. Sus dos afiladas garras funcionan como pinzas mecánicas, para hacerse con bocados suculentos y llevárselos hasta los apéndices de la boca. Utilizan sus hábiles y estrechas pinzas para coger carne podrida de los restos de animales muertos sobre el fondo del mar. Los cangrejos araña no poseen esqueleto interno, pero al igual que todos los cangrejos –e insectos– poseen un caparazón duro, llamado exoesqueleto, que cubre todo su cuerpo y protege su blando interior.

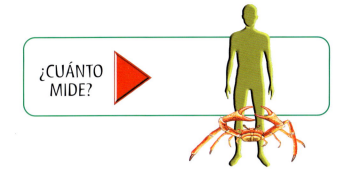

¿CUÁNTO MIDE?

## DATOS BÁSICOS

| | |
|---|---|
| Longitud | Hasta 45 cm |
| Envergadura de las patas | Hasta 8 m |
| Presas | Algas, esponjas, animales marinos pequeños y carroña |
| Modo de vida | Fondo del mar |
| Tiempo de vida | Desconocido |

Los cangrejos araña se encuentran en todos los mares y océanos, excepto en las zonas heladas de las regiones polares. Son más habituales en aguas poco profundas, donde hay mucha comida y refugios.

## ¿SABÍAS QUE...?

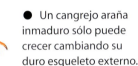

- Un cangrejo araña inmaduro sólo puede crecer cambiando su duro esqueleto externo. El exoesqueleto viejo es desechado para dejar visible debajo de él uno nuevo blando, que el cangrejo infla hasta alcanzar el tamaño adecuado antes de que se endurezca.

- Si un cangrejo araña pierde una pata en un accidente, le crece una nueva, que es más grande cada vez que la cambia.

- Algunas especies de cangrejo araña se protegen quedándose cerca de anémonas de mar, y parecen inmunes a sus picaduras. Colocándose con la espalda de su caparazón contra la columna central de la anémona, un cangrejo queda casi por completo oculto a la vista gracias a los tentáculos que penden.

- En ocasiones, los cangrejos gigantes japoneses quedan atrapados en bañeras formadas al bajar la marea, pero no pueden sobrevivir fuera del agua.

- Hay un tipo de cangrejo araña que se alimenta de plancton. Se agarra a las algas con sus patas traseras y mueve las pinzas para recoger bocados que comer.

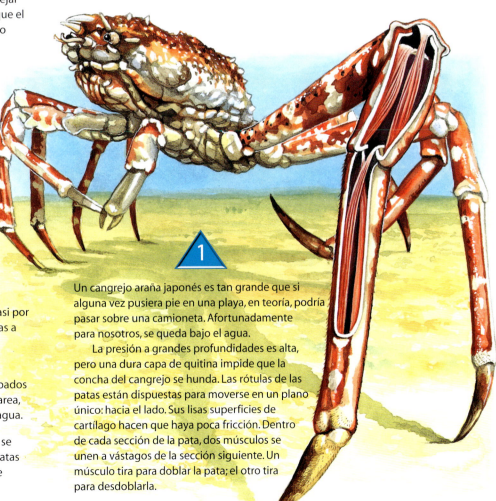

**1** Un cangrejo araña japonés es tan grande que si alguna vez pusiera pie en una playa, en teoría, podría pasar sobre una camioneta. Afortunadamente para nosotros, se queda bajo el agua.

La presión a grandes profundidades es alta, pero una dura capa de quitina impide que la concha del cangrejo se hunda. Las rótulas de las patas están dispuestas para moverse en un plano único: hacia el lado. Sus lisas superficies de cartílago hacen que haya poca fricción. Dentro de cada sección de la pata, dos músculos se unen a vástagos de la sección siguiente. Un músculo tira para doblar la pata; el otro tira para desdoblarla.

# 146 CRUSTÁCEOS Y MOLUSCOS

# ESCORPIÓN DE AGUA
**Nombre científico:** especie *Nepidae*

### ABDOMEN
Los órganos sensoriales son únicos del género *Nepa* y miden la presión del agua, de tal modo que el escorpión de agua sabe qué lado es arriba y puede encontrar el camino hacia la superficie.

### EXTREMIDADES
El primer par de patas es largo y está adaptado para atrapar presas. Las patas medias y traseras se utilizan para caminar sobre el fondo o para trepar por las plantas acuáticas.

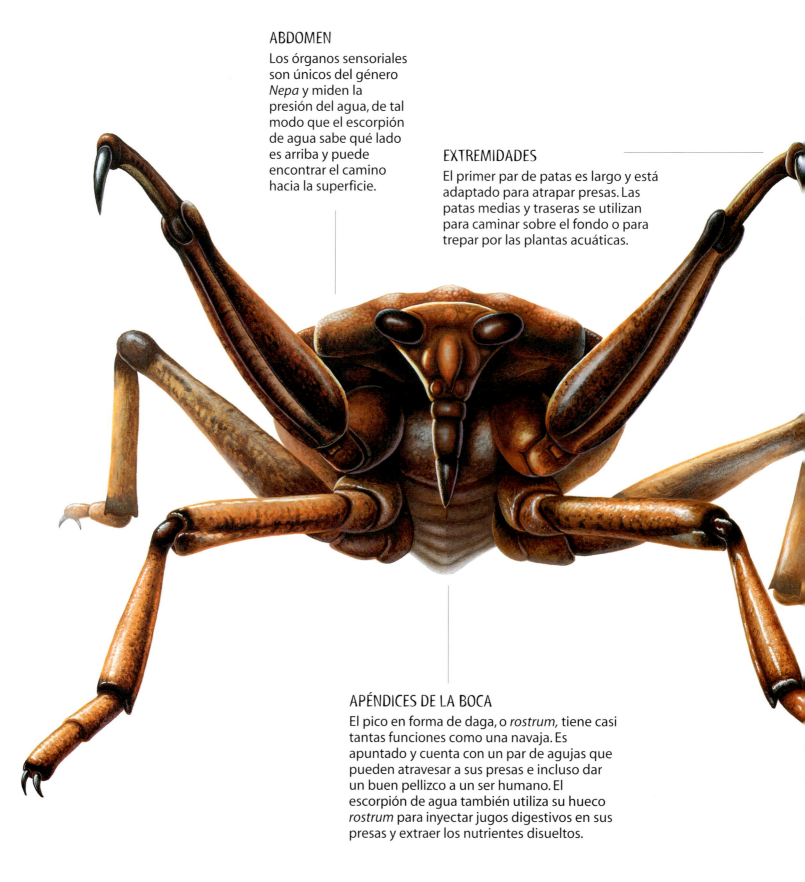

### APÉNDICES DE LA BOCA
El pico en forma de daga, o *rostrum*, tiene casi tantas funciones como una navaja. Es apuntado y cuenta con un par de agujas que pueden atravesar a sus presas e incluso dar un buen pellizco a un ser humano. El escorpión de agua también utiliza su hueco *rostrum* para inyectar jugos digestivos en sus presas y extraer los nutrientes disueltos.

# ESCORPIÓN DE AGUA 147

Protegido dentro de su nada estridente armadura marrón, el escorpión de agua merodea por estanques y acequias. Sólo cuando ataca demuestra el poder de sus pinzas, que dominan a la presa en cuestión de segundos. Sus emboscadas son tan devastadoras, que puede atrapar peces rápidos. Gracias a su camuflaje enlodado y a su tubo respirador extralargo, no necesita señalar dónde se encuentra y siempre está listo para atacar con velocidad mortal.

¿CUÁNTO MIDE? — TAMAÑO REAL

## DATOS BÁSICOS

| | |
|---|---|
| Longitud | El macho 15-18 mm; la hembra 20-23 mm |
| Longitud del sifón | 9-12 mm |
| Presas | Peces pequeños, renacuajos, insectos y larvas |
| Armas | Captura las presas con sus patas anteriores; luego, como una araña, inyecta enzimas dentro de la presa para convertir en líquido sus tejidos internos |
| Ciclo de vida | Pone los huevos entre abril y mayo; los adultos aparecen en agosto e hibernan |

Si bien se encuentra en casi todo el mundo, los escorpiones de agua de la familia *Nepidae* son más numerosos en las regiones tropicales y muy escasos en Australasia y las regiones frías. La especie europea *Nepa cinerea* se da por toda Europa, hasta los Urales por el este y por el sur hasta el norte de África.

## ¿SABÍAS QUE...?

● El escorpión de agua puede colgarse con su sifón de la tensión superficial del agua.

● Si resulta molestado por algo, este pequeño insecto que suele pasar inadvertido se hace el muerto hasta que pasa el peligro.

● A pesar de estar clasificado como no nadador, el escorpión de agua puede atravesar con rapidez el agua moviendo sus patas anteriores arriba y abajo y dando patadas con sus patas medias y traseras.

● El escorpión de agua hembra utiliza su tubo respirador para depositar sus huevos. Éstos tienen la forma de una diminuta medusa. Cada uno de ellos cuenta con siete largas proyecciones que penden, con las que se sujetan a las plantas acuáticas.

**1** ▼ Colgado boca abajo en la vegetación del estanque, un escorpión de agua saca a la superficie su largo tubo respirador. Esta pieza rígida rompe la tensión superficial del agua y el aire llena la cavidad que hay bajo el caparazón del animal. Entonces, el escorpión de agua se oculta entre la vegetación del estanque y espera emboscado a una presa.

**3** ◀ El escorpión de agua devora a su indefensa víctima, arrancando trozos de carne con las afiladas puntas de su *rostrum*. Luego inyecta una dosis mortal de su venenosa saliva, que convierte en líquido el interior del pez. Seguidamente, el escorpión de agua absorbe los jugos de su presa.

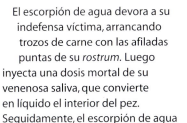

**2** ▼ En cuanto un pez pequeño pasa cerca, el escorpión de agua ataca tan rápido como el rayo. Con las pinzas similares a guadañas de sus patas anteriores, agarra al pez con firmeza y lo arrastra hasta sus mandíbulas como puñales.

# CANGREJO FANTASMA

**Nombre científico:** especie *Ocypode*

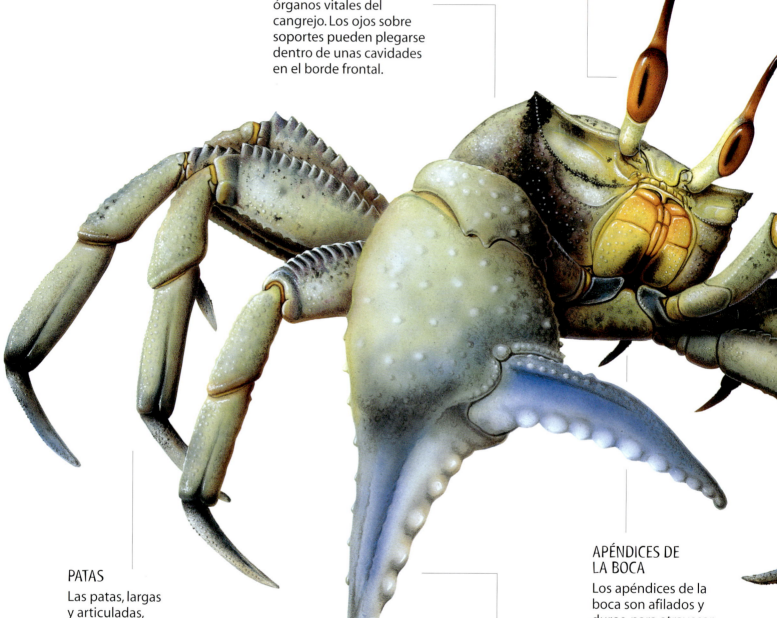

**CAPARAZÓN**
Una concha dura, o caparazón, protege los órganos vitales del cangrejo. Los ojos sobre soportes pueden plegarse dentro de unas cavidades en el borde frontal.

**OJOS**
Los grandes ojos compuestos se parecen a los de las moscas, pero en vez de lentes utilizan espejos diminutos para concentrar la luz en las células receptoras.

**PATAS**
Las patas, largas y articuladas, permiten al cangrejo correr más rápido que ningún otro crustáceo.

**PINZAS**
Una pinza es más delgada que la otra y se utiliza para extraer comida de los rincones estrechos; la más grande se usa para las labores de aplastamiento.

**APÉNDICES DE LA BOCA**
Los apéndices de la boca son afilados y duros, para atravesar la carne y convertirla en pulpa, lista para ser tragada.

# CANGREJO FANTASMA    149

Mientras la marea sube e inunda la playa, el cangrejo fantasma se mantiene firme en su húmeda guarida, a menudo a más de 1 m bajo la superficie. Una vez que las aguas se han retirado de nuevo, emerge para comerse la última cosecha de bocados selectos dejada por la marea, si bien evita la luz directa del día, pues el calor del sol puede resultarle fatal. Sus pinzas articuladas y sus fuertes mandíbulas acaban con facilidad con todo, desde langostas acorazadas hasta medusas venenosas.

¿CUÁNTO MIDE?

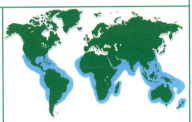

### DATOS BÁSICOS

| | |
|---|---|
| Longitud | Caparazón hasta 6 cm de ancho |
| Presas | Carroña, animales pequeños y algunas plantas |
| Armas | Dos pinzas fuertes |
| Tiempo de vida | Desconocido |

El cangrejo fantasma vive en costas tropicales y subtropicales de todo el mundo y los encontramos en cualquier lugar donde hay playas de arena o barro con límite de marea para poder cavar su madriguera.

### ¿SABÍAS QUE...?

● Cuando el cangrejo fantasma está dentro de su madriguera, en ocasiones hace un chirrido frotando sus patas, como un grillo. Puede que sea un modo de proclamar que la madriguera es su territorio.

● El cangrejo fantasma no es muy escrupuloso en cuanto a lo que come, devorando cualquier cosa, desde sabrosas tortugas recién muertas hasta carne podrida de peces muertos o pájaros ahogados.

● En ocasiones, en los manglares, el cangrejo fantasma trepa hasta las ramas de los árboles para cazar los insectos escondidos entre las hojas. También merodea cerca del agua, agarrando peces pequeños mientras éstos se alimentan en el límite de la marea creciente.

● En los meses más fríos, el cangrejo fantasma tapa la entrada de su madriguera con arena y se aletarga.

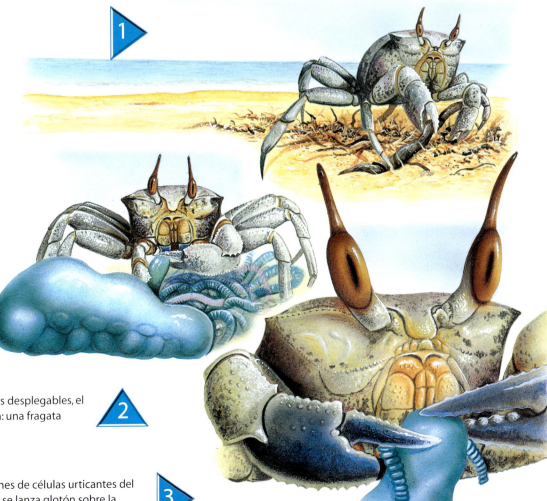

1. Un cangrejo fantasma sale de su guarida para deambular por los restos repartidos por la línea de la marea. Cogiendo con cuidado con sus pinzas los pedacitos sabrosos que encuentra, parte cada uno de ellos con los afilados apéndices de la boca.

2. Observando la arena con sus ojos desplegables, el cangrejo ve una masa gelatinosa: una fragata portuguesa embarrancada.

3. Inmune a los millones de células urticantes del animal, el cangrejo se lanza glotón sobre la carne gelatinosa con sus poderosas pinzas.

**150** CRUSTÁCEOS Y MOLUSCOS

# LANGOSTA EUROPEA
**Nombre científico:** especie *Panulirus*

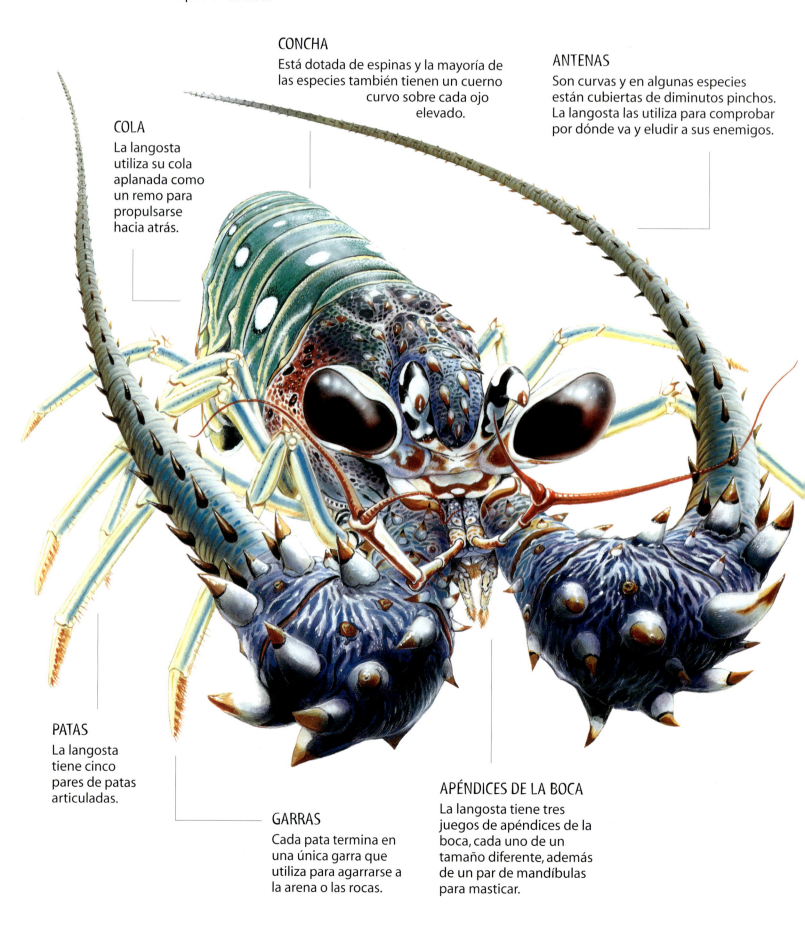

**CONCHA**
Está dotada de espinas y la mayoría de las especies también tienen un cuerno curvo sobre cada ojo elevado.

**ANTENAS**
Son curvas y en algunas especies están cubiertas de diminutos pinchos. La langosta las utiliza para comprobar por dónde va y eludir a sus enemigos.

**COLA**
La langosta utiliza su cola aplanada como un remo para propulsarse hacia atrás.

**PATAS**
La langosta tiene cinco pares de patas articuladas.

**GARRAS**
Cada pata termina en una única garra que utiliza para agarrarse a la arena o las rocas.

**APÉNDICES DE LA BOCA**
La langosta tiene tres juegos de apéndices de la boca, cada uno de un tamaño diferente, además de un par de mandíbulas para masticar.

# LANGOSTA EUROPEA 151

El extravagante caparazón pinchudo de la langosta parece un poco excesivo, pero este crustáceo repleto de pinchos tiene muchos enemigos en su mundo subacuático. Son muchos los peces que disfrutan del sabor de la carne fresca de langosta, tanto como los seres humanos. Cuando se trata de encontrar comida, cualquier criatura fatalmente herida es un objetivo para la langosta europea, incluso los restos podridos o sangrantes de otras langostas. Mientras cae la noche, se arrastra fuera de su escondrijo y va tanteando su camino por el fondo del mar, mientras «prueba» con cuidado las aguas al hacerlo. Antes o después termina detectando un rastro prometedor.

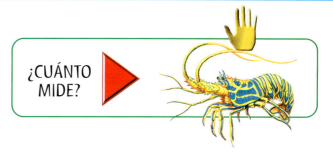
¿CUÁNTO MIDE?

## DATOS BÁSICOS

| | |
|---|---|
| Longitud | Cuerpo hasta 50 cm; antenas hasta 60 cm |
| Peso | Por lo general hasta 8 kg, pero muchas son pescadas antes de que alcancen ese tamaño; una capturada en California pesaba 14,4 kg |
| Presas | Sus presas vivas consisten sobre todo en animales de movimientos lentos, como mariscos, estrellas de mar y cangrejos. También carroñea criaturas muertas o moribundas |
| Tiempo de vida | Desconocido, pero puede ser superior a los 50 años |

La langosta europea, o común, viven en zonas rocosas poco profundas y en arrecifes de coral en el Pacífico, Atlántico e Índico. La encontramos en ambas costas de las Américas, en toda África y la India y por el sureste de Asia.

## ¿SABÍAS QUE...?

● En la base de cada antena, la langosta posee un faldón que puede frotar adelante y atrás contra un borde liso para producir un sonido rasposo. Produce ruido cuando se siente amenazada, para asustar a sus depredadores. Los miembros de un grupo pueden que los utilicen para comunicarse entre sí en sus migraciones, para ayudar a mantener la fila.

● Una columna migratoria de langostas puede llegar a tener 60 individuos y puede viajar hasta 100 km en una semana, recorriendo 15 km al día.

● En ocasiones la langosta común se traslada a aguas profundas, muy alejadas del arrecife. Ha sido vista a profundidades de más de 100 m.

Con las antenas moviéndose constantemente, alerta en busca de peligros, la langosta se lanza sobre su herido pariente y comienza a trabajar sobre ella con los múltiples apéndices de la boca. Los más grandes penetran en la carne, arrancando largas tiras. Las más pequeñas manipulan los pedazos del tamaño adecuado y los llevan hasta las aplastadoras mandíbulas. La víctima es comida viva lentamente, pero al final sus débiles movimientos se detienen. Poco después, de su cuerpo sólo queda una cáscara vacía.

**2**

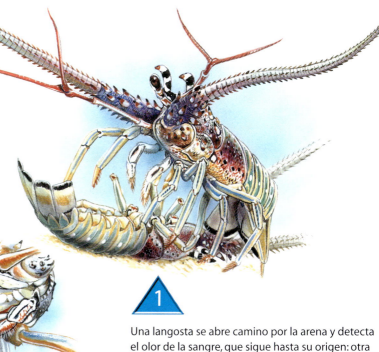

**1**

Una langosta se abre camino por la arena y detecta el olor de la sangre, que sigue hasta su origen: otra langosta, que yace sobre la espalda y mueve débilmente los muñones de sus patas, tras haber sido víctima del feroz ataque de un pez grande.

## 152 CRUSTÁCEOS Y MOLUSCOS

# CANGREJO FLECHA AMARILLA
**Nombre científico:** especie *Stenorhynchus*

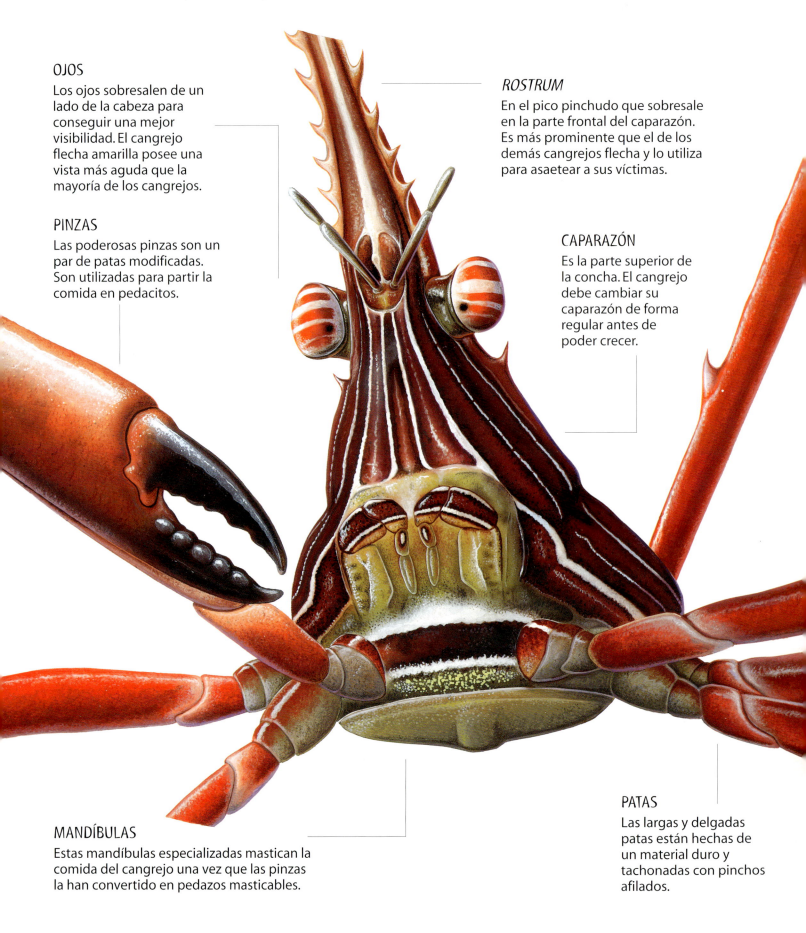

### OJOS
Los ojos sobresalen de un lado de la cabeza para conseguir una mejor visibilidad. El cangrejo flecha amarilla posee una vista más aguda que la mayoría de los cangrejos.

### PINZAS
Las poderosas pinzas son un par de patas modificadas. Son utilizadas para partir la comida en pedacitos.

### ROSTRUM
En el pico pinchudo que sobresale en la parte frontal del caparazón. Es más prominente que el de los demás cangrejos flecha y lo utiliza para asaetear a sus víctimas.

### CAPARAZÓN
Es la parte superior de la concha. El cangrejo debe cambiar su caparazón de forma regular antes de poder crecer.

### MANDÍBULAS
Estas mandíbulas especializadas mastican la comida del cangrejo una vez que las pinzas la han convertido en pedazos masticables.

### PATAS
Las largas y delgadas patas están hechas de un material duro y tachonadas con pinchos afilados.

# CANGREJO FLECHA AMARILLA

Como si fuera una araña, este habitante de los arrecifes siente debilidad por las presas vivas e incluirá a cualquier criatura marina pequeña en su menú. Es feliz carroñeando pedazos de animales marinos muertos, pero si tiene oportunidad, este crustáceo es un depredador agresivo, que captura a sus presas con su afilado hocico y sus largas patas. La presa es comida viva lentamente, cortada en piezas del tamaño adecuado con las pinzas, afiladas como cuchillas.

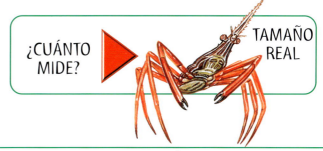
¿CUÁNTO MIDE? — TAMAÑO REAL

## DATOS BÁSICOS

| | |
|---|---|
| Longitud | Cuerpo 3 cm de largo, 1 cm de ancho |
| Envergadura de las patas | Hasta 7 cm |
| Presas | Principalmente carroña, peces, camarones y otros invertebrados |
| Armas | *Rostrum* en forma de pico, patas con pinchos |
| Tiempo de vida | Desconocido |

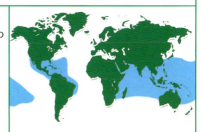

El cangrejo flecha amarilla vive en aguas tropicales poco profundas, incluidas las orillas del Caribe, Atlántico occidental, el Pacífico oriental, la región Indopacífica y el este de África.

## ¿SABÍAS QUE...?

- En Estados Unidos, los cangrejo flecha amarilla se venden en las tiendas de animales a los dueños de acuarios que quieren añadir un poco de interés a los mismos. No obstante, cualquiera que desconozca las sorprendes capacidades cazadoras de este animal puede quedarse bastante sorprendido cuando sus exóticos peces comienzan a desaparecer.

- El cangrejo flecha amarilla hembra da a luz hasta 5 millones de crías. Por fortuna para los peces pequeños que viven en las mismas aguas, sólo 20 o 30 de ellos sobreviven y llegan a convertirse en adultos.

- Los cangrejos flecha amarilla nacen siendo unas diminutas larvas parecidas a camarones que viven cerca de la superficie del agua y se alimentan de plancton. Luego pasan por una serie de cambios de caparazón, donde pierden la «piel» y cada vez se van pareciendo más a un cangrejo.

- Si un cangrejo flecha amarilla pierde una pata ante un enemigo, la siguiente vez que cambia de piel se forma una pequeña extremidad de recambio. Recuperar un miembro perdido puede necesitar de siete a ocho cambios de piel, hasta que alcanza de nuevo su tamaño anterior.

Con precisión de relojero, un cangrejo flecha amarilla atraviesa a un pez coralino joven con su largo *rostrum*. El pez se debate, pero sus pinzas no tardan en comenzar a despedazar la carne en trocitos masticables.

1

La siguiente vez que el cangrejo sale de caza, utiliza una técnica distinta, agarrando a un pequeño pez coralino con las patas. Los pinchos de éstas impiden que el animal se escape mientras las pinzas comienzan a trabajar de nuevo.

2

**154** MAMÍFEROS, REPTILES Y OTROS MONSTRUOS

# MAMÍFEROS, REPTILES Y OTROS MONSTRUOS

*Algunas criaturas de esta categoría son maestros del camuflaje. El feroz aligátor norteamericano, por ejemplo, se disfraza de inofensivo tronco que flota en las ciénagas en las que vive.*

La matamata suramericana lo hace de forma pausada. Se coloca inmóvil bajo la superficie del agua, dejando que las algas se acumulen sobre su lomo para camuflarse. El pepino de mar parece una versión gorda del vegetal para ensalada, pero es su modo de engañar a cualquiera que se acerque a él. Los nadadores o peces que toquen a un pepino de mar se llevarán una desagradable sorpresa cuando éste lance sus filamentos tóxicos, que provocan una dolorosa picadura. Esta categoría también incluye varias criaturas que luchan con denuedo por conseguir su comida, mientras que hay otras que haraganean esperando que les llegue la comida. El cocodrilo marino, por ejemplo, es temido por su merecida reputación de come-hombres. Se lanzará al ataque contra cualquier cosa que entre dentro de su radio de acción, ya se trate de un pez, un pájaro, un búfalo de agua o incluso un ser humano. La tortuga mordedora, por otro lado, merodea por el fondo de los estanques. Al ser un nadador lento, tiene que utilizar la sorpresa como método de conseguir presas. Cuando su desprevenida presa nada cerca, la mordedora se lanza y comienza un ataque despiadado e incansable.

# CORONA DE ESPINAS

**Nombre científico:** *Acanthaster planci*

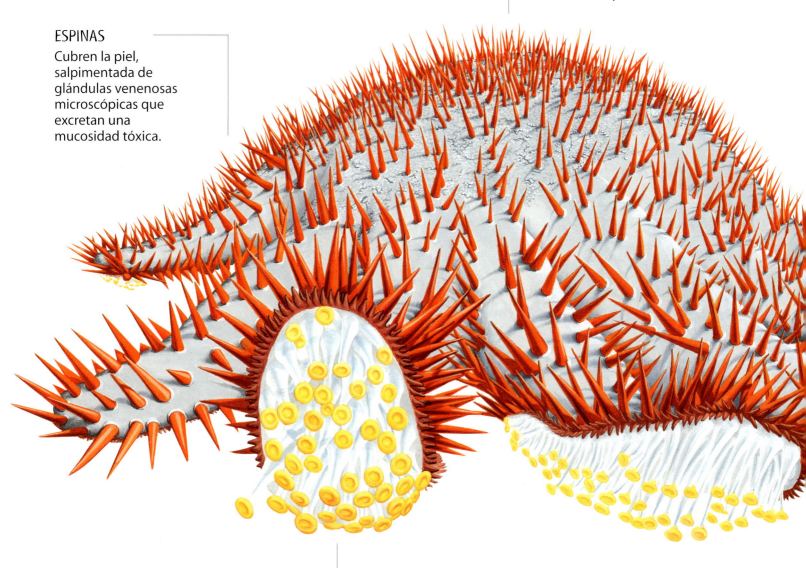

**BRAZOS**
La corona de espinas puede tener hasta 23 brazos pequeños y gruesos, aunque lo más normal es que tenga 15 o 16. Cada uno tiene en el extremo un punto sensible a la luz.

**ESPINAS**
Cubren la piel, salpimentada de glándulas venenosas microscópicas que excretan una mucosidad tóxica.

**TUBOS PIE**
La estrella de mar maneja sus diminutos pies de forma hidráulica, inyectándoles fluido para extenderlos y luego expulsándolo.

## CORONA DE ESPINAS 157

Muchas estrellas de mar son criaturas delgadas que comen algas, pero no es el caso de la corona de espinas. Este peso pesado repleto de espinas es un asesino: se aferra a corales, saca su estómago e inunda a su presa con sus mortales jugos digestivos. La corona de espinas está repleta de ellas, cada una de hasta 5 cm de largo y supura una mucosidad tóxica. Un simple toque basta para atravesar la piel humana... y el impacto puede ahogar a un buceador poco cuidadoso.

¿CUÁNTO MIDE?

### DATOS BÁSICOS

| | |
|---|---|
| Longitud | Hasta 80 cm |
| Presas | Sobre todo coral y otros organismos incrustados o de movimientos lentos que viven en los arrecifes |
| Armas | Espinas cargadas de veneno |
| Reproducción | Cada verano, la hembra pone hasta 60 millones de huevos |

La corona de espinas vive en arrecifes de coral por todo el Índico y el Pacífico, pero parece ser más numerosa en la Gran barrera de coral del noreste de Australia.

### ¿SABÍAS QUE...?

● Como la mayoría de las estrellas de mar, la corona de espinas posee un cuerpo parecido a un saco relleno de fluido, pero su disco central es más grueso para acomodar a su gran estómago.

● En ocasiones la corona de espina es alejada de sus lugares de caza por diminutos cangrejos, que viven entre los pólipos de coral y se comen sus pies tubulares hasta que se traslada a otro lugar.

● Un camarón, el *Hymenocera picta*, ataca a la corona de espinas dándole la vuelta para dejar expuesto su pobremente defendido abdomen y comerse su blando centro.

● Si la corona de espinas pierde un brazo para escapar de un depredador, éste le crece en seis meses. Otras estrellas de mar pueden sobrevivir, incluso si se las corta por la mitad.

 **1** Completamente seducida por la belleza del coral y los brillantes cardúmenes de peces, la buceadora va recorriendo el arrecife cuando le llama la atención una estrella de mar de brillantes colores.

Sin pensar en lo que hace, alarga la mano para tocar a la peculiar criatura, rozando sus espinas... y un repentino dolor le recorre la mano. No tarda en estar casi inmovilizada por la dolorosa herida y, mientras le recorre una oleada de náuseas, lucha por no perder el control.  **2**

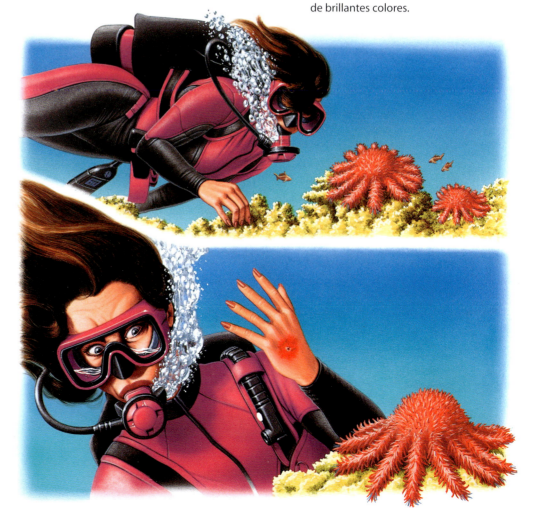

# ALIGÁTOR AMERICANO
**Nombre científico:** *Alligator mississippiensis*

HOCICO
El hocico de un aligátor es característicamente más ancho y redondeado que el de un cocodrilo.

OJOS Y FOSAS NASALES
Están colocados muy arriba, de tal modo que el aligátor pueda otear mientras está semisumergido.

CORAZA
Todo el cuerpo está protegido por una capa de escamas duras y nudosas, sobre todo la espalda, donde forman hileras visibles.

DIENTES
Las mandíbulas están bordeadas por un aterrador conjunto de relucientes dientes, que quedan escondidos cuando la boca está cerrada.

CUERPO
Es grande y robusto, incluso para un cocodrilo, con patas cortas y resistentes para las embestidas.

# ALIGÁTOR AMERICANO

Resulta difícil de creer que un reptil tan poderoso como el aligátor americano se esconda en aguas estancadas tranquilas. Es conveniente no olvidarse de que un sencillo tronco que flota en la superficie repleta de hierbajos ¡puede estar mirándote directamente a ti! Para un aligátor hambriento, cualquier animal que pase cerca de su hogar acuático es factible de ser cazado. Ni siquiera un caballo es demasiado grande para que un aligátor lo derribe, aunque el reptil prefiere comidas de un tamaño más masticable.

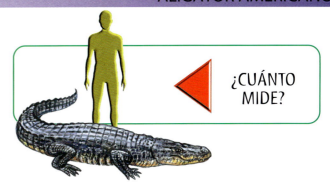

¿CUÁNTO MIDE?

## ¿SABÍAS QUE...?

- En las regiones más frías, el allgátor se vuelve inactivo durante el invierno. Excava una acogedora madriguera bajo un banco de arena (un «agujero de aligátor») y allí permanece hasta cuatro meses, moviéndose poco y casi sin comer. En ocasiones, el aligátor se congela en su agujero, pero mientras haya un agujero para respirar puede sobrevivir hasta el deshielo.

- El rugido del aligátor macho alcanza 150 m. A menudo confunde ruidos fuertes con la llamada de un rival, silbando o bramando ante un bocinazo, el motor de un avión, un martillo neumático o una taladradora.

- A menudo se dice que el aligátor americano utiliza su poderosa cola para barrer a los animales de la orilla y hacerlos caer al agua, pero no hay pruebas que confirmen esta creencia.

- Algunas hembras aligátor son unas madres ferozmente protectoras y vigilan a sus crías –sobre todo de otros aligatores– durante varios años.

## DATOS BÁSICOS

| Longitud | El macho hasta 3,6 m y la hembras hasta 2,3 m |
| --- | --- |
| Peso | Hasta 225 kg |
| Presas | Peces, anfibios, pájaros, reptiles y mamíferos, incluidos animales domésticos |
| Tiempo de vida | Hasta 50 años en cautividad |

El aligátor americano habita sobre todo en zonas pantanosas protegidas en el sureste de Estados Unidos, en especial en los estados de Carolina del Sur, Georgia, Florida, Alabama, Misisipi, Luisiana y Tejas. La población más abundante se encuentra en los bayús (arroyos) de Luisiana, los everglades de Florida y en el río Misisipi.

1 — Un hombre lleva de paseo a su perro por la orilla del río. Es un día precioso y mientras disfruta de la caminata al aire libre, el perro retoza juguetón al extremo de su correa salpicando en la orilla y husmeando las matas de juncos.

2 — De repente, un enorme aligátor sale de su escondite entre las hierbas y agarra al perro con sus mandíbulas. De forma instintiva el hombre agarra la correa con fuerza, que se rompe como si fuera de papel cuando el reptil se estrella contra el agua.

3 — El hombre mira sin poder hacer nada, mientras el aligátor se aleja dejando tras él un rastro sangriento. Mientras encuentra un lugar tranquilo para tragarse a su presa, el hombre regresa a su casa en estado de choque; completamente roto por su pérdida, pero dándose cuenta de la suerte que ha tenido de no haber sido él la víctima.

## MAMÍFEROS, REPTILES Y OTROS MONSTRUOS

# MATAMATA
**Nombre científico:** *Chelus fimbriatus*

### CONCHA
Los escudos óseos cónicos cubren la mayor parte de la matamata, cada uno de ellos bien marcado con anillos de crecimiento. La tortuga pasa tanto tiempo inmóvil, que en su dorso rugoso y basto se puede acumular grandes cantidades de algas, lo que ayuda a camuflar su perfil mientras espera tranquilamente sobre el lecho del río.

### HOCICO
La nariz tubular actúa como tubo respirador para obtener aire de la superficie.

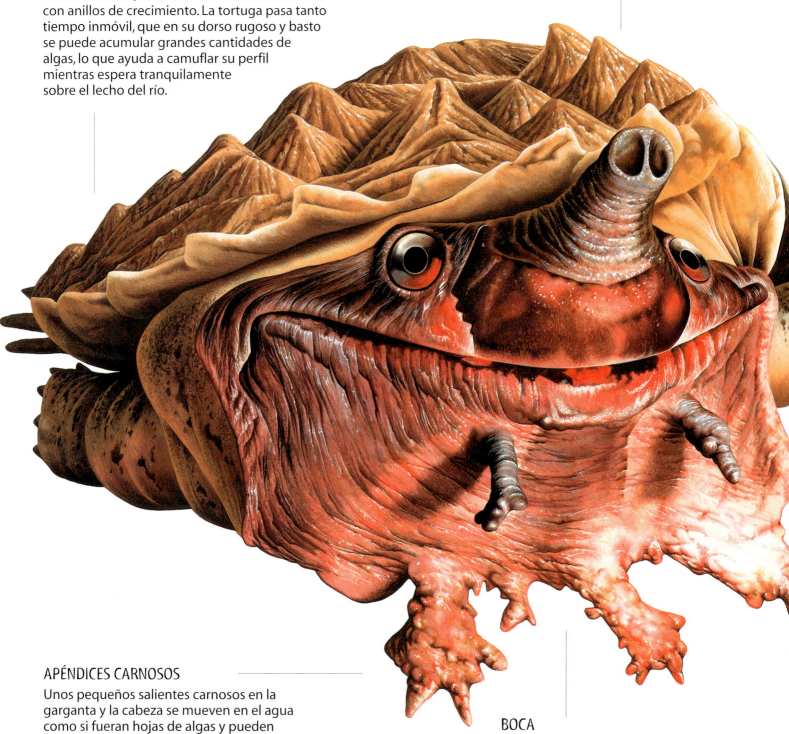

### APÉNDICES CARNOSOS
Unos pequeños salientes carnosos en la garganta y la cabeza se mueven en el agua como si fueran hojas de algas y pueden actuar incluso como cebos en forma de gusano para los peces desprevenidos.

### BOCA
Las anchas mandíbulas sin dientes de la matamata están diseñadas para tragar, más que para masticar.

# MATAMATA

Es posible que la curiosa matamata sea la más grande de las tortugas de agua dulce, pero no es una gran nadadora. Pasa las horas bajo el agua, cultivando una capa de hierbajos y absorbiendo pequeños peces y otras criaturas. Si bien la matamata es sobre todo un depredador de los de «siéntate y absorbe», en ocasiones «pesca» presas haciendo oscilar de lado a lado su cuello. Puede incluso moverse lentamente por el fondo para acorralar peces pequeños en las zonas poco profundas.

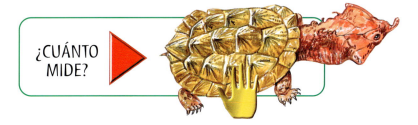

¿CUÁNTO MIDE?

### DATOS BÁSICOS

| | |
|---|---|
| Longitud | La concha, hasta 45 cm |
| Peso | Hasta 2,5 kg |
| Presas | Peces, otras criaturas acuáticas, pequeños pájaros y mamíferos |
| Armas | Una boca ancha que succiona |
| Tiempo de vida | Hasta 30 años en cautividad |

Muy difundida por el norte de Suramérica, sobre todo en el Amazonas y el Orinoco, es más común en Venezuela y Brasil. También se da en el norte de Bolivia y el este de Perú, Ecuador, Colombia, las Guayanas y Trinidad.

## ¿SABÍAS QUE...?

● El nombre científico de la tortuga matamata es *Chelus fimbriatus*, que significa «tortuga con flecos».

● La matamata pertenece a un grupo de tortugas que no pueden retraer la cabeza dentro de su concha cuando se sienten amenazadas. Lo que hacen es doblarla hacia un lado bajo el reborde de la parte frontal de la concha, lo que todavía deja algunas zonas de la cabeza y el cuello expuestas.

● El cuello de la matamata es casi tan largo como su lomo. Si las personas estuvieran construidas con las mismas proporciones, como media tendrían un cuello de ¡1 m de largo!

● Muy pocas tortugas respiran aire como la matamata. Otras consiguen oxígeno del agua, guardándolo en la boca o en sus cámaras cloacales (su abertura reproductora y excretora) mientras el oxígeno pasa a la red de vasos sanguíneos del interior. Las tortugas de concha blanda también pueden absorber oxígeno a través de sus caparazones.

**1** Una matamata descansa sobre el lecho embarrado de un turbio arroyo, con aspecto de una roca recubierta de algas. Completamente inmóvil, con sólo su flexible hocico elevado hasta la superficie, espera a que un pez se acerque hasta ponerse a tiro.

**2** Pero el tiempo pasa y nada agradable se acerca, obligando a la hambrienta tortuga a cambiar de táctica. Lentamente, comienza a caminar por el lecho del arroyo, acorralando algunos peces hacia un banco de arena.

**3** ¡Por fin está consiguiendo resultados! Con cuidado, la tortuga arrincona a algunos pececillos y luego, sacando la cabeza, abre del todo la boca y los absorbe. Tras cerrar la boca, expulsa el agua por los labios y se traga entera la comida.

**162** MAMÍFEROS, REPTILES Y OTROS MONSTRUOS

# TORTUGA MORDEDORA
**Nombre científico:** *Chelydra serpentina*

CAPARAZÓN
El caparazón tiene tres crestas nudosas, que se van haciendo más suaves según el animal envejece. Grueso y duro, protege el lomo de la tortuga contra los depredadores y, al ser de color barro, proporciona camuflaje cuando la tortuga intenta pasar desapercibida en el limo del fondo.

PLASTRÓN
Esta parte de la concha protege el vientre de la tortuga de los ataques de enemigos como las grandes aves rapaces.

PICO
Se trata de un gancho afilado formado por placas de cuerno, que aplasta y despedaza a sus presas como si fuera un cruce entre tijeras y alicates.

PEZUÑAS
Son grandes remos palmeados, con peligrosas garras en forma de guadaña.

# TORTUGA MORDEDORA

Con su pico desmembrador, sus garras destripadoras y su casi indestructible coraza, la tortuga mordedora es un sanguinario y letal depredador de agua dulce. Fuera del agua, su actitud hostil también la convierte en una amenaza real. Muchas de las criaturas que viven en aguas infestadas de tortugas mordedoras tendrán un final brutal. En un momento dado, están nadando tan tranquilas y al siguiente están luchando desesperadamente por escapar del mordisco de un pico despiadado, que los agarra férreamente.

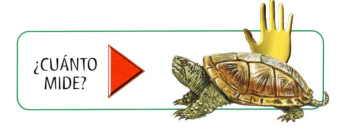

¿CUÁNTO MIDE?

## DATOS BÁSICOS

| | | |
|---|---|---|
| Longitud | Hasta 1 m o más desde el pico hasta la punta de la cola, incluido un caparazón de 35-40 cm | La tortuga mordedora es la más extendida de Norteamérica. La podemos ver en regiones tan al norte como las zonas meridionales de los estados fronterizos de Canadá, y es común en todo Estados Unidos, al este de las Rocosas. Su territorio se extiende por el sur por México y América Central, hasta tan lejos como Ecuador, en Suramérica. |
| Peso | Hasta 16 kg o más | |
| Presas | Casi cualquier criatura que sea más pequeña que ella, y carroña | |
| Tiempo de vida | Al menos 47 años | |

### ¿SABÍAS QUE…?

● Cuando se la molesta, la tortuga mordedora a menudo produce un fuerte olor a almizcle. Cuanto más vieja es la tortuga, más fuerte es el olor.

● Tras aparearse, la tortuga mordedora hembra puede almacenar el esperma dentro de su cuerpo durante varios años antes de utilizarlo para fecundar sus huevos.

● Si bien por lo general las tortugas mordedoras hibernan en invierno dentro del barro, se las ha visto caminando sobre aguas heladas y bucear bajo el hielo.

● La policía utilizó una vez el gusto de la tortuga mordedora por la carroña de un modo un poco extraño, pues ataron una cuerda a un ejemplar grande y luego la utilizaron para localizar a varias víctimas de asesinato que estaban sumergidas.

● La tortuga mordedora puede haber evolucionado su naturaleza agresiva y su duro pico como defensa, porque la parte inferior de su caparazón es demasiado pequeña como para cubrir su cabeza, patas y cola.

En el fondo de un estanque, una tortuga mordedora espera entre las algas a que se le presente una oportunidad de almorzar. Como no nada muy rápido, confía en la sorpresa para conseguir presas, como la polla de agua que termina por pasar nadando por encima. De inmediato la tortuga se lanza hacia el cielo, muerde una da las patas del ave y arrastra bajo el agua a su víctima, mientras ésta se debate frenéticamente. La tortuga comienza a desgarrarla y devorarla cuando la polla de agua todavía se debate, aunque débilmente, y comienza a ahogarse.

**1**

# ERIZO DE MAR

**Nombre científico:** clase *Echinoidea*

### PÚAS
Varían de tamaño. Fijadas en la concha mediante una junta de rodamiento de bolas y manejadas por músculos delicados, pueden ser movidas para mantener alejados a los atacantes o para ayudar a «caminar» al erizo.

### SENTIDOS
Sencillas células receptoras repartidas por el cuerpo responden al tacto y a los productos químicos del agua.

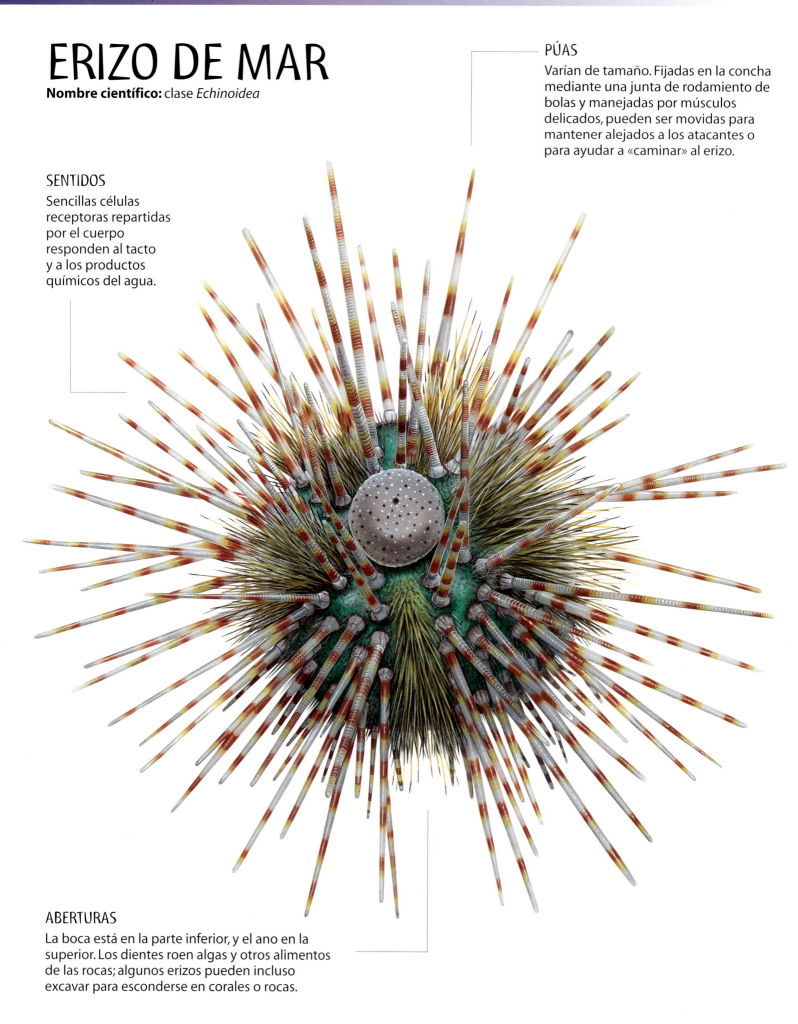

### ABERTURAS
La boca está en la parte inferior, y el ano en la superior. Los dientes roen algas y otros alimentos de las rocas; algunos erizos pueden incluso excavar para esconderse en corales o rocas.

# ERIZO DE MAR

El erizo de mar es uno de los animales más extraños y bonitos de los mares. El erizo de mar, que casi parece una joya con sus brillantes colores y sus añadidos en forma de filigrana, tiene una coraza de cerdas; es una especie de acerico destinado a herir a cualquier desafortunada o alocada criatura que toque sus púas o diminutas «mandíbulas». No resulta nada divertido pisar las púas venenosas de este animal, que se clavan en la carne y luego se rompen, inyectando en la herida unas toxinas que causan horas de agonía y un montón más de efectos negativos.

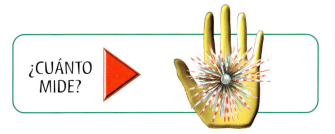

¿CUÁNTO MIDE?

## DATOS BÁSICOS

| | |
|---|---|
| Longitud | La mayoría de las especies tienen unos 8 cm de diámetro |
| Presas | Por lo general vegetales como algas, o restos orgánicos |
| Armas | Púas afiladas y unas diminutas mandíbulas mordedoras montadas sobre soportes y llamadas *pedicellariae*; las dos pueden ser tóxicas |

Los erizos de mar viven en todos los mares y océanos del mundo, desde las costas poco profundas hasta las profundidades oceánicas. Las especies más venenosas se dan en las zonas tropicales y subtropicales del Indopacífico.

## ¿SABÍAS QUE...?

● El erizo de mar más grande del mundo es el *Sperosoma giganteum*. Se encuentra en aguas profundas de Japón y su concha tiene hasta 32 cm de diámetro. El más pequeño es el *Echinocyamus scaber,* que se encuentra frente a las costas de Nueva Gales del Sur, en Australia, con una concha que mide menos de 5 mm de diámetro.

● El erizo *Strongylocentrotus purpuratus* de las costas del Pacífico estadounidense es conocido por excavar agujeros en los pilares de acero que están bajo el agua.

● El erizo *Strongylocentrotus purpuratus* de las costas pacíficas norteamericanas es famoso por excavar agujeros en los pilares de acero submarinos.

● Las púas de los erizos de mar *Diadema* pueden tener hasta 30 cm de largo. Cuando un erizo detecta a un intruso, las púas móviles pueden ser dirigidas con rapidez y presentar, reunidas, una masa de puntas repletas de veneno y con forma de aguja.

Un amigo intenta quitarle las largas púas con unas tenazas, pero los pinchos invertidos de éstas hacen casi imposible retirarlas, sólo se rompen, dejando las puntas clavadas profundamente en la carne. Aunque el terrible dolor desaparece al cabo de unas seis horas, pasarán varios días antes de que pueda volver a caminar con comodidad.

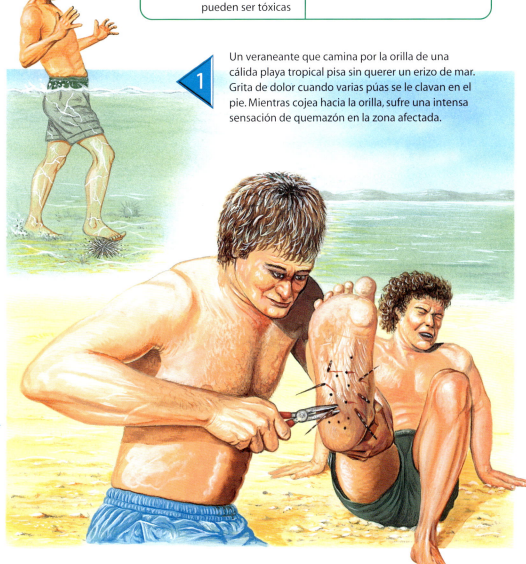

1. Un veraneante que camina por la orilla de una cálida playa tropical pisa sin querer un erizo de mar. Grita de dolor cuando varias púas se le clavan en el pie. Mientras cojea hacia la orilla, sufre una intensa sensación de quemazón en la zona afectada.

# PEPINO DE MAR

**Nombre científico:** clase *Holothuroidea*

### TENTÁCULOS
El *Pseudocolochirus axiologus* de la Gran Barrera de coral posee diez pegajosos tentáculos ramificados para atrapar los pedacitos de comida que flotan en el agua.

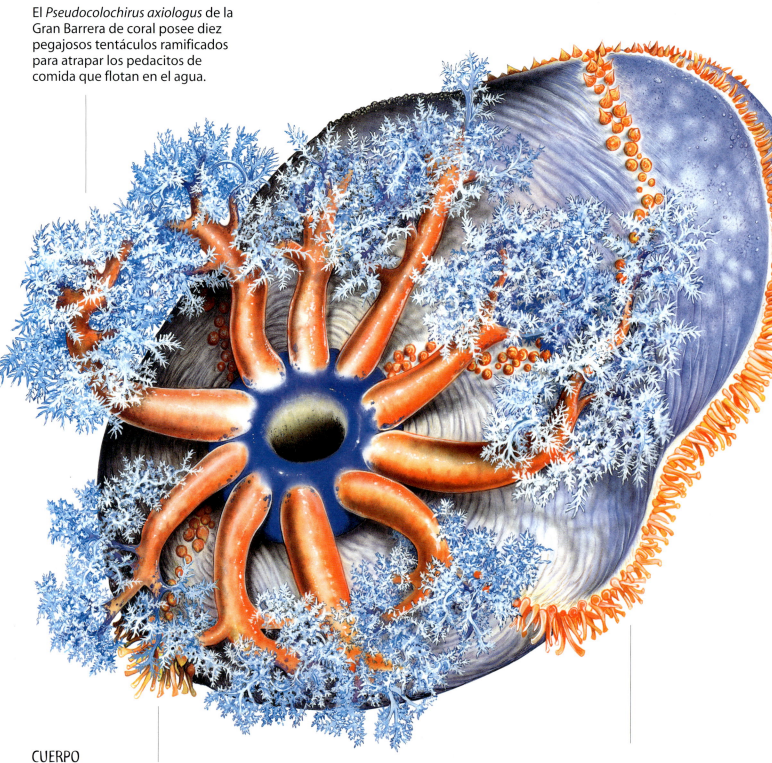

### CUERPO
Cuando las tocan, algunas especies absorben agua para hacerse más grandes y flexibles, mientras que otras expulsan agua para hacerse más pequeñas y duras.

### PATAS TUBULARES
Muchas especies poseen ventosas en el extremo de sus patas en forma de tubo, para agarrarse a las superficies resbaladizas.

# PEPINO DE MAR

Los pepinos de mar son parientes cercanos de los erizos y las estrellas de mar, y se conocen muchos cientos de especies. Varían mucho en color y tamaño, pero todas comparten el mismo tipo de cuerpo; es uno que es extraño, pero que es perfecto para una forma de vida como de babosa en el fondo del mar. Cuando es atacado, el pepino de mar responde disparando unos órganos en forma de hilo, llamados tubos de Cuvier, desde su ano. Esto no le causa daño al pepino de mar, pues le vuelven a crecer, pero no es cosa de broma si te alcanzan.

¿CUÁNTO MIDE?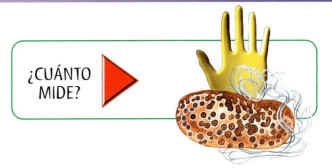

## DATOS BÁSICOS

| | | |
|---|---|---|
| Longitud | 2 cm-5 m, la mayoría miden menos de 1 m | |
| Presas | Sobre todo materia orgánica de desecho y plancton | |
| Armas | Toxinas de holoturinas en la piel, carne y órganos | |
| Tiempo de vida | Desconocido | |

Los pepinos de mar viven en todos los mares y océanos del mundo. Abundan más en las aguas poco profundas, sobre todo entorno a los arrecifes de coral, pero algunas viven a 3 km de profundidad.

### ¿SABÍAS QUE...?

● Muchos pepinos de mar segregan toxinas por la piel y algunos isleños del Pacífico utilizan las que son más tóxicas para envenenar peces al echarlas en las piscinas naturales de los arrecifes.

● Los isleños del Pacífico utilizan los tubos de Cuvier de los pepinos de mar para «esterilizar» las heridas y rasguños que se hacen en los arrecifes.

● Muchas especies se parecen, pero cada una tienen sus propios y particulares osículos en la piel. En las especies prehistóricas éstos formaban un esqueleto externo sólido.

● Algunos peces perla (especie *Carabidae*) viven dentro de los pepinos de mar. Pequeños y delgados, entran en el ano del pepino de mar con la cola primero y lo utilizan como un lugar seguro para esconderse. El pez sale para buscar comida, pero también mordisquea el interior de su anfitrión; como le vuelve a crecer, el pepino de mar no sufre daño.

**1** Un veraneante está buceando con tubo por la Gran Barrera de coral y maravillándose con su gran variedad de coloridas criaturas, cuando de repente ve un regordete pepino de mar con manchas como de leopardo ocupado en sus asuntos. Creyendo que no le puede hacer ningún daño, no puede evitar coger al extraordinario animal para mirarlo más de cerca...

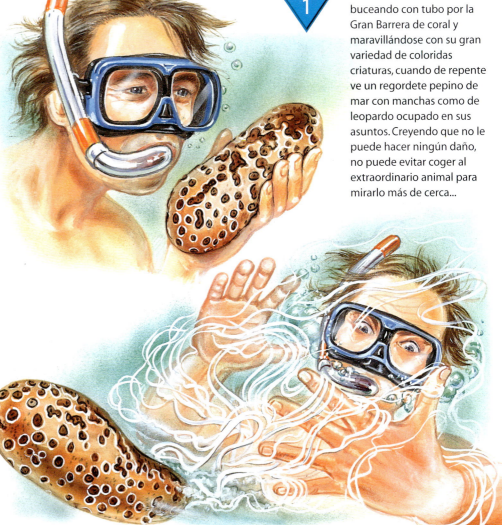

**2** De inmediato el pepino de mar dispara sus tubos, que cubren las manos del hombre con unas pegajosas y urticantes toxinas holoturias. Éste suelta instantáneamente al animalito tan «mono», pero sus manos se quedarán rojas durante días.

# COCODRILO MARINO

**Nombre científico:** *Crocodylus porosus*

### COLA
Con poderosos movimientos de su larga cola, el cocodrilo puede nadar a una alarmante velocidad y saltar fuera del agua como un misil.

### LENGUA
Unas glándulas especiales de la lengua se libran del exceso de sal del cuerpo, de tal modo que el cocodrilo puede pasar largos períodos de tiempo en la salada agua de mar.

### DIENTES
Cada afilado diente es reemplazado por otro según se va desgastando, de modo que el cocodrilo nunca pierde sus dientes según va envejeciendo, lo cual es uno de los motivos por los cuales puede vivir tanto.

### PATAS
La hembra utiliza sus cuatro largas garras de las patas anteriores para construir un nido para sus huevos y luego para desenterrarlo de la arena cuando nacen. Las patas traseras son palmeadas, para ayudar al animal a mantener el equilibrio y dirigirlo dentro del agua.

## COCODRILO MARINO   169

Este monstruo coriáceo es el reptil vivo más grande del mundo y también uno de los más peligrosos. Sus nudosos y antiguos rasgos despiertan un temor primigenio en los seres humanos; sobre todo por su bien merecida reputación de come-hombres. Cualquier intruso que entre en su guarida es presa lícita para el cocodrilo marino; pues a pesar de ser una bestia tan pesada, puede lanzar un ataque a una velocidad sorprendente, agarrar a su víctima y forcejear con ella hasta conducirla a su tumba acuática.

### ¿CUÁNTO MIDE?

### DATOS BÁSICOS

| | |
|---|---|
| Longitud | Como media, 4,5 m, pero se han visto monstruos de hasta 7 m |
| Peso | Como media, 500 kg, pero hasta 1.000 kg y más |
| Dientes | 64-68 dientes afilados, renovados de continuo |
| Presas | Peces, pájaros, cerdos, ciervos, búfalos, monos y personas; también carroña |
| Ataque típico | Emboscada y ahogamiento |
| Tiempo de vida | Hasta 100 años |

El cocodrilo marino vive en ríos, estuarios y aguas costeras en las partes tropicales del Indopacífico; desde la India, hasta Australia y Fiyi, pasando por Sumatra, Borneo, Filipinas y Nueva Guinea.

### ¿SABÍAS QUE...?

- Algunas historias hablan de cocodrilos marinos de 10 m de largo. El cocodrilo continúa creciendo toda su vida, de modo que estas historias pueden ser verdad.

- A menudo los cocodrilos se tragan piedras para machacar la comida en el estómago. Piedras similares se han encontrado en dinosaurios fósiles.

- Se sabe que una noche de 1945, los cocodrilos marinos mataron a más de 500 soldados japoneses que intentaban escapar de una isla llena de marismas.

- El cocodrilo marino puede causar tanto miedo que a menudo le disparan nada más verlo. Se está volviendo escaso, y ahora es un animal protegido en algunos países.

**1** Un búfalo acuático se acerca a un río en la Malasia rural para abrevar y saciar su sed. Ni ve ni oye al cocodrilo que se desliza debajo del agua, hasta la distancia de ataque. De repente, el reptil asesino saca su poderoso cuerpo del agua y cierra sus mandíbulas en torno al cuello del búfalo.

**2** El cocodrilo arrastra al búfalo al agua, mientras sus mandíbulas sujetan al indefenso y mugiente mamífero con un mordisco salvaje. Con un único latigazo de su ancha cola, el cocodrilo mete la cabeza del búfalo debajo del agua para ahogar a su víctima.

**3** El cocodrilo no puede masticar, por lo que debe reducir el tamaño de los pedazos sacudiendo violentamente el cadáver de su víctima para hacerla pedazos. En ocasiones hinca los dientes en el cuerpo del animal y da vueltas, arrancando así grandes pedazos de piel, carne y hueso.

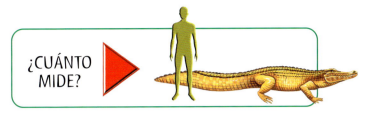

# GAVIAL

**Nombre científico:** *Gavialis gangeticus*

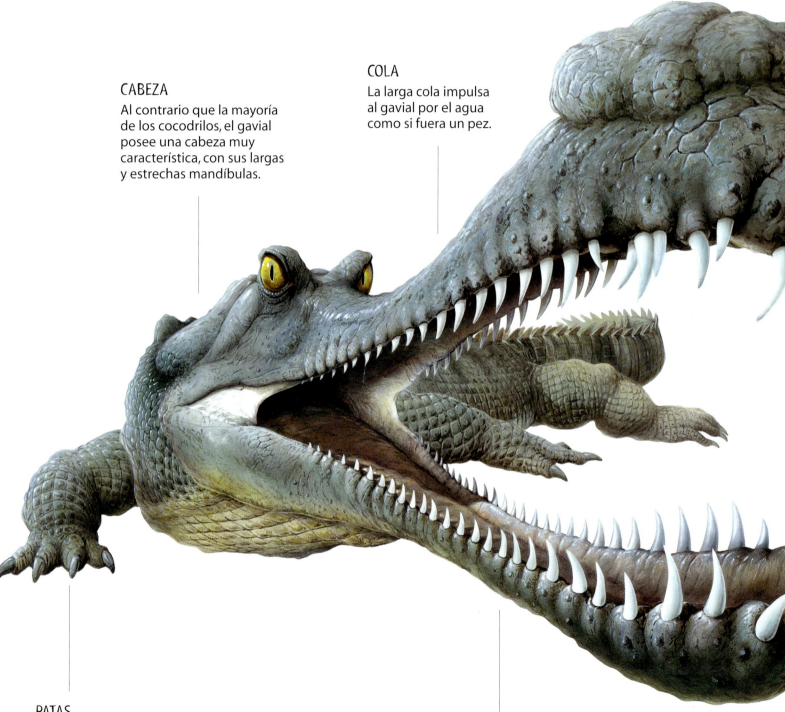

**HOCICO**
Un macho adulto tiene en el hocico una excrecencia que posiblemente utilice para lucir durante el apareamiento.

**CABEZA**
Al contrario que la mayoría de los cocodrilos, el gavial posee una cabeza muy característica, con sus largas y estrechas mandíbulas.

**COLA**
La larga cola impulsa al gavial por el agua como si fuera un pez.

**PATAS**
Las cortas patas son demasiado débiles para soportar el peso del gavial en tierra firme.

**DIENTES**
Los delgados y puntiagudos dientes del gavial son reemplazados con regularidad a lo largo de su extremadamente larga vida.

# GAVIAL

El extremadamente largo y delgado hocico del gavial está repleto de filas de dientes terriblemente afilados, perfectos para atrapar un gran y jugoso siluro en el río. Armado con unas largas y poderosas mandíbulas y más de 100 dientes mortalmente afilados, este colosal cocodrilo asiático puede causar serios daños a cualquiera que se interponga en su camino. Al gavial le encantan los siluros y atrapa al primero que se le pone a tiro. Desgraciadamente, alguien que está pescando atrapa a uno con su anzuelo y su violenta lucha atrae a un gavial, la bestia no duda en lanzar un horripilante ataque.

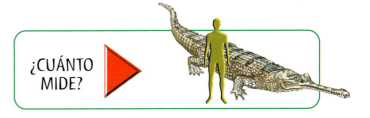

¿CUÁNTO MIDE?

## DATOS BÁSICOS

| Longitud | Hasta 7 m |
|---|---|
| Peso | Hasta 250 kg |
| Presas | Sobre todo peces |
| Armas | Mandíbulas poderosas perfiladas con dientes afilados |
| Tiempo de vida | Posiblemente, hasta 100 años |

El gavial vive en los ríos de Pakistán, Nepal, norte de la India, Bhutan, Bangladesh y Birmania (Myanmar), pero ahora es escaso en la mayoría de estos países. Sus hábitats favoritos son los tramos tranquilos de los ríos y estuarios de aguas rápidas.

### ¿SABÍAS QUE...?

● Años atrás, el gavial estaba extendido por todo el norte de la India y Asia Central, pero la actividad humana lo ha erradicado de muchas zonas.

● El gavial se ha vuelto escaso y está amenazado en muchas regiones, pero en la India el número de ejemplares está creciendo poco a poco gracias a la cría en cautividad y a los programas de conservación.

● Una hembra pone de media 40 huevos, pero una vez se encontró una camada de 97. Muchos gaviales mueren jóvenes, sólo uno de cada 100 sobrevive.

● La protuberancia del hocico del macho rodea las fosas nasales, de tal modo que puede funcionar para amplificar los sonoros silbidos y bufidos que el cocodrilo utiliza para atraer a una hembra durante la época del apareamiento. La hembra responde con una llamada similar, pero mucho más suave y menos ruidosa, quizá debido a que carecen del equipo amplificador del macho.

**1** Tras pasar horas intentando atrapar un siluro, un chico siente un tirón en su hilo de pescar y comienza a recogerlo para hacerse con su premio, pero de repente se produce una lluvia de salpicaduras causada por un gavial que se apodera del pez.

**2** Con un tirón de la cabeza, la bestia rompe la cuerda de pescar como si fuera un hilo. El pez atrapado entre sus mandíbulas es demasiado grande como para tragárselo entero, de modo que el reptil zarandea a su presa de lado a lado para despedazarla en trozos tragables. Mientras tanto, el chico corre para ponerse a salvo, encantado de haber conservado la vida.

# SANGUIJUELA

**Nombre científico:** familia *Hirudinidae*

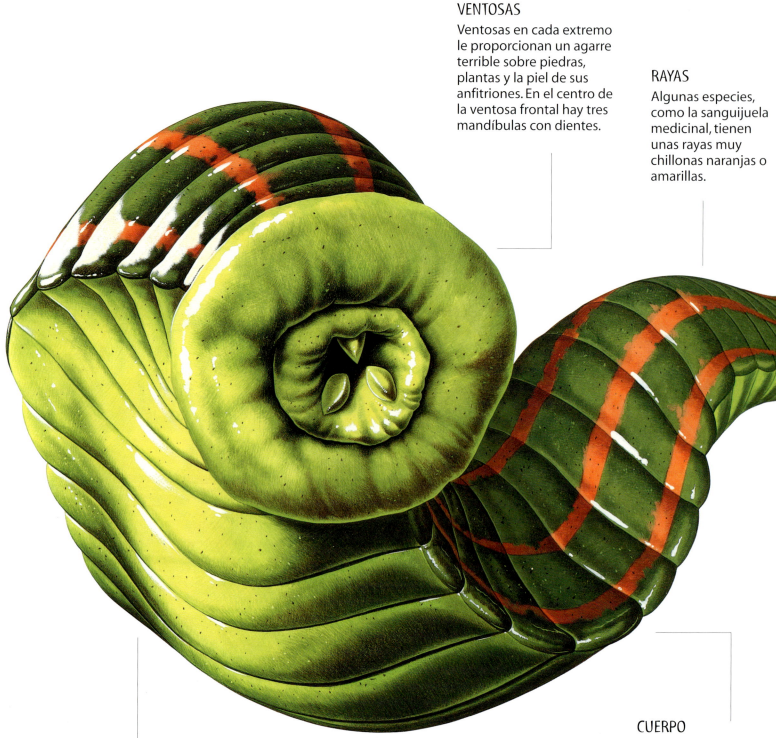

**VENTOSAS**
Ventosas en cada extremo le proporcionan un agarre terrible sobre piedras, plantas y la piel de sus anfitriones. En el centro de la ventosa frontal hay tres mandíbulas con dientes.

**RAYAS**
Algunas especies, como la sanguijuela medicinal, tienen unas rayas muy chillonas naranjas o amarillas.

**COLOR**
La piel, verde, marrón o negra, ofrece camuflaje entre la vegetación del estanque.

**MÚSCULOS**
Los músculos cubren el cuerpo y rodean cada segmento, lo que permite a la sanguijuela cambiar de forma.

**CUERPO**
La sanguijuela es alargada y aplanada a lo ancho. Nada con un movimiento ondulatorio.

# SANGUIJUELA

De todas las criaturas de pesadilla que nos ofrece la naturaleza, pocas son más odiadas que esos parásitos que son las sanguijuelas. Con su cuerpo deslizante de babosa, unas mandíbulas salvajes y una espeluznante sed de sangre –incluso humana– está garantizado que pueden infestar la carne de cualquiera. Para un caballo que bebe un poco de agua fresca no hay nada peor que salir del agua con una sanguijuela pegada a una pata. Algunas sanguijuelas pequeñas pueden nadar hasta meterse dentro de la boca o trepar por uno de los ollares, lo que puede resultar mortal.

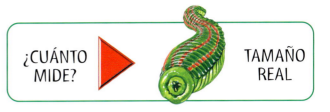

¿CUÁNTO MIDE?    TAMAÑO REAL

## DATOS BÁSICOS

| Longitud | Por lo general 2-4cm; algunas especies alcanzan más de 15 cm completamente estiradas |
| Presas | Sangre fresca de vertebrados |
| Armas | Corta la piel con sus tres mandíbulas y chupa la sangre que sale |
| Tiempo de vida | Hasta 20 años |

Las sanguijuelas de agua dulce se encuentran en todo el mundo, casi en cualquier parte donde haya agua con corrientes mínimas o en calma. No las encontramos ni en el círculo ártico ni en algunas tierras del extremo sur.

### ¿SABÍAS QUE...?

● Algunas sanguijuelas de agua dulce, como la *Hæmopis sanguisorba,* han abandonado la alimentación a base de sangre. Sus mandíbulas son débiles y se alimentan de succionar enteros moluscos, gusanos y larvas de insectos.

● También hay sanguijuelas que viven en tierra firme, merodean por hábitats como los bosques tropicales y se dejan caer sobre animales o personas que pasan debajo de ellas. La única sanguijuela europea de tierra, la *Xerobdella lecontei,* vive en las praderas de los Alpes, donde chupa sangre de un anfibio, la salamandra alpina.

● Otro grupo de sanguijuelas que vive tanto en agua fresca como en el mar está especializada en chupar sangre de pez.

● Los adultos pasan grupos de bacterias benignas a su prole secretando microbios dentro del capullo protector que envuelve a los huevos mientras se desarrollan. Cuando las sanguijuelas eclosionan, se comen algunas de las bacterias y no tardan en estar listas para su primera comida de sangre.

**1** Encantado de poder saciar su sed en un día caluroso, un caballo inclina la cabeza para beber en una charca poco profunda; pero lo que no sabe es que la charca es el hogar de una sanguijuela *Limnatis*. Mientras el caballo bebe, la sanguijuela se cuela inadvertida dentro de su boca. Utiliza sus poderosas ventosas de cada extremo de su cuerpo para agarrarse al recubrimiento de la garganta y evitar ser tragada. Como no tardará en comprobar, se encuentra en el sitio perfecto para tomar un bocado.

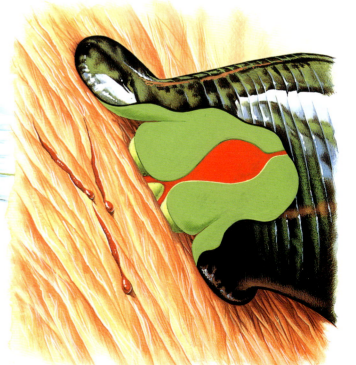

**2** El revestimiento de la garganta del caballo contiene muchos vasos sanguíneos. Utilizando sus tres mandíbulas, la sanguijuela hace tres tajos en la delgada piel y luego se pone a beber. Puede quedarse en el mismo sitio durante días e incluso semanas, volviéndose cada vez más gorda. Si muchas sanguijuelas penetran a la vez en el caballo y atacan las vías respiratorias, los tejidos del cuerpo pueden hincharse tanto que el animal puede morir ahogado.

# 174 MAMÍFEROS, REPTILES Y OTROS MONSTRUOS

# SERPIENTE DE MAR

**Nombre científico:** subfamilia *Hydrophiinae*

**ESCAMAS**
En algunas especies, las escalas se superponen, como las tejas en un tejado; en otras, siguen unas a otras.

**FOSAS NASALES**
Cuando la serpiente de mar bucea, unos faldones parecidos a válvulas le cierran las fosas nasales, situadas en la parte superior del hocico.

**COLA**
Al mover su aplanada cola de un lado a otro, la serpiente de mar se impulsa por el agua.

**CUERPO**
El cuerpo posee unos pulmones especialmente adaptados que se extienden casi hasta la punta de la cola. Esta amplia reserva de aire permite a la serpiente permanecer sumergida durante más de tres horas cada vez.

**LENGUA**
Unas glándulas situadas bajo la lengua producen una especie de salmuera que es segregada dentro de la funda de la lengua. De modo que, al sacarla, la serpiente pasa el exceso de sal de su cuerpo al mar.

# SERPIENTE DE MAR 175

Perfectamente adaptada para cazar bajo el agua, una serpiente de mar se desliza con elegancia por entre rocas y algas. Sus dos pares de colmillos están erguidos y dotados del veneno más potente de todas las serpientes, listo para matar en un instante. Una alargada y sinuosa proveedora de muerte, la serpiente marina de banda azul pasa con facilidad por entre los arrecifes de coral. Su cabeza y cuello caben en las grietas más estrechas cuando busca presas, al tiempo que enrosca su musculoso cuerpo para tapar cualquier posible ruta de escape.

¿CUÁNTO MIDE?

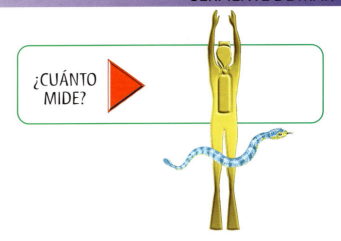

## DATOS BÁSICOS

| | |
|---|---|
| Longitud | Hasta 2,75 m (*Hydrophis spiralis*) |
| Peso | Hasta 9 kg |
| Presas | Peces y crustáceos pequeños |
| Armas | Colmillos venenosos |
| Velocidad | 30-90 cm/s |

La mayor parte vive a lo largo de las costas de Australia y el sureste de Asia, sobre todo en Indonesia, Sumatra y Japón. La serpiente de mar de vientre amarillo llega hasta el occidente de América y el este de África.

### ¿SABÍAS QUE...?

● Por lo general, una serpiente cambia de piel cada par de semanas para librarse de los pequeños microorganismos marinos que se han reproducido en ella. Haciéndose un nudo, fuerza a su cuerpo a pasar por los rizos hasta dejar atrás la piel vieja.

● Una vez una persona vio, desde un barco que pasaba por el estrecho de Malacca en Malasia, una sólida línea de 3 m de ancho y 90 km de largo de *Astrotia stokesii*. No se sabe si estas serpientes de *Stoke* estaban migrando, apareándose o simplemente habían sido arrastradas por la corriente.

● La serpiente de mar *Emydocephalus annulatus* se alimenta sobre todo de huevos de peces, introduciéndose en la arena, la cabeza primero, para encontrarlos. Nunca tiene necesidad de dominar a sus presas, por lo que ha perdido casi por completo sus colmillos y glándulas venenosas.

● La serpiente de mar más venenosa del mundo es la *Hydrophis belcheri*, que vive en la costa noroeste de Australia. Su veneno es cinco veces más tóxico que el de cualquier serpiente terrestre.

**1** Alertada por la sombra de la serpiente, una anguila se esconde en una pequeña abertura en el coral, pero la serpiente se limita a introducir su delgada cabeza tras ella, bloqueando la entrada.

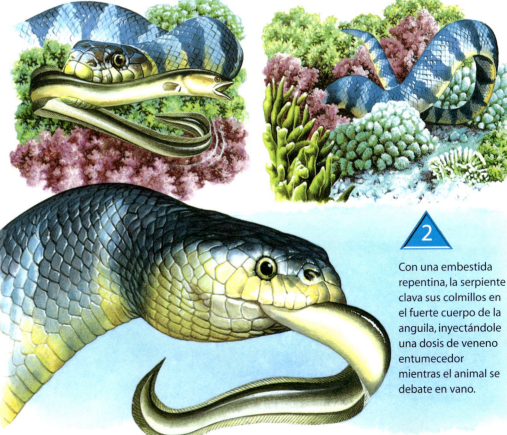

**3** El veneno recorre con rapidez el cuerpo de la anguila, afectando a su sistema nervioso y deteniendo su corazón con una brutal eficacia. La serpiente de mar comienza a comer y poco a poco se mete por la garganta el jugoso almuerzo, empezando por la cabeza.

**2** Con una embestida repentina, la serpiente clava sus colmillos en el fuerte cuerpo de la anguila, inyectándole una dosis de veneno entumecedor mientras el animal se debate en vano.

# LEOPARDO MARINO

**Nombre científico:** *Hydrurga leptonyx*

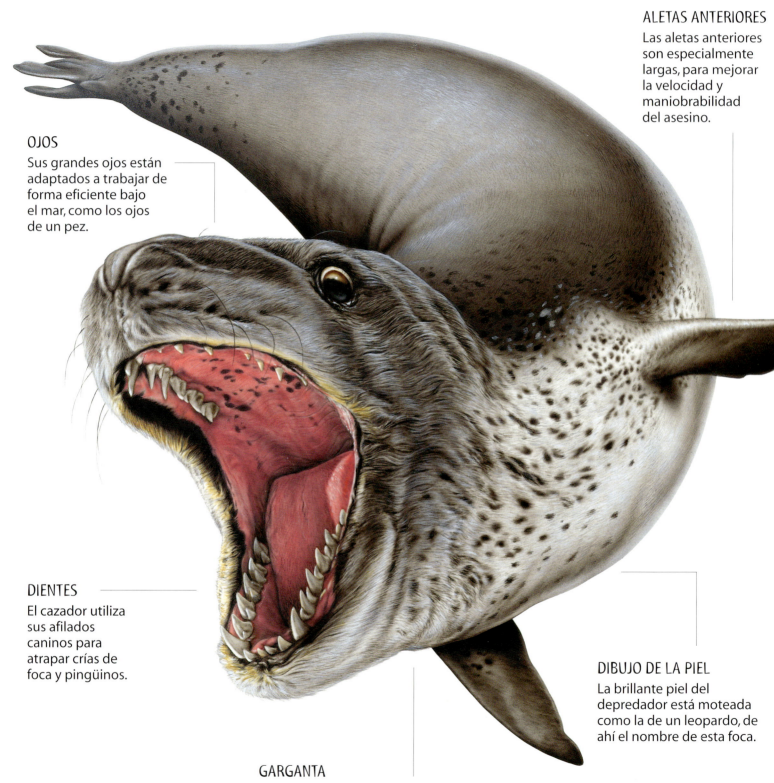

**ALETAS ANTERIORES**
Las aletas anteriores son especialmente largas, para mejorar la velocidad y maniobrabilidad del asesino.

**OJOS**
Sus grandes ojos están adaptados a trabajar de forma eficiente bajo el mar, como los ojos de un pez.

**DIENTES**
El cazador utiliza sus afilados caninos para atrapar crías de foca y pingüinos.

**DIBUJO DE LA PIEL**
La brillante piel del depredador está moteada como la de un leopardo, de ahí el nombre de esta foca.

**GARGANTA**
La garganta contiene una tráquea especial que es plegable y permite al depredador abrir la boca y tragarse enteros pequeños pingüinos.

# LEOPARDO MARINO

El leopardo marino es un asesino brutal, pero poco eficiente. Merodeando emboscado bajo la capa de hielo antártica, lanza mortíferos ataques contra crías de foca y pingüinos; sin embargo, deja a muchas de sus víctimas heridas, aterrorizadas y ensangrentadas, pero vivas. Con su inmensa boca y sus largos dientes, el leopardo marino es un peligroso enemigo y las personas que trabajan en el Antártico han aprendido a tratarlo con respeto.

¿CUÁNTO MIDE?

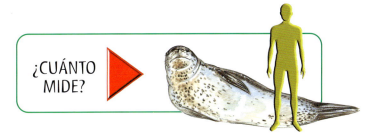

## DATOS BÁSICOS

| | |
|---|---|
| Longitud | Hasta 3,6 m |
| Peso | Hasta 600 kg |
| Presas | Pingüinos, focas pequeñas, calamares y krill |
| Armas | Dientes largos; mandíbulas poderosas |
| Tiempo de vida | 25 años o más |

El leopardo marino es común en la capa de hielo que rodea la Antártida y a menudo se aventura por el norte hasta islas subantárticas, como Georgia del Sur. Algunos leopardos marinos llegan incluso tan al norte como Australia, Suramérica y el sur de África.

### ¿SABÍAS QUE...?

● Cuando un leopardo marino está buscando presas sale a menudo hasta la superficie para observar el hielo en busca de posibles víctimas y luego se sumerge para preparar su emboscada.

● Cuando ataca a otras focas, el leopardo marino sólo suele comerse la piel y la grasa aislante, dejando toda la carne.

● Nunca se ha visto a una hembra de leopardo marino cazando pingüinos, por lo que este tipo de presas parece ser una especialidad de unos pocos machos que viven cerca de colonias de apareamiento de pingüinos. Nadie sabe por qué las hembras demuestran tan poco interés.

● Como los leopardos marinos son torpes fuera del agua, presas suyas como la foca cangrejera pueden descansar junto a ellos en el hielo sin problemas.

● El leopardo marino utiliza sus grandes ojos sobre todo para encontrar presas, pero en condiciones de poca visibilidad utiliza sus sensibles bigotes para detectar las ligeras vibraciones generadas en el agua por sus víctimas.

**1** Tres investigadores antárticos inspeccionan un agujero en la capa de hielo cuando, sin avisar, un leopardo marino salta del agua y agarra a uno de ellos por la pierna.

**2** Mientras la foca muerde la carne de su víctima, uno de sus colegas golpea la cabeza del animal con las púas de sus crampones. La fuerza del ataque hace que el animal suelte su presa.

**3** Los científicos indemnes se llevan a su amigo hacia el campamento base, dejando un largo rastro de sangre. Pero el leopardo marino no es fácil de desanimar y sale del agua una vez más con un último y desafiante rugido.

# COBRA MARINA
**Nombre científico:** especie *Laticauda*

### COLA
La aplanada cola de la serpiente actúa como un remo para impulsarla por el agua.

### CUERPO
Dentro del cuerpo hay unos grandes pulmones, que permiten a la serpiente permanecer sumergida durante mucho tiempo. El reptil también absorbe algo de oxígeno por la piel cuando se encuentra sumergida.

### ESCAMAS
En el vientre, unas escamas más grandes permiten a la serpiente agarrarse al suelo.

### COLMILLOS
Cuando la serpiente marina de cola ancha muerde, el veneno sale de una glándula por unos tubos que tiene dentro de sus colmillos, huecos y fijos.

# COBRA MARINA

Al contrario que otras serpientes marinas, la cobra marina pasa mucho tiempo en tierra y se encuentra a gusto tanto dentro como fuera del agua. Este muy venenoso reptil se desliza amenazadora dentro del agua durante la noche y culebrea por entre los arrecifes de coral, lista para morder a cualquier presa con sus mortíferos colmillos. La cobra marina caza en la oscuridad, buscando peces (sobre todo sabrosas anguilas) por los rincones y las grietas de los arrecifes de coral. Cuando la serpiente encuentra una presa, enrosca el cuerpo para bloquear la vía de escape de la criatura antes de lanzar su fatal ataque.

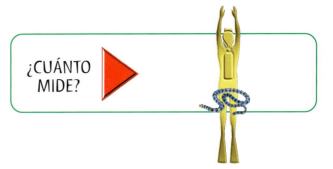

¿CUÁNTO MIDE?

## DATOS BÁSICOS

| | |
|---|---|
| Longitud | Hasta 1,4 m, las hembras son más largas que los machos |
| Presas | Peces, sobre todo anguilas |
| Armas | Colmillos huecos fijos, que inyectan un veneno muy fuerte que ataca el sistema nervioso, causando parálisis y muerte |
| Modo de vida | Aguas costeras, arrecifes, atolones, costas rocosas, manglares y lagunas |
| Número de huevos | La hembra deposita hasta 20 huevos cilíndricos en tierra firme |
| Tiempo de vida | Desconocido |

La cobra marina se encuentra en mares y océanos del sureste de Asia, las islas del suroeste del Pacífico y el norte de Australia. Cuatro de las cinco especies viven en aguas costeras, pero hay una que sólo se encuentra en una laguna salobre tierra adentro en la isla de Rennel, una de las Salomon, en el Pacífico.

### ¿SABÍAS QUE...?

● Cada año se cazan muchas cobras marinas por su piel y su carne, pero se desconoce qué impacto tiene esta masacre en la población de estos reptiles.

● En algunos lugares, la gente come carne de cobras de mar creyendo que actúa como un «filtro de amor».

● En invierno, las cobras marinas se reúnen a miles en pequeñas islas arenosas para aparearse. A menudo, las hembras depositan sus huevos en cuevas, donde el agua que se filtra los mantiene húmedos. Cuando eclosionan, cuatro o cinco meses después, las crías se encaminan directamente hacia el mar.

● La serpiente de mar de cola ancha tiene unas bandas igual de brillantes que una cobra terrestre del sureste de Asia.

**1** Una cobra marina se desliza hacia las olas al atardecer, justo cuando el sol está desapareciendo por el horizonte. Mientras la serpiente recorre el arrecife de coral, saca la lengua continuamente, «probando» el agua en busca del menor olor de anguila.

**2** Cuando encuentra a su presa, la cobra marina la muerde con la velocidad del rayo y sujeta a la anguila con firmeza, inyectándole veneno con sus colmillos. Al principio la anguila se revuelve con violencia, pero no tarda en perder sus fuerzas según el veneno recorre su cuerpo y paraliza su sistema nervioso.

**3** En poco tiempo la anguila está completamente paralizada y a merced de la cobra marina. El reptil se traga a la anguila entera, empezando por la cabeza, y luego se dirige a la orilla, para descansar en una grieta rocosa en tierra firme mientras digiere su comida.

# TORTUGA CAIMÁN

**Nombre científico:** *Macroclemys temminckii*

### MANDÍBULAS
La «mordedora» puede abrir muchísimo sus grandes y afiladas mandíbulas para tragarse una presa o amenazar a cualquier atacante.

### CABEZA
La grotesca cabeza de la tortuga se ve afeada todavía más por una capa de zarcillos y pinchos.

### GARRAS
La tortuga las utiliza para despedazar a las presas grandes en pedazos adecuados para comer.

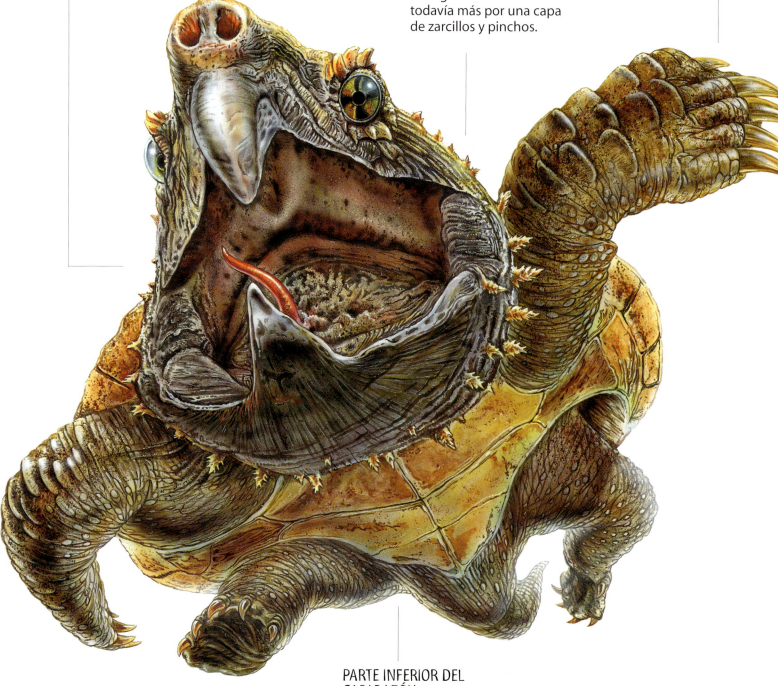

### PARTE INFERIOR DEL CAPARAZÓN
La parte inferior del caparazón, o plastrón, está formada por placas de hueso fusionadas juntas.

# TORTUGA CAIMÁN

La tortuga caimán merodea por las turbias profundidades como un demonio. Está acorazada con placas de hueso y unas mandíbulas y garras de pesadilla le aseguran que incluso los más duros de los caza-tortugas tratará al reptil con precaución y respeto. Este horroroso reptil es, sin duda, el rey de su reino acuático. Con sus mandíbulas en tenaza y sus garras destripadoras, tiene poco que temer de bestias más grandes que ella, al tiempo que considera a las más pequeñas como comida.

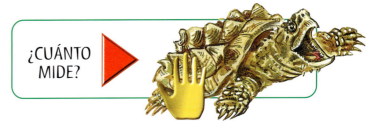
¿CUÁNTO MIDE?

## DATOS BÁSICOS

| | | |
|---|---|---|
| Longitud | Hasta 80 cm, más una cola de la misma longitud | Vive en corrientes de agua que desembocan en el golfo de México, en el sureste de Estados Unidos. Se encuentra en todos los sistemas fluviales desde el río Swanee de Florida hasta el este de Texas, y desde tan al norte como Kansas, Illinois e Indiana hasta el golfo de México. La tortuga caimán vive en ríos, canales, lagos, marismas y bayús profundos y de escasa corriente. |
| Peso | Hasta 80 kg | |
| Presas | Peces, moluscos, serpientes, ranas, reptiles, mamíferos, pájaros, carroña y algunas plantas | |
| Tiempo de vida | Hasta 70 años en cautividad | |

### ¿SABÍAS QUE...?

● Los seres humanos suponen una doble amenaza para la tortuga caimán. La cazan por su carne y gran parte de su hábitat está siendo drenado para convertirlo en terrenos de cultivo. La tortuga es una de las diez especies más amenazadas de la lista de la World Wildlife Federation.

● Inmóvil en el fondo lodoso, la tortuga caimán permanece sumergida durante 40-50 minutos antes de tener que salir a la superficie.

● Una tortuga caimán muerde por reflejo y sus mandíbulas mantienen su feroz mordisco incluso después de que le hayan cortado la cabeza.

● La tortuga caimán macho nunca abandona de buen grado su hábitat acuático; la hembra sólo sale a tierra firme para poner sus huevos, cerca del borde del agua.

● El sexo de las tortugas que eclosionan depende de la temperatura; los huevos calientes en la parte superior de una puesta enterrada producen hembras, mientras que los huevos más fríos de la parte inferior producen machos.

**1** Casi invisible en el lodo, una tortuga caimán abre su oscura y cavernosa boca para dejar ver su lengua, que se agita imitando a un sabroso gusano rosa. Un pez curioso observa el atractivo movimiento y se acerca a investigar.

**2** Convencido de que el objeto es un almuerzo sabroso, el pez comete el fatal error de lanzarse dentro de la boca del asesino para atrapar a la «presa». Las mortíferas mandíbulas se cierran, clavándose en la carne de la víctima, y el cazador se traga a su almuerzo con glotonería.

# ELEFANTE MARINO

**Nombre científico:** *Mirounga angustirostris* & *Mirounga leonina*

**HOCICO**
Sólo alcanza su tamaño final cuando el macho tiene unos ocho años de edad.

**ALETAS POSTERIORES**
Como propulsores, estas musculadas extremidades trabajan muy coordinadas, para proporcionar el impulso necesario para lanzar al elefante marino tras presas de nado rápido.

**DIENTES**
La principal arma del macho son estos largos caninos y los usa en cuanto tiene oportunidad para herir y ahuyentar a sus rivales.

**CUELLO**
La piel del cuello del macho es especialmente gruesa, para absorber los golpes de los dientes de sus rivales, y el tejido cicatrizado que va formándose es, incluso, más grueso.

**ALETAS FRONTALES**
Las aletas frontales, que son importantes para cambiar de dirección cuando está bajo el agua, también permiten que la foca mueva su pesado cuerpo cuando está en tierra firme.

# ELEFANTE MARINO 183

Cuando está en tierra, el elefante marino parece una babosa gigante, pero no te dejes engañar por su aspecto. Los machos adultos están armados con unos dientes peligrosos y en las playas donde se aparean luchan con ferocidad mientras intentan acorralar a cualquier hembra que esté a la vista. Durante la época de cría, las playas de los elefantes marinos no son lugares adecuados para los corazones tiernos. Cada metro de arena y roca está repleto de grasa, y los corpulentos machos se enfrascan en luchas brutales que sólo se terminan cuando uno de ellos se reconoce derrotado.

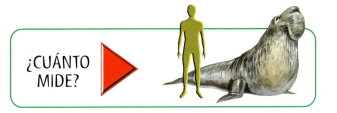

¿CUÁNTO MIDE?

### DATOS BÁSICOS

| | |
|---|---|
| Longitud | Machos 4-5 m; hembras 2-3 m |
| Peso | Machos 2-2,7 t; hembras 1 t |
| Presas | Peces y calamares |
| Armas | Cuerpo inmenso y dientes caninos |
| Tiempo de vida | Hasta 25 años |

El elefante marino del sur (*Mirounga leonina*) se aparea en las costas meridionales del Altántico y el Pacífico de todo el mundo hasta tan al sur como la Antártida. El elefante marino del norte (*Mirounga angustirostris*) se aparea en la costa oeste de Baja California y se alimenta hasta tan al norte como Alaska.

## ¿SABÍAS QUE...?

● Cuando los elefantes marinos están en tierra durante la época de cría no comen nada: es un período de ayuno que puede durar hasta cuatro meses.

● El gruñido de un elefante marino enfadado se puede escuchar con facilidad hasta a 1 km de distancia.

● Cada temporada de apareamiento, al desplazarse por tierra, los elefantes marinos machos aplastan hasta el 10% de todas las crías.

● En las abarrotadas condiciones de las playas de apareamiento, las crías emprendedoras se amamantan de su madre y de otras hembras. Las crías macho que lo hacen consiguen cantidades extra de alimento y a menudo terminan convirtiéndose en animales grandes y dominantes.

● El fósil más antiguo que se conoce de una foca sólo tiene 12-15 millones de años. Los científicos creen que las focas evolucionaron a partir de criaturas similares a nutrias.

● El elefante marino del sur puede alcanzar una velocidad máxima de 25 km/h cuando persigue presas bajo el agua.

 **1** Un macho dominante debe estar siempre en guardia contra sus arteros rivales. Si otro macho se atreve a acercarse y robarle su grupo de hembras, de inmediato se lanza contra él y desafía al intruso a una lucha sin ningún tipo de reglas.

Si el intruso se niega a retroceder, la lucha comienza. Las bestias se alzan furiosas y luego se clavan los inmensos caninos repetidas veces, causando cortes profundos y sangrientos en la cabeza y cuello. Finalmente, por lo general el agotamiento derrota al aspirante, que se aleja mientras los mugidos del vencedor le atruenan los oídos.  **2**

## 184 MAMÍFEROS, REPTILES Y OTROS MONSTRUOS

# NARVAL
**Nombre científico:** *Monodon monoceros*

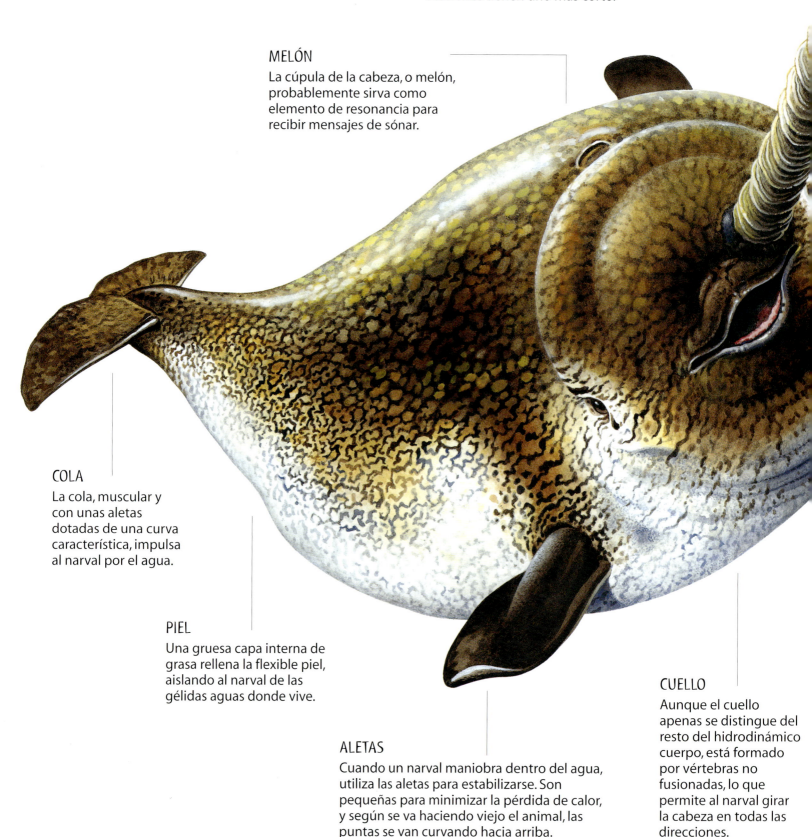

### COLMILLO
Formado por el diente izquierdo del macho, el largo colmillo presenta una espiral en sentido contrario a las agujas del reloj. Se pueden desarrollar colmillos derechos, o gemelos, y las hembras en ocasiones tienen uno más corto.

### MELÓN
La cúpula de la cabeza, o melón, probablemente sirva como elemento de resonancia para recibir mensajes de sónar.

### COLA
La cola, muscular y con unas aletas dotadas de una curva característica, impulsa al narval por el agua.

### PIEL
Una gruesa capa interna de grasa rellena la flexible piel, aislando al narval de las gélidas aguas donde vive.

### ALETAS
Cuando un narval maniobra dentro del agua, utiliza las aletas para estabilizarse. Son pequeñas para minimizar la pérdida de calor, y según se va haciendo viejo el animal, las puntas se van curvando hacia arriba.

### CUELLO
Aunque el cuello apenas se distingue del resto del hidrodinámico cuerpo, está formado por vértebras no fusionadas, lo que permite al narval girar la cabeza en todas las direcciones.

# NARVAL

Los narvales macho son los unicornios de los mares helados y sus cuernos en espiral pueden haber inspirado a sus homólogos míticos. Este extraño pariente de los delfines se sumerge a mucha profundidad para buscar peces y calamares. Se traga a sus presas enteras y convierte la carne en protectores pliegues de grasa. Como si fueran ciervos rivales, los narvales macho utilizan sus colmillos para lucir su categoría y durante las peleas de la temporada de cría. Los jóvenes se entregan a peleas menos duras, pero los narvales viejos combaten con fiereza y causan heridas profundas y duraderas.

## ¿CUÁNTO MIDE?

## DATOS BÁSICOS

| | |
|---|---|
| Longitud | Machos 5-6 m; hembras 4-5 m |
| Colmillo | Macho 2-3 m de largo y hasta 10 kg de peso |
| Peso | Machos 1.600-1.800 kg; hembras 900-1.600 kg |
| Presas | Sobre todo calamares, cangrejos, camarones y peces (platijas, hipogloso, salmón, bacalao ártico y trucha ártica) |
| Enemigos | Orcas y humanos |
| Tiempo de vida | 50 años |

El narval vive sobre todo en aguas del círculo Ártico; su hábitat se extiende justo hasta el borde de la capa de hielo. En verano, a menudo se encuentran grandes concentraciones en el estrecho de Davis, en la bahía de Baffin y en el mar de Groenlandia.

## ¿SABÍAS QUE...?

- El nombre «narval» procede de la antigua palabra noruega *náhvair*, que significa «cadáver-ballena», debido al parecido de la ballena con el abotargado cadáver flotante de una persona ahogada.

- El narval produce una amplia gama de «clics», silbidos y gruñidos; todos los cuales pueden escucharse dentro del casco de los barcos de madera y pueden haber dado lugar a las leyendas sobre los cantos de las sirenas.

- Una cría de narval comienza siendo gris oscuro, pero según va creciendo el color se va aclarando y llenando de motas. Un narval viejo puede ser casi blanco, como una beluga.

- Antiguas teorías sugerían que el narval utilizaba el colmillo para atravesar a sus presas, romper el hielo o incluso apuntalar la cabeza.

**1** Un narval hembra observa desde la distancia cómo dos machos maduros rompen la superficie del agua, entrechocando sus colmillos con un sonido de carraca. Dándose de cuchilladas, ambos intentan atravesar a su oponente y la sangre mana de las numerosas heridas abiertas en sus flancos. Estos duelos para encontrar pareja dejan cicatrices permanentes y el perdedor puede terminar con el colmillo roto.

# TÉRMINOS USUALES

**ANFIBIOS**
Animales vertebrados que viven en el agua durante el comienzo de su vida (respirando por agallas), pero que por lo general como adultos viven en tierra firme (y respiran por pulmones). Entre ellos se cuentan las ranas, los sapos, los tritones, las salamandras, etc.

**ALETAS ANTERIORES**
Patas delanteras anchas y planas que muchos animales marinos utilizan para nadar. Las ballenas (y otros cetáceos), los pinnípedos y otros muchos animales marinos tienen aletas.

**ALETA DORSAL**
Una de las principales aletas de los peces, se utiliza para controlar la velocidad y la dirección. La aleta dorsal está situada sobre el lomo.

**ALETA PECTORAL**
Por lo general, las aletas pequeñas que tiene un pez en los costados.

**ALETAS ANALES**
Aletas pareadas cercanas a la cola de algunos peces. Algunos tiburones tienen aletas anales.

**BARBOS**
Los barbos son proyecciones sensoriales situadas cerca de las fosas nasales y la boca de algunos tiburones.

**CAMUFLAJE**
Adaptaciones naturales de color, forma o tamaño que permiten a los animales confundirse con su entorno.

**CARNÍVORO**
Una criatura que se alimenta de carne y por lo general tiene dientes afilados y mandíbulas poderosas.

**CARROÑA**
La carne de un animal muerto. Muchos tiburones, incluido el gran tiburón blanco, comen la carroña que se encuentran flotando en el agua.

**CARTÍLAGO**
Los esqueletos de los tiburones están formados de cartílagos, no de huesos.

**CLASE**
En la clasificación de los seres vivos, la clase es un grupo de organismos relacionados o similares. Una clase contiene uno o más órdenes. Un grupo de clases similares forma un *filum.*

**COLORACIÓN INVERSA**
Un tipo de coloración que se da en tiburones y otros animales, que tienen la parte superior e inferior de sus cuerpos de color diferente, lo que sirve para camuflar al animal desde puntos de vista diferentes. En los tiburones, la parte superior es mucho más oscura que la inferior. Vista desde arriba, la parte superior del tiburón se confunde con las oscuras profundidades del océano o con el fondo del mar; vista desde abajo, el vientre de color claro se funde con la luz del exterior. Esto le ayuda a acercarse a sus presas sin ser detectado.

**CRUSTÁCEOS**
Artrópodo con un caparazón duro exterior que le cubre el cuerpo, y que por lo general también tiene mandíbulas y agallas. La mayoría de ellos son acuáticos.

**ECOLOCACIÓN**
Las ballenas utilizan la ecolocación para detectar objetos. La ballena lanza un sonido agudo (por lo general un «clic», que rebota contra el objeto y algunas ondas regresan hasta la ballena. El animal interpreta el eco que le ha llegado para determinar la forma, dirección, distancia y textura del objeto. Los murciélagos también utilizan la ecolocación.

**ESPECIE**
En la clasificación de los animales, una especie es un grupo de organismos estrechamente relacionados que pueden reproducirse entre sí. Un grupo de especies similares forman un género. En el nombre científico de un organismo, el segundo elemento es la especie (por ejemplo, las personas somos *Homo sapiens,* luego nuestra especie es *sapiens*).

**ESPIRÁCULO**
Una ranura de agallas especial que se encuentra en algunos tiburones. Está situada justo detrás de los ojos y el cerebro. Los tiburones tigre y los angelotes tienen espiráculos.

**EXOESQUELETO**
Una armadura dura y estructural formada de quitina. Los artrópodos (insectos, arácnidos, trilobites, crustáceos, etc.) poseen exoesqueletos.

**FILTRO-ALIMENTADOS**
Animales que comen tragando grandes cantidades de agua de mar, que filtran para conseguir pequeñas fracciones de alimento. El tiburón ballena, el peregrino y el megamouth son filtro-alimentados, consiguiendo plancton filtrando el agua mediante las ranuras de sus agallas.

**GÉNERO**
En la clasificación de los animales, el género es un grupo de organismos emparentados o similares. Un género contiene una o más especies. Un grupo de géneros similares forma una familia. En el nombre científico de un organismo, el primer elemento es el género (por ejemplo, las personas son *Homo sapiens,* luego nuestro género es el *Homo).*

**INVERTEBRADOS**
Animales que no poseen columna vertebral.

**KRILL**
Animales diminutos, eufásidos, que flotan en los océanos. Son crustáceos con forma de gamba que se encuentran en cantidades inmensas en las frías aguas del océano Ártico y el Antártico. Las grandes ballenas comen krill, que filtran con sus barbas.

**LÍNEA LATERAL**
Un órgano del sentido que detecta movimiento y vibraciones en el agua. Las líneas laterales suelen ser visibles como líneas desvaídas que recorren cada costado del tiburón.

**MAMÍFEROS**
Animales de sangre caliente y con pelo que alimentan a sus crías con leche.

**ORDEN**
En la clasificación de los animales, el orden es un grupo de organismos emparentados o similares. Un orden contiene una o más familias. Un grupo de órdenes similares forma una clase.

**PRESA**
Un animal se convierte en presa cuando hay otro que lo caza y se lo come como alimento.

**REPTIL**
Una clase de animales de sangre fría que respiran oxígeno. Por lo general, los reptiles tienen una piel exterior escamosa y ponen huevos.

**VERTEBRADOS**
Animales que poseen columna vertebral.

# ÍNDICE

## A

*Acanthaster planci* (corona de espinas)  156-157
*Acipenseridae* (esturión)  90-91
*Actinaria* (anémona de mar)  108-109
*Aetobatus narinari* (raya águila)  36-37
aligátor americano  158-159
*Alligator mississippiensis* (aligátor americano)  158-159
*Alpheus* (camarón pistola)  130-131
*Anarrhichas lupus* (pez lobo)  38-39
*Anarrhichthys* (género)  39
anémona de mar  107, 108-109
angelote  32-33
anguila
    congrio  46-47
    eléctrica  83, 86-87
    morena  66-67
    pez pelícano  35, 50-51
*Antennarius* (pejesapo)  40-41
araña, cangrejo  129, 144-145
*Architeuthis dux* (calamar gigante)  110-111
*Argyropelecus* (hatchetfish)  42-43
arlequín, camarón  142-143
*Atractosteus spatula* (pejelagarto)  84-85
avispa de mar  112-113

## B

ballena, tiburón  28-29
barbo rayado  98-99
barracuda  72-73
blanco, tiburón  14-15
boquiancho, tiburón  26-27

## C

cabracho  70-71
calamar
    gigante  107, 110-111
    opalescente  122-123
*Callorhynchidae* (quimera/ tiburón fantasma)  52-53
camarón
    arlequín  142-143

pistola  129, 130-131
camarón payaso *véase* camarón arlequín
cangrejo
    araña  129, 144-145
    ermitaño  129, 136-137
    flecha amarilla  152-153
    fantasma  148-149
    herradura  129, 134-135
*Carcharhinus amblyrhynchos* (tiburón gris)  6-7
*Carcharhinus leucas* (gayarre)  8-9
*Carcharhinus perezi* (tiburón gris del Caribe)  10-11
*Carcharias taurus* (tiburón toro)  12-13
*Carcharodon carcharias* (tiburón blanco)  14-15
*Carukia* (avispa de mar)  112-113
cefalópodo *véase* sepia; nautilo; pulpo; calamar
*Chauliodus* (pez víbora)  44-45
*Chelus fimbriatus* (matamata)  160-161
*Chelydra serpentina* (tortuga mordedora)  162-163
*Chimaeridae* (quimera)  52-53
*Chironex* (avispa de mar)  112-113
*Chiropsalmus* (avispa de mar)  112-113
*Chrysaora* (ortiga de mar)  114-115
cigarra, tiburón  22-23
cigarrón  138-139
cobra marina  178-179
cocodrilo
    gavial  170-171
    marino  155, 168-169
*Conger conger* (congrio)  46-47
congrio  46-47
cónido  132-133
*Conus* (cónido)  132-133
corona de espinas, estrella de mar  156-157
*Crocodilus porosus* (cocodrilo marino)  168-169
crustáceos
    camarón arlequín  142-143
    camarón
        pistola  129, 130, 131
    cangrejo araña  129, 144-145
    cangrejo
        ermitaño  129, 136-137

cangrejo fantasma  148-149
cangrejo flecha amarilla  152-153
cangrejo herradura  129, 134-135
cigarrón  138-139
cónido  132-133
escorpión de agua  129, 146-147
langosta europea  150-151
*Cyanea capillata* (medusa melena de león ártica)  116-117

## D

*Dasyatidae* (raya venenosa)  78-79
*Diodon* (pez erizo)  48-49

## E

*Echinoidea* (erizo de mar)  164-165
eléctrica, anguila  83, 86-87
eléctrica, raya  58-59
*Electrophorus electricus* (anguila eléctrica)  86-87
elefante marino  182-183
elefante, pez  83, 94-95
*Enteroctopus dofleini* (pulpo gigante)  118-119
erizo, pez  48-49
erizo de mar  164-165
ermitaño, cangrejo  129, 136-137
escorpión, pez  60-61
escorpión de agua  129, 146-147
espada, pez  80-81
*Esox lucius* (lucio)  88-89
esturión  90-91
*Eurypharynx* (pez pelícano)  50-51

## F

fantasma, cangrejo  148-149
flecha amarilla, cangrejo  152-153
fragata portuguesa, medusa  107, 126-127
foca
    elefante marino  182-183
    leopardo marino  176-177

## G

*Galeocerdo cuvier* (tiburón tigre)  18-19
gavial  170-171
*Gavialis gangeticus* (gavial)  170-171
gayarre  8-9
*Gnathonemus petersii* (pez elefante)  94-95
gris del Caribe, tiburón  10-11

## H

*Hapalochlaena* (pulpo de anillos azules)  120-121
hatchetfish  42-43
herradura, cangrejo  129, 134-135
*Heterodontus francisci* (suño cornudo)  20-21
*Hirudinidae* (sanguijuela)  172-173
*Holothuroidea* (pepino de mar)  166-167
*Hydrocynus goliath* (pez tigre)  96-97
*Hydrophiinae* (serpiente de mar)  174-175
*Hydrurga leptonyx* (leopardo marino) 176-177
*Hymenocera picta* (camarón arlequín)  142-143
*Hypnos monopterygium* (raya eléctrica)  58-59

## I

*Isistius brasiliensis* (tiburón cigarra)  22-23
*Isurus oxyrinhus* (mako)  24-25
*Isurus paucus* (mako)  24-25

## K

kroki *véase* pez escorpión

## L

lamprea marina  68-69
langosta europea  150-151
*Laticauda* (cobra marina)  178-179

## 188 ÍNDICE

leopardo marino 176-177
*Limulidae* (cangrejo
  herradura) 134-135
lobo, pez 35, 38-39
*Loligo opalescens*
  (calamar
  opalescente) 122-123
*Lophius* (rape) 62-63
Lucio 83, 88-89

### M

*Macroclemys temminckii*
  (tortuga caimán) 180-181
*Majidae* (cangrejo
  araña) 144-145
Mako, tiburón 24-25
*Manta birostris*
  (manta raya) 64-65
*Manta hamiltoni*
  (manta raya) 64-65
manta raya 35, 64-65
mariscos *véase*
  crustáceos
matamata 155, 160-161
medusa
  anémona de
    mar 107, 108-109
  avispa de mar 112-113
  fragata
    portuguesa 107, 126-127
  melena de león
    ártica 107, 116-117
  ortiga de mar 114-115
*Megachasma pelagios*
  (tiburón boquiancho) 26-27
melena de león ártica,
  medusa 107, 116-117
mero 56-57
*Mirounga angustirostris*
  (elefante marino) 182-183
*Mirounga leonina*
  (elefante marino) 182-183
*Mixinidae* (mixino) 54-55
mixino 54-55
moluscos
  sepia 129, 140-141
  nautilo 124-125
*Monodon monoceros*
  (narval) 184-185
morena 66-67
*Muraenidae* (morena) 66-67

### N

narval 184-185
nautilo 124-125
*Nautilus* 124-125
*Nepidae* (escorpión
  de agua) 146-147

### O

*Ocypode* (cangrejo
  fantasma) 148-149
*Orectolobidae*
  (wobbegong) 16-17
ortiga de mar 114-115

### P

*Paguridae* (cangrejo
  ermitaño) 136-137
*Panulirus* (langosta
  europea) 150-151
peces, agua dulce
  anguila eléctrica 83, 86-87
  barbo rayado 98-99
  esturión 90-91
  lucio 83, 88-89
  pejelagarto 84-85
  pez elefante 83, 94-95
  pez rata 83, 92-93
  pez sierra 83, 100-101
  pez tigre 96-97
  piraña 102-103
  siluro 83, 104-105
peces, agua salada
  barracuda 72-73
  cabracho 70-71
  congrio 46-47
  hatchetfish 42-43
  lamprea marina 68-69
  manta raya 35, 64-65
  mero 56-57
  mixino 54-55
  morena 66-67
  pejesapo 35, 40-41
  pez erizo 48-49
  pez escorpión 60-61
  pez espada 80-81
  pez lobo 35, 38-39
  pez pelícano 35, 50-51
  pez piedra 76-77
  pez sapo 74-75
  pez víbora 44-45
  quimera 52-53
  rape 62-63
  raya águila 36-37
  raya eléctrica 58-59
  raya venenosa 78-79
pejelagarto 84-85
pejesapo 35, 40-41
pepino de mar 155, 166-167
*Petromyzon marinus*
  (lamprea marina) 68-69
pez elefante 83, 94-95
pez erizo 48-49
pez escorpión 60-61
pez espada 80-81
pez lobo 35, 38-39
pez martillo 30-31

pez pelícano 35, 50-51
pez piedra 76-77
pez rata 83, 92-93
pez sapo 74-75
pez sierra 83, 100-101
pez tigre 96-97
pez víbora 44-45
*Physalia* (fragata
  portuguesa) 126-127
piraña 102-103
*Plotosus lineatus*
  (barbo rayado) 98-99
*Porichthyinae*
  (pejesapo) 40-41
portugesa,
  fragata 107, 126-127
*Pristis* (pez sierra) 100-101
pulpo de anillos
  azules 120-121
pulpo gigante 118-119

### Q

quimera 52-53

### R

rape 62-63
rata, pez 83, 92-93
raya
  águila 36-37
  eléctrica 58-59
  manta 35, 64-65
  veneosa 78-79
reptiles *véase* aligátor
  americano; cocodrilo;
  gavial; serpiente de mar
*Rhincodon typus* (tiburón
  ballena) 28-29
*Rhinochimaeridae*
  (quimera) 52-53

### S

*Saccopharynx* (pez
  pelícano) 50-51
sanguijuela 172-173
sapo, pez 74-75
*Scorpaena* (cabracho) 70-71
*Scyllaridae*
  (cigarrón) 138-139
sepia 129, 140-141
*Sepiidae* (sepia) 140-141
serpiente de mar 174-175
*Serranidae* (mero) 56-57
*Serrasalmus* (piraña) 102-103
sierra, pez 83, 100-101
siluro 83, 104-105
*Silurus glanis* (siluro) 104-105

*Sphyraena*
  (barracuda) 72-73
*Sphyrna*
  (pez martillo) 30-31
*Squatina* (angelote) 32-33
*Stenorhynchus* (cangrejo
  flecha amarilla) 152-153
suño cornudo 20-21
*Synanceia horrida*
  (pez piedra) 76-77
*Synanceia verrucosa*
  (pez piedra) 76-77

### T

*Thalassophryninae*
  (pez sapo) 74-75
tiburón
  angelote 32-33
  ballena 28-29
  blanco 14-15
  boquiancho 26-27
  cigarra 22-23
  gayarre 8-9
  gris 6-7
  gris del Caribe 10-11
  mako 24-25
  pez martillo 30-31
  suño cornudo 20-21
  tigre 5, 18-19
  toro 12-13
  wobbegong 5, 16-17
tigre, pez 96-97
*Torpedinidae*
  (raya eléctrica) 58-59
tortuga
  caimán 180-181
  mordedora 155, 162-163
*Trachinidae* (pez
  escorpión) 60-61

### U

*Uranoscopidae*
  (pez rata) 92-93
*Urolophidae* (raya
  venenosa) 78-79

### V-W

venenosa, raya 78-79
víbora, pez 44-45
wobbegong 5, 16-17

### X

*Xiphias gladius*
  (pez espada) 80-81